NOUMENON

SRI
NISARGADATTA
MAHARAJ

EDITED BY
JEAN DUNN

BEVOR ICH WAR, BIN ICH

ÜBERSETZUNG
DANIEL HERBST

Titel der Originalausgabe:
Prior to Consciousness – Talks
of Sri Nisargadatta Maharaj
erschienen bei:
The Acorn Press, Durham,
North Carolina, U.S.A.

Sri Nisargadatta Maharaj
Bevor ich war, bin ich

NOUMENON-VERLAG
Daniel Herbst, Hamburg
www.noumenon-verlag.de

Übersetzung: Daniel Herbst
www.daniel-herbst.de
Korrektur: Ingrid Paproth
Umschlaggestaltung: Asta*art*
Fotos: © Jitendra Arya
Druck & Bindung: CPI books,
Ebner & Spiegel, Ulm

Deutsche Erstausgabe
1. Auflage 2011
ISBN 978-3-941973-03-9

Gedruckt in Deutschland

Das Wissen, das Sie sind, ist Gott. Ehren Sie das, dann werden Sie eines Tages realisieren, dass Sie kein Individuum sind. Sie werden erkennen, dass Sie das universelle Bewusstsein sind, das nicht leiden kann; für dieses Bewusstsein gibt es keinen Schmerz und kein Vergnügen. Zu dieser Kenntnis werden Sie nicht durch den Intellekt, sondern durch ernsthafte Meditation kommen.

Die Meditation wird durch das Bewusstsein selbst getan.

SRI NISARGADATTA MAHARAJ

VORWORT

Einerseits ist der Kern von Sri Nisargadatta Maharajs Lehre einfach zu erfassen, andererseits überaus schwer. Sie ist einfach, wenn wir gewillt sind, vollkommen ehrlich mit uns selbst zu sein, uns die Konzepte von anderen anzuschauen, aus denen wir unser eigenes Gefängnis gebaut haben. Es kann extrem schwierig sein, das für sich selbst zu untersuchen, weil wir sehr an unseren Konzepten hängen – wir wollen sie nicht aufgeben. Aber wenn das Verlangen zu WISSEN ein brennendes Verlangen ist, dann werden wir aufbrechen. Wir können nur durch persönliche Erfahrung wissen, wer oder was wir sind, nicht durch Bücher oder durch andere.

Maharaj drängte uns, herauszufinden, was das „Ich" ist. Er war wie ein Chrirug mit scharfem Skalpell, der alle nicht wesentlichen Dinge wegschneidet. Seine Fragen ließen einen oft konsterniert zurück, nicht wissend, was zu sagen ist. Seine Antworten entsprachen nie dem Erwarteten. Er erlaubte es nicht, aus den Schriften zu zitieren – nur persönliche Erfahrung – sonst konnte er darüber ziemlich wütend werden. Als einmal jemand Dakshinamurti zitierte, eine Hindu Gottheit, antwortete Maharaj: „Hängen Sie Dakshinamurti! Was ist mit Ihnen? Wie ist Ihre Erfahrung?"

Die meisten von uns identifizieren sich mit dem Körper-Verstand und so bestand er darauf, dass wir herausfinden, was der Körper-Verstand ist. Ging er nicht vom Sperma des Vaters und der Eizelle der Mutter aus? Damit ist der Körper ein Ergebnis der verzehrten Nahrung und wird durch Nahrung aufrecht erhalten, die selbst die Essenz der fünf Elemente ist. Können wir das sein? Ohne Bewusstsein ist der Körper totes Material. Wenn das Bewusstsein den Körper verlässt, gibt es kein Indiuviduum mehr, keine Welt und keinen Gott. Bewusstsein kann sich seiner selbst nur bewusst sein, wenn es sich in einer körperlichen Form manifestiert hat. Bewusstsein ist in latenter Form in jedem essbaren Korn, in den fünf Elementen – es ist universell, nicht personal, alles durchdringend. Alles ist Bewusstsein, und das ist, was wir gegenwärtig sind. Bewusstsein agiert durch die Formen entsprechend der *gunas*, *sattva* (Seiendes-Licht-Reinheit), *tamas* (Schwerfälligkeit-Passivität-Dunkelheit), *rajas* (Aktivität- Hingabe-Energie) und entsprechend der erhaltenen Konditionierung. Was passiert, wenn eine dieser Formen „stirbt"? Die Form wird wieder Teil der fünf Elemente und das Bewusstsein verschmilzt mit dem universellen Bewusstsein. Das alles ist ein passierender Prozess, das Spiel des Bewusstseins.

Was war ich, bevor diese Form auftauchte? Das ist, was man wirklich ist. Das Absolute, *parabrahman* – das sind nur Worte, die wir erfunden haben, um das Nichtmanifeste, das Unbennbare zu benennen. Das ewige „Ich", vollkommen unkonditioniertes, zeitloses, raumloses Sein, sich des Seins nicht bewusst seiend, weil es darin keinen anderen gibt. Ich bin, wie ICH BIN, wie ich immer war, wie ich immer sein werde, ewiglich.

Sucher von überall auf der Welt kamen zu Sri Maharaj, wegen seiner spirituelle Führung. Die Inhalte des Buches sind von den Tonbändern transkribiert, die während der Frage und Antwort Sizungen 1980 und 1981 aufgezeichnet wurden, bis er am 8. September 1981, im Alter von 84 Jahren an Kehlkopfkrebs starb. Maharaj sprach nur Marathi und bei jedem Treffen war ein Übersetzer dabei, nicht immer derselbe; wir sind ihnen sehr dankbar. Diejenigen, die zumeist übersetzt haben waren Sri S. K. Mullarpattan, Dr. D. Doongaji, Ramesh S. Balsekar und S. V. Sapre. Wir sind auch N. Vanaja sehr dankbar, die so gewissenhaft war, diese Gespräche aufzunehmen.

In den letzten beiden Jahren seines Lebens lud Maharaj keine Fragen mehr ein, die das weltliche Leben und seine Verbesserung betrafen. Er lehrte nur noch die höchste Wahrheit. Infolge der geschwächten Verfassung seines Körpers gab es an manchen Tagen nur sehr kurze Gespräche. Aber selbst nur ein Satz von ihm war wie eine *Upanishade*. In seinen Antworten war er sehr unverblümt und scharf. Er hat sich um niemandes Ego gesorgt – tatsächlich war es erklärtermaßen seine Absicht, diese „Pseudo-Entität" zu zerstören. In seiner Gegenwart zu sein hieß, die vibrierende Wahrheit zu spüren, unmöglich, das zu beschreiben. Ihm zuzusehen war verblüffend: Diese „Persönlichkeit" konnte glücklich sein, ärgerlich, traurig, heiter, sarkastisch oder sanft; eine Vielfalt von Gefühlen spielte durch dieses „Bündel", wie Sonne auf dem Wasser. Es gab nie das Bestreben, etwas davon zu verändern … lass es seine Sache machen, es war nicht er. Leid gab es durch den Krebs im Überfluss, aber in diesem menschlichen Bild habe ich niemals jemanden gesehen, der tapferer war. Niemals ist ein Wimmern über seine Lippen gekommen. Sein Körper hat weitergemacht, selbst wenn es unmöglich schien. Man kann ihn nur in vollkommener Liebe und Ehrfurcht bestaunen. Obwohl es keinen Zweifel gab, dass die Form von Sri Maharaj an Krebs litt, machte er einfach wie gewöhnlich mit dem täglichen Programm weiter: vier Mal täglich *bhajans*, zweimal täglich Fragen und Antworten, obwohl die Zeiten oftmals gekürzt wurden, als sein Körper schwächer wurde. Es reichte, in seiner Präsenz zu sein. Nur gegen Ende sprach er fast nicht mehr.

Die Wiederholungen in dem Text sind notwendig, da Maharaj ständig auf unsere Konzepte einschlug. Jedes Mal, wenn wir versuchten, in den Ästen und Zweigen herumzustreunen, führte er uns zur Wurzel zurück. Wenn wir versuchten, uns an Worten festzuhalten, selbst an Worten, die er verwendete, zog er sie uns unter den Füssen weg. Wie jemand einmal sagte: „Ich bin Maharaj überaus dankbar. Was ihn am meisten von anderen unterscheidet, ist, dass er ohne auf etwas Rücksicht zu nehmen sagt, was am dienlichsten und richtig ist, aber die Leute wollen aus der Lehre ein System machen, was sie letztendlich zerstört. Aber Maharaj kümmert das nicht. Er sagt am Mittwoch, dass rot schwarz ist und am Freitag, dass rot weiß ist und doch ist die Antwort jeweils richtig, weil sie die Ausrichtung des Fragenden verändert. Das ist überaus wertvoll und einzigartig.“ Der Leser sollte immer nur ein paar Seiten auf einmal lesen und darüber brüten und meditieren.

Wenn Sie das Buch lesen, ist davon auszugehen, dass Sie, wie Maharaj es sagte „Ihre Hausaufgaben gemacht haben“. Wenn Sie bereit sind, Ihre Identität mit der „Pseudo-Entität“ aufzugeben, lesen Sie weiter und – Gute Reise

Jean Dunn

Anmerkung zur Deutschen Erstausgabe

„Prior to consciousness“, heißt das Buch im Original; wörtlich übersetzt also „Vor dem Bewusstsein“ und nicht „Bevor ich war, bin ich“. Soll das Buch durch diese Titelwahl über das Standardwerk von Maharaj „I am that“, das auf Deutsch einfach nur „Ich bin“ heißt, gestellt werden oder an der Popularität des Titels teilhaben? Mit beidem bin ich einverstanden, auch wenn es darum nicht geht.

Das von der Amerikanerin Jean Dunn zusammengestellte und herausgegebene Buch ist meinem Empfinden nach das klarste und deutlichste Buch, dass es von Nisargadatta Maharaj gibt. Die „Bibel“ auf meinem eigenen Weg hieß „Die ultimative Medizin“. Ich las sie immer wieder – von vorne bis hinten, Wort für Wort, Buchstabe für Buchstabe. Einmal, zehnmal, fünfzigmal – immer wieder. Es ist mir nicht möglich auszudrücken, wovon die starke Faszination und Wirkung ausging. Nur eines war mir immer klar: Dieses Buch legt mir alles zu Füßen.

Und dann, viele Jahre später, nicht mehr suchend, sondern mich an der Brillanz und Klarheit Maharajs erfreuend, fiel mir „Prior to consciousness“ in die Hände. Und irgendwie schloss sich für mich mit diesem Buch der „Maharaj-Kreis“ – und damit mein eigener. Das ist der wahre Grund für den Titel – „Bevor ich war, bin ich“. Oder wie Nisargadatta es auf einer der folgenden Seiten formuliert: „Sie haben auch vor Christus existiert – das müssen Sie verstehen. Das Eine, das das Bewusstsein bezeugt, weiß, dass das Bewusstsein nicht da war.“

An einer anderen Stelle zitiert ein Besucher Jesus: „Bevor Abraham war, bin ich“ und Maharaj antwortet: „Ah-h-h, das ist es! Das kenne ich.“ Vielleicht schlägt er dabei mit der flachen Hand auf den Boden, vielleicht klatscht er dabei erregt in die Hände, in jedem Fall WEISS er aus eigener, unmittelbarer Erfahrung, dass diese Worte die vollkommene Wahrheit repräsentieren. Das ist es!

Nisargadatta kann überhaupt nur dann verstanden werden, wenn die Einsicht aufkommt, dass das ganze Problem unseres Daseins in der ständigen Selbstbespiegelung liegt. So, wie ein Satellit sklavisch um die Erde kreist, werden wir von der Idee, selbst jemand zu sein, auf der ewig gleichen Bahn gehalten. Wenn ein Wort die Kraft hätte, das Gravitationsfeld der Erde hinter sich zu lassen, um in den unendlichen Raum der Abwesenheit vorzudringen, dann wäre es ein laut hervorgebrachtes „I-C-H!".

Auf der Erde scheint es nur dieses eine Thema zu geben: Mich! – (M)ich und meine Vorstellungen. (M)ich und meine Suche. (M)ich und meine Ideen von Befreiung. Und so wundert es nicht, dass wir nicht waren und wie aus dem Nichts diesen lauten Ruf vernommen haben: „I-C-H!". Irgendwann wird der Ruf wieder vergessen sein. Dann bin ich da, wo ich war, bevor ich mich ins Sein und Werden verirrt habe.

Nisargadatta ist als phänomenale Erscheinung und als Ausdruck nicht Anfang der 1970er Jahre, als „I am that" publiziert wurde, stehen geblieben, auch wenn die Essenz seiner Lehre unveränderlich ist. Sein Kehlkopfkrebs zwang ihn Anfang der 1980er Jahre und somit kurz vor seinem Tod, noch deutlicher zu betonen, dass das Bewusstsein Ursache aller Erfahrungen ist und damit den Kern und Ausgangspunkt aller Illusionen bildet. Auch wenn das von Identifikationen befreite „reine Bewusstsein" Quelle von sat-chit-ananda (Sein-Bewusstsein-Glückseligkeit) ist, liegt der wahre und ewige Frieden jenseits des Bewusstseins. Das erkennend, lässt es sich befreit in jeder Form und im wahrsten Sinne des Wortes als jeder leben.

Nisargadatta ließ in seinen beiden letzten Lebensjahren auch deshalb keine persönlichen Fragen mehr zu, weil er auf der tiefstmöglichen Ebene erkannt und eingesehen hatte, dass es auf der Ebene der Person keine Erlösung, sondern nur kurzfristige Linderung geben kann. Er sagte: „Meine wahre Anwesenheit ist die Abwesenheit des Phänomens, das Sie sehen." Darauf weist der Titel dieses Buches unmissverständlich hin: „Bevor ich war, bin ich."

Es ist ein Buch für die wenigen, die aufgehört haben, sich in die Form der Erlösung zu träumen.

November 2010
Daniel Herbst

GESPRÄCHE
MIT
SRI NISARGADATTA MAHARAJ

4. APRIL 1980 – 1. JULI 1981

4. APRIL 1980

BESUCHER: Würden Sie über die Gnade des Gurus sprechen?

MAHARAJ: Am wichtigsten ist das Vertrauen, das Sie in die Worte des Gurus haben; sobald das vorhanden ist, verströmt sich die Gnade von selbst. Das Vertrauen in den Guru stützt sich auf das Bewusstsein im Innern, Vertrauen ins eigene Selbst. Ich versuche die Liebe für das Seiende auf eine höhere Ebene zu lenken. Die Liebe für das Selbst ist, was andauert, darauf sind Tempel errichtet worden. Dieses Christus-Bewusstsein existiert – ist es Vertrauen in einen Menschen? Als Mensch wurde Christus gekreuzigt, aber das universelle Bewusstsein, das seines war, ist heute lebendig.

BESUCHER: Gibt es eine Möglichkeit, diese Liebe zu erheben oder freizusetzen?

MAHARAJ: Das ist ein *vritti* (mentale Veränderung), das ist Teil des Prozesses. Es gibt verschiedene Tätigkeiten, Praktiken, etc. Selbst im täglichen Leben haben Sie bestimmte Handlungsweisen; sind sie nicht die *puja* (Verehrung) für dieses Bewusstsein?

BESUCHER: Spricht Maharaj von der Art Liebe, die das Bewusstsein selbst transzendiert?

MAHARAJ: Die Brise, die dem universellen Bewusstsein entspringt, hält andere Arten der Liebe lebendig. Die meisten Menschen beschränken ihre Liebe auf einen Einzelnen.

BESUCHER: Wie dehnt man sich in die universelle Liebe hinein aus?

MAHARAJ: Verstehen Sie das Falsche als falsch, das ist alles, was Sie tun können; Sie können eine Sache nicht zu einer anderen machen.

BESUCHER: Verliert die Liebe nicht ihre Lebendigkeit, wenn sie ihr Objekt verliert?

MAHARAJ: Sie fragen von der Ebene des Körpers, Sie gehen nicht zu Ihrem Zustand zurück, der war, bevor der Körper in die Existenz gekommen ist. Bevor das Wort „Liebe" in die Existenz kam, sind Sie. Sie müssen in DAS zurückkehren, was vor der Identifikation mit dem Körper war.

Da ich meinen wahren, dauerhaften Zustand gefunden habe, habe ich für nichts von alledem Bedarf, also warte ich einfach, bis es geht. In diesem Zustand der Fülle gibt es überhaupt kein Bedürfnis. Ich erreichte den Zustand der Fülle nachdem ich meinen Guru traf; wenn ich meinen Guru nicht getroffen hätte, hätte ich als Mensch gelebt und wäre als solcher gestorben.

Meine Verbindung zu meinem Guru dauerte knapp zweieinhalb Jahre. Er hielt sich 200 Kilometer entfernt auf und kam hier alle vier Monate für fünfzehn Tage her; das ist die Frucht davon. Die Worte, die er mir gab, berührten mich sehr tief. Ich verblieb nur in einem: Die Worte meines Gurus sind die Wahrheit. Er sagte: „Du bist *parabrahman*." Darüber gab es keine weiteren Zweifel und keine weiteren Fragen. Nachdem mir mein Guru vermittelt hatte, was er zu sagen hatte, habe ich mich niemals mit anderen Dingen rumgeplagt – ich hing an den Worten des Gurus.

Ich weiß genau, was die gegenwärtige Lage der Dinge betrifft, wie vergänglich sie sind und ich kenne auch den ewigen Zustand. Ich habe keine Verwendung für diesen flüchtigen Zustand. Wenn Sie nun in Ihr Land zurückkehren, werden Sie das mit der Befähigung eines *jnani* tun. Sagen Sie mir, welche Bedeutung messen Sie dem Wort *jnani* bei?

BESUCHER: Ich denke, dass einige der Inder, die länger hier waren, qualifizierter sind, sie könnten darüber sprechen.

MAHARAJ: Die durchschnittlichen Inder folgen den Westlern, die so vieles auf der materiellen Seite entwickelt haben. Ihnen geht es nicht um Spiritualität – sie würden gerne den wissenschaftlichen Entwicklungen des Westens folgen, um sie zu imitieren. Weil „I am that" von Maurice Frydman zertifiziert ist, werden sie es lesen, zudem werden die Bücher von Jean Dunn eine noch größere Bedeutung haben. Mir mangelt es nicht an Wissen in Bezug auf Gott oder Spiritualität, weil ich vollkommen klar weiß, was das Kind-Prinzip ist. Wenn Sie das unwissende Kind-Prinzip kennenlernen, das Seiende, werden Sie in Ihren spirituellen oder weltlichen Bestrebungen in keiner Weise zu kurz greifen.

8. APRIL 1980

BESUCHER: Ist die Welt, so wie wir sie sehen, ein Gedanke? Es steht hier und da geschrieben, dass man, wenn man die Welt sieht, das Selbst nicht sieht und umgekehrt, wenn man das Selbst sieht, die Manifestation nicht sieht.

MAHARAJ: Die Welt ist nichts als ein Bild Ihres „Ich" Bewusstseins. So, als hätten Sie einen Anruf erhalten und gesagt bekommen, dass Sie sind, und augenblicklich erscheint die Welt. Wenn Sie im Tiefschlaf sind und fühlen, dass Sie wach sind, erscheint gleichzeitig die Traumwelt. Mit dem „Ich bin" erscheint die Welt in den Wach- und Traumzuständen.

BESUCHER: Kann man die Welt in der Abwesenheit des Egos sehen?

MAHARAJ: Wo ist da ein Ego? Das Ego ist da, wenn Sie bestimmte Reaktionen haben. Sie nehmen alles entgegen, was beobachtet wird. Nur wenn Sie sich daran hängen, es aufzeichnen, ist da ein Ego.
Sie sehen Baumaterial auf der Straße liegen – Sie denken, dass Sie Zimmermann sind und wägen ab, wie das Material zu verwenden ist; der Gedankenprozess hat begonnen, das Ego beginnt. Wenn Sie niemand sind, werden Sie sich nicht um das Baumaterial kümmern – Sie werden es nur wahrnehmen und Ihres Weges gehen. Wenn es außer Sichtweise ist, ist es aus dem Verstand; aber wenn Sie diese Lieferung annehmen, denken Sie darüber nach – das Ego hat eingesetzt.

BESUCHER: Also kommt das Ego ins Sein, wenn es um den Nutzen dessen geht, was gesehen wird?

MAHARAJ: Ja. Das ist seine Natur.

BESUCHER: Um auf meine andere Frage zurückzukommen: Wenn die Welt gesehen wird, ist das Selbst nicht; wenn das Selbst gesehen wird, ist die Welt nicht. Ist das so?

MAHARAJ: Es ist umgekehrt. Wenn Sie wissen, dass Sie sind, dann ist die Welt. Wenn Sie nicht sind, ist Ihre Welt nicht.

BESUCHER: Ist das „Ich" das Selbst? Ich spreche über den Unterschied zwischen „Ich bin" und dem Gedanken „Ich bin ein Mensch", der Ego ist. Existiert die Welt im „Ich bin" Bewusstsein? Können Sie sie sehen?

MAHARAJ: Wenn Sie aufwachen, ist nur das Gefühl zu sein da, ohne Worte, das ist das grundlegende Prinzip, die Voraussetzung; später wissen Sie dann in vollem Umfang, dass Sie sind und die Welt ist. Aber das ist, wie die Hörner des Hasen, eine Illusion. Letztendlich ist die Welt wie die Traumwelt. Verstehen Sie diesen Punkt sehr gründlich; Sie beschäftigen sich zu sehr mit dem Ego. Haben Sie verstanden, was über das Ego gesagt wurde?

BESUCHER: Ich glaube ja, wenn ich eine andere Frage stelle, kann ich das vielleicht klären. Um die Analogie von der Schlange und dem Seil zu verwenden (an einem schwach beleuchteten Platz wird das Seil irrtümlich für eine Schlange gehalten), wenn wir die Welt in dieser Analogie benutzen, wo ist da die falsche Identität?

MAHARAJ: Das Selbst ist die Welt. Sie sprechen davon, die Identität zwischen Welt und Selbst zu entfernen, oder? Beseitigen Sie zuallererst das Selbst, verstehen Sie, was das Selbst ist. Lernen Sie zuerst das Selbst kennen, dann lernen Sie die Welt kennen. Die Welt ist aufgetaucht, weil Sie erfahren haben, dass Sie sind. Das ist der Grund.

BESUCHER: Wie kann man im Wachzustand das Gefühl für die Welt verlieren und nur das Selbst sein?

MAHARAJ: Da müssen Sie sich mit der Sonne besprechen. Fragen Sie „Wie wirst du dein Licht los?" ... Licht ist die Manifestation der Sonne. Können Sie das Licht von der Sonne trennen oder die Sonne

vom Licht? Aufgrund der Sonne ist das Licht; weil Sie sind, ist Ihre Welt.
Da der Zustand des Bezeugens geschieht, sind Sie. Weil Sie sind, wird das Bezeugen eindeutig empfunden. Weil die Sonne ist, ist Licht. Wo ist der Zeuge, wenn nichts bezeugt wird? Wohnen Sie dort.

BESUCHER: Das Wesen ist der Zeuge?

MAHARAJ: Es gibt zwei Stadien des Bezeugens: Das Seiende bezeugt die gesamte Manifestation. Das Bezeugen des Seienden, des Bewusstseins geschieht dem ewigen Prinzip, dem Absoluten.

14. APRIL 1980

MAHARAJ: Solange Sie an der manifesten Welt interessiert sind, haben Sie keine Zeit, an die Wurzel zu gehen. Die Wurzel ist das Bewusstsein, das sich zeigte, als Sie ein Kind waren. Die Wurzel dessen, was immer Sie jetzt tun, liegt in dem Augenblick als Sie ein Kind waren. In diesem Kind nahm die wichtigste Eigenschaft – die Chemikalie, das Bewusstsein – das Bild auf. Von diesem Augenblick an sammelten Sie Wissen, und auf dieser Grundlage finden Ihre gegenwärtigen Handlungen statt.
Die Leute sind so an meinen Worten interessiert, dass niemand wirklich herauszufinden versucht, was das Kind-Bewusstsein ist. Nur wenn Sie sich im Bewusstsein festigen, können Sie das Kind-Bewusstsein verstehen. Das ist der einzige Weg.

BESUCHER: Kind-Bewusstsein bedeutet eine Rückentwicklung, verglichen mit dem Bewusstsein eines Erwachsenen. Wenn es in diesem Zustand keine Berücksichtigung des Kind- oder Erwachsenen-Bewusstseins gibt, ist da nur Sein – und keine weiter vorgegebene Richtung.

MAHARAJ: Es gibt zwischen dem Kind- und dem Erwachsenen-Bewusstsein keinen Unterschied.

BESUCHER: Wenn der Raum, der den kleinen Becher füllt, derselbe Raum ist, der den großen Becher füllt, wie kann man dann den kleinen Becher erkennen?

MAHARAJ: Der Same des Universums ist dimensionslos aber aufgrund des Körpers erscheint das Bewusstsein und identifiziert sich mit dem Körper, aber eigentlich ist alles offenbares, alles durchdringendes Bewusstsein. Diese „Ich Liebe" ist offenbar. Für das Universum an sich stellt sich die Frage nach Gewinn und Verlust nicht, nur wenn die Identifikation mit dem Körper vorhanden ist, taucht die Frage auf. Wenn Sie essen, wer isst dann? Die „Ichheit". Das Essen enthält auch „Ichheit", wenn Sie es also essen, erhalten Sie Ihre „Ichheit" aufrecht. Obwohl die „Ichheit" in der Nahrung ist, identifiziert sich niemand mit der Nahrung – sie sagen „das ist mein Mittagessen; das bin nicht ich", aber wenn es von ihnen gegessen worden und zu einem Teil des Körpers geworden ist, sagen sie „Ich bin der Körper" – diesen Fehler machen sie.

BESUCHER: Mich verlangt es danach, im Zustand eines *jnani* zu sein.

MAHARAJ: Sie müssen die Kenntnis des „Ich bin" haben. *Jnani* und Kenntnis sind eins.

BESUCHER: Haben Sie die Kenntnis einfach durchs Sein?

MAHARAJ: Sie sind das bereits, aber Sie müssen versuchen, sich selbst zu verstehen.

BESUCHER: Sie verstehen das durch die Essenz Ihres Seins, also ist daran kein Wissen beteiligt.

MAHARAJ: Augenblicklich identifizieren Sie sich mit dem Körper, deshalb kennen Sie das Geheimnis nicht. Sie werden es allmählich kennen lernen, wenn Sie wirklich dazu werden.

BESUCHER: Wenn das Gefühl des Seins nur im „Ich bin" ist, wo kommen dann die Konzepte her?

MAHARAJ: Aufgrund des belebenden Atems fließt der Verstand. Verstand bedeutet Worte, also sind Gedanken da – sie sind die

Konzepte. Schauen Sie nach Ihrer Wurzel, dem Kind-Bewusstsein, und machen Sie Schluss damit.

BESUCHER: Die Schwierigkeit liegt in der Tatsache, dass alles Bewusstsein identisch ist, also wie zu seiner Wurzel kommen?

MAHARAJ: Dieses Bewusstsein ist ein Baum, aber da war ein Same – gehen Sie zum Samen. Das Bewusstsein, das Sie jetzt haben, ist dasselbe wie das Kind-Bewusstsein, halten Sie daran fest, das ist genug. Solange das Bewusstsein da ist, ist alles so wichtig für Sie, aber wenn es verschwindet, was ist Ihnen dann die ganze Welt wert? Wer ist der Wissende des Samens? Achten Sie darauf, wie die „Ichheit" erschienen ist – dann werden Sie wissen. Akzeptieren Sie nur diese Identifikation: dass Sie das offenbare, reine Seiende sind, die Seele des Universums, des Lebens, das Sie beobachten, und gegenwärtig tragen Sie einfach diesen körperlichen Anzug. Notieren Sie es; Sie haben so vieles im Leben abgelegt, nur zum Spaß, warum legen Sie das nicht auch ab und sehen, was passiert? Schauen Sie, was passiert, wenn Sie den Mond anschauen und wissen, dass der Mond da ist – vorausgesetzt Sie sind da. Weil Sie sind, ist der Mond. Sie erfahren dieses großartige Konzept, diese Freude, direkt und genießen es.

BESUCHER: Es muss eine Kraft geben, die für die Erschaffung verantwortlich ist.

MAHARAJ: Die Kraft ist das Selbst, das jeder in seinem Sein hat – diese Kraft ist zeitgebunden. Von dem Moment an, in dem das Seiende erscheint, kreiert es automatisch bis das Seiende verschwindet. Vorher war nichts – nachher ist nichts. Nur während der Dauer des Seins sind Welt und Schöpfung. Diese Kraft ist das Vertrauen in das ursprüngliche Konzept „Ich bin" und dieses Konzept ist es, das das Netz der Schöpfung webt. Die gesamte Manifestation ist eine Erscheinung in diesem Entwurf.

15. APRIL 1980

MAHARAJ: Wenn sich das Bewusstsein mit sich selbst vermengt, ist das *samadhi*. Wenn man nichts weiß – und nicht einmal weiß, dass man nichts weiß – ist das *samadhi*.

BESUCHER: Wird der Körper unbeweglich?

MAHARAJ: Der Körper wird ruhig. Später ist da keine Vergegenwärtigung des Körpers mehr. Wenn nichts mehr übrig bleibt, ist das *sahaja samadhi*.

BESUCHER: Das Empfinden ist glühend, überschäumend, innen wie außen; es ruft ein bisschen Hitze hervor.

MAHARAJ: Das ist natürlich. Wenn sich die fünf Elemente vermischen, kann alles Mögliche passieren. Die fünf Elemente drücken sich in diesem Stadium auf unterschiedliche Weise durch den Körper aus. Das ist nicht für alle gleich, nicht notwendigerweise einheitlich – jeder Körper wird auf andere Weise agieren und reagieren. Daher haben verschiedene Heilige unterschiedliche Arten von Lehren. Das allen gemeinsame Mittel ist der Wachzustand, der Schlafzustand und das Bewusstsein „Ich bin".

BESUCHER: Ich machte es so, wie Maharaj sagte. Ich untersuchte das Bewusstsein des Kindes, außerdem habe ich über den Samen des Baumes nachgedacht und ich habe die Gleichung gelöst.

MAHARAJ: Was bleibt, nachdem solche Fragen gelöst worden sind? Können Sie da irgendetwas machen?

BESUCHER: Nein. Der Same verschwindet in einem Sämling, der Sämling in einem Baum und schließlich verschwindet der Baum. Der Same des Kindes verschwindet in einem Teenager, etc.

MAHARAJ: Er verschwindet nicht, er wird transformiert. Was bleibt ist *parabrahman*.

BESUCHER: Da war das Empfinden des Sohnes, der zum Vater zurückkehrt.

MAHARAJ: Ereignete sich das Gefühl innerhalb oder außerhalb der Quelle? Die Eltern sind nur Namen, die der Quelle gegeben sind, die man immer kennt.
Wenn etwas verstanden ist, erfasst man es nicht wirklich, bis es einen Namen hat und dann sagt man, dass man verstanden hat. Der Name ist nicht das Ding an sich. Vater, Mutter und Kind sind drei Namen, aber alle drei repräsentieren dasselbe. Was ist, ist nur eins, ES ist, und die Drei sind nur Namen und Nummern, die dem, was dem Grunde nach eins ist, gegeben wurden. Die Vereinigung von *prakriti* und *purusha* bin ich selbst; *prakriti* und *purusha* sind nur Namen – und keine Formen. Dieses Thema ist nur für die gedacht, die ernsthaft interessiert sind.
Die Jackfrucht ist eine sehr große Frucht mit dicker Schale und gepunkteten Knöllchen auf der Außenseite. Innen ist die Frucht und darin ist der Same. Man verwendet die Frucht und da ist der Same, der mehr Frucht hervorbringen kann. Mit dem menschlichen Körper ist es dasselbe, das Äußere ist nur die Schale; man nutzt das Seiende im Innern. Der Same kann zur Reproduktion verwendet werden, und die Süße, der Geschmack von „Ich bin" wertschätzt sich selbst und möchte unter allen Umständen fortbestehen.
Bevor die Form angenommen wurde, waren Sie formlos; die Form zeigte sich spontan und als sie sich zeigte, war da eine natürliche Sehnsucht, in den formlosen Zustand zurückzukehren. Nur wenn Sie in den formlosen Zustand frei von Verlangen zurückkehren wollen, kommen Sie hierher, um danach zu suchen, was Sie sind. Das Bewusstsein muss das Bewusstsein (er)kennen. Nur wenn es sich selbst realisiert, kehren Sie zum Gewöhnlichen zurück.

BESUCHER: Ist einer von denen, die hierher kommen, zum *jnani* geworden?

MAHARAJ: Einige von denen, die gekommen sind, haben das Wissen erlangt, aber nur oberflächlich. Niemand hat wirklich genau untersucht, was dieses Wissen ist; niemand hat wirklich die volle Bedeutung erfasst. Was tun sie heute? Sie sind im Wollen verfangen, im Begehren und das hat sie das Wissen vergessen lassen. Sehr wenige werden das Wissen auf die richtige Weise erlangen und es tief in ihr Herz aufnehmen. Erst wenn Sie den Ursprung der Bewegung, dieser Aktivität und den Grund, die Natur dieses Verlangens verstanden haben, nur dann können Sie zu dem zurückkehren, was Sie sind. Solange Sie bezüglich dessen nicht standhaft sind, werden Sie nicht verstehen.

19. APRIL 1980

MAHARAJ: Sie sind hierhergekommen und sitzen hier, aber das bedeutet nicht, dass von Ihnen erwartet wird, dass Sie hier tagelang 24 Stunden täglich sitzen. Sie sind hier für eine kurze Weile hergekommen, dann werden Sie gehen und wiederkommen. Ebenso ist der Körper ein Ort, um kurz darin zu verweilen.
Nachdem man sich im Absoluten gefestigt hat, wird der Unterschied zwischen dem Seienden und dem Davor klar gezogen.

BESUCHER: Früher, sagen die *Upanishaden*, hatte jeder Schüler dem Guru ein Jahr nahe zu sein ohne den Mund aufzumachen. Erst danach durfte er Fragen stellen.

MAHARAJ: Wenn er sich in unmittelbarer Nähe des Gurus aufhält, wird in ihm die Fähigkeit reifen, die Lehren zu empfangen. Seine Möglichkeit zu verstehen nimmt zu. Sie entsteht in ihm, sie kommt nicht von außerhalb.
Sie müssen zu einem klaren Entschluss kommen. Sie müssen den Gedanken vergessen, dass Sie ein Körper sind und nur das Wissen „Ich bin" sein, das keine Form hat, keinen Namen. Sein Sie nur. Wenn Sie sich im Seienden stabilisieren, wird es Ihnen alles Wissen und alle Geheimnisse übergeben, und wenn Ihnen die Geheimnisse gegeben sind, transzendieren Sie das Seiende und werden wissen, dass Sie, das Absolute, auch nicht das Bewusstsein sind. Nachdem Sie all das Wissen gewonnen und verstanden haben, was was ist, herrscht eine Art Ruhe vor, eine Gelassenheit. Das Seiende ist transzendiert, aber es steht zur Verfügung.

BESUCHER: Was ist das für ein Zustand?

MAHARAJ: Es ist in etwa, als ob sich ein Hirsch im Schatten eines Baumes ausruht. Die Farbe des Schattens ist weder hell noch sehr dunkel, das ist der Grenzbereich. Weder kohlrabenschwarz noch besonders leuchtend, dazwischen, so ist der Schatten. Tiefblau, wie der Himmel, so ist der Zustand. Das ist auch die Gnade des *Satguru*. Alles fließt aus dem Zustand, aber das Prinzip nimmt nichts für sich in Anspruch, es ist in das, was ihm entspringt, nicht involviert, aber dieses Seiende ist verfügbar. Dieser tiefe, dunkelblaue Zustand, die Gnade des *Satguru*. Das ist der Zustand des *jnani*, das ist ein sehr, sehr seltener, natürlicher Zustand, der natürlichste Zustand, der höchste Zustand.
Davon müssen Sie völlig überzeugt sein. Wenn die Entscheidung einmal getroffen ist, gibt es davon kein Zurück mehr. Die Erfüllung Ihrer Spiritualität ist es, Ihre eigene wahre Natur vollkommen zu verstehen und sich in Ihrer wahren Identität zu festigen. Man muss Geduld haben, die Fähigkeit zu warten und zu sehen.
Die Dunkelheit, die Sie sehen, wenn Sie die Augen schließen, ist der Schatten der Gnade des Gurus. Vergessen Sie das niemals, behalten Sie es immer im Gedächtnis. Ruhen Sie sich im Schatten der Gnade des Gurus aus. Wann immer Sie sich an die Worte des Gurus erinnern, befinden Sie sich im Schatten der Gnade des Gurus.
Letzten Endes verschmilzt alles mit dem Selbst. Ihnen mögen große Schwierigkeiten begegnen, aber ihre Courage und Beständigkeit in Bezug auf das Selbst sollten felsenfest sein.

23. APRIL 1980

MAHARAJ: Sein Sie freundlich zu Ihrem unterschiedslosen Zustand, Ihrem wahren Selbst. Es gab niemals eine Teilung, aber Sie unterliegen der Täuschung, dass Sie nicht eins damit sind.
Ich habe meine wahre Natur verstanden: Sie ist immer lebendig, aber nicht auf die Weise, wie alle denken. Ich möchte in diesem Leben nicht durch das Wissen der subjektiven Welt oder die Erfahrungen der subjektiven Welt leben. Die Leute sagen mir, dass ich leben muss. Ich möchte so nicht leben. Ich bin aufgrund meiner

eigenen Natur lebendig. Sie ist da, die Existenz ist da, ich bin nur aufgrund dieser Existenz hier. Mein wahrer Zustand, der ungeteilt ist, undifferenziert, ist jenseits von Leben und Tod. Ich bin niemals durch meinen Körper oder Verstand gebunden. Ich bin grenzenlos.
Ich, das Absolute, hatte niemals die Erfahrung, lebendig zu sein, aber jetzt erfahre ich, dass ich lebendig bin und ich erfahre all die Schwierigkeiten durch die „Ich-bin-lebendig-Erfahrung". Diese Erfahrung ist durch Raum und Zeit begrenzt, aber als ich das Ganze verstand, verstand ich, dass ich niemals irgendeine Erfahrung des Lebendigseins hatte. Das ist ein Zustand jenseits aller Erfahrung.
Warum ist das passiert? Mein Guru hat mir korrekt erklärt, dass das „Ich" Bewusstsein erschien und diese Erfahrung begann, deshalb kann man die wahre Natur des „Ich" Bewusstseins erkennen, zu seiner Quelle gehen und herausfinden woher das „Ich" kommt.

BESUCHER: Welchen Unterschied macht es, ob ich krank und unbewusst bin oder Maharaj?

MAHARAJ: Ich kenne meine wahre Natur und ich bin DAS, während Sie auf Ihren Körper und Verstand begrenzt sind, deshalb könnten Sie sich jetzt krank fühlen und den Arzt kommen lassen – er könnte etwas tun. Das alles sind Vorstellungen, die Sie haben werden, aber ich habe sie nicht. Ich schlafe in meiner wahren Natur, wohingegen Sie sich ein Laken genommen haben und schlafen.
Ist es nicht wahr, dass Sie, wenn Sie krank sind, nur an Ihre Krankheit denken? Warum haben Sie dieses Bereich betreten?
Wenn ich mit Ihnen spreche, versuchen Sie nicht, von der Körper-Verstand Identität her zu verstehen. Ihr wahrer Zustand ist immer vorhanden; er ist nirgendwohin verschwunden. Obwohl Sie es nicht wussten, war er da, und jetzt wissen Sie, dass er da ist. Sie haben nichts getan. Er ist immer da.
Auf meinem wahren, unversehrten, einheitlichen Zustand ist eine kleine Welle erschienen, die Nachricht „Ich bin". Diese Nachricht machte den ganzen Unterschied und ich fing an, sie kennenzulernen. Aber jetzt habe ich meinen wahren Zustand erkannt, also weiß ich zuerst um meinen wahren Zustand und verstehe, dass sich diese kleine Welle über meinen wahren Zustand gelegt hat und wieder

geht. Sie hingegen interessieren sich für die kleine Welle und haben kein Interesse an Ihrer wahren Natur.
Aus meiner Existenz als Noumenon ist der Zustand des Phänomenalen hervorgegangen. Das Einheitliche versteht das Spiel der Attribute, die Projektion des Verstandes, aber das Spiel, die Projektion des Verstandes kann das Einheitliche nicht verstehen. In dem Augenblick, in dem der Verstand DAS zu verstehen versucht, wird er eins damit. Jeder versucht, die Bedeutung alldessen zu verstehen. Sie verstehen nicht, weil Sie alle die Windeln des „Ich-bin-dieses-oder-das" anhaben. Entfernen Sie sie.
Die letztendliche Auffassung ist, dass es nichts zu verstehen gibt. Wenn wir also versuchen zu verstehen, schwelgen wir nur in Gedankenakrobatik.
Alle spirituellen Dinge, die Sie bestrebt sind kennenzulernen, finden in der objektiven Welt statt, in der Illusion; all Ihre Aktivitäten, materielle wie spirituelle, befinden sich in der Illusion. All das findet in der objektiven Welt statt, alles ist Unehrlichkeit. In dem Schwindel gibt es keine Wahrheit.

BESUCHER: Letzte Nacht, während der Meditation, war da ein reiner Zustand von „Ich-Ich". Ich begriff ihn als das Erkennen des Selbst.

MAHARAJ: Ist das die wahre Bedeutung Ihres Selbst? Spucken Sie sie aus. Was auch immer Sie verstanden haben, sind Sie nicht. Warum verlieren Sie sich in Konzepten? Sie sind nicht, was Sie wissen, Sie sind der Wissende.

30. APRIL 1980

MAHARAJ: Dieses Bewusstsein, das „Ich bin", hat all die Wunder erschaffen und erhalten, die der Mensch für sich in Anspruch nimmt. Andererseits hat das Bewusstsein keine Kontrolle über sich selbst.
Das Prinzip, aus dem Sie hervorgegangen sind, hat kolossale Kraft. Lord Krishna sagt: „Verehre mich, sei an mich hingegeben." Das

bedeutet was? Das Wissen „Ich bin“, das Ihnen innewohnt – verehren Sie nur das. Laden Sie Ihr Sein mit den gewaltigen Qualitäten Lord Krishnas auf; Ihr Sein bedeutet Lord Krishna, geben Sie sich dem hin.

Zu Anfang ist Ihre Hingabe ergebender Art. Sie verehren ein Prinzip und übergeben sich diesem Prinzip. In den letzten Phasen werden Sie zum gesamten Universum.

Ihre Hoffnung in ein Prinzip wird nicht dieselbe bleiben, sie wird sich kontinuierlich verändern.

Sie alle sind wie Bettler; Sie haben eine Bettelschale und wollen Gott darin sammeln.

Werden Sie damit fertig, dass Ihre „Ichheit“ die unverfälschte Form des Göttlichen ist; Ihr Sein ist der reine *ishwara* Zustand.

Es ist völlig angemessen und löblich, dass Sie diesen Gesprächen zuhören. Nichtsdestotrotz werden Sie die Anhaftung an den Körper-Verstand nicht los.

Sie sind ständig von Verwandten oder Vertrauten umgeben, die mit Ihrem Körper-Verstand verbunden sind. Haben Sie volles Vertrauen in Ihr Sein und erlauben ihm, in das offenbare *ishwara* Prinzip hineinzuwachsen. Es ist allmächtig – meditieren Sie darauf. Es ist sehr einfach und dennoch gleichzeitig sehr umfassend. Das Bewusstsein ist der Same der Göttlichkeit. Wenn wir ihm seine wahre Wichtigkeit geben und es anbeten, wird es ins Göttliche hinein erblühen. Wenn wir ihm keine Wichtigkeit beimessen, wird es nicht ins Göttliche hinein erblühen.

4. MAI 1980

MAHARAJ: Sie verstehen sich selbst als Körper-Verstand; daher ist mein Problem – wie kann ich Sie verstehen lassen?

Lord Krishna sagte: „Alle sind mein Ausdruck.“ Der Berg ist aus Gold und ein Stückchen des Berges ist ebenfalls Gold. Ich bin der Berg, jedes Partikel bin ich selbst. Alles Seiende manifestiert sich in mir und jedes Wesen ist ein Beispiel meiner selbst. Das Wissen „Ich bin“ in jedem Wesen, bin ich selbst. Das der Lebenskraft innewoh-

nende leuchtend helle, strahlende Prinzip bin ich selbst.
Wenn mich jemand ganz und umfassend und auf angemessene Weise versteht, findet er im Schatten meines freundlichen Wesens Schutz.
Die Verfassung des *jnani*, die höchste Verfassung, hat das Seiende transzendiert, aber dennoch ist das Seiende hier, so ist das Absolute zusammen mit dem Seienden – der tiefblaue, milde Zustand, ohne Augen.
Das Wissen ruht sich in diesem tiefblauen, stillen, friedlichen, milden Schatten aus. Wenn dieser Schatten beiseitegeschoben wird, sieht es die verschiedenen Manifestationen in Form der Universen und Welten. Aber wenn der Schatten da ist, ist es der tiefe, dunkelblaue Zustand, vollkommen entspannt.

BESUCHER: Wird Maharaj aufhören zu sprechen?

MAHARAJ: Vorausgesetzt jemand ist hier, der es wert ist, Fragen zu stellen, werden die Gespräche ausströmen. Ich nähere mich dem Ende meiner Zeit. Wenn Fragen aufkommen, fragen Sie.

BESUCHER: Ich möchte hier so lange wie möglich bei Maharaj sein.

MAHARAJ: Obwohl Sie nach Hause gehen könnten – was immer gepflanzt worden ist, was immer Sie erhalten haben, es wird Sie verändern. Sie sind davon vollkommen in Besitz genommen.

BESUCHER: Ich spüre das. Ich bin dankbar, dass ich am Ende meines Lebens hierher gebracht worden bin.

MAHARAJ: Ihr Herkommen hat sich ebenfalls von selbst ereignet. Es ist sehr selten, dass jemand das Glück hat, hierherzukommen. Wenn gepflanzt worden ist, wird es ganz sicher von selbst sprießen. Es könnte dauern, aber es wird definitiv stattfinden.
Genauso wie das Seiende spontan erschienen ist – Sie wissen nicht im Voraus, dass Sie jetzt sein werden, es ist von selbst geschehen – finden diese Gespräche von selbst statt.
Diese Berührung der „Ichheit" ist in jedem Wesen; das Seiende hat den Geschmack der Liebe für das Absolute und es ist eine Darstel-

lung des Absoluten. Wenn Sie selbst durch die Identität des „Ich bin" vom Absoluten getrennt wurden, fühlen Sie sich fragmentiert, isoliert. Das ist der Grund, warum Ihr Verlangen angefangen hat. Im Absoluten gibt es keine Bedürfnisse. Nur das Absolute setzt sich durch.
Die Wahrheit ist nichts als vollkommener *brahman*, nur *brahman*. Im vollkommenen *brahman* Zustand kam es zur Berührung des Seins, „Ich bin", und damit fing die Trennung an, das Anderssein. Aber diese „Ichheit" ist nicht nur ein kleines Prinzip, sie selbst ist *mula-maya*, die grundlegende Illusion. Was ich darlege, ist nicht für die gewöhnlichen Menschen gedacht, weil sie nicht das Format haben, zu verstehen, was ich sage. Daher rate ich ihnen zu *bhajans*, *japa*, und Meditation. Danach, wenn die Reinigung erfolgt ist, werden Sie würdig genug sein, meine Worte zu empfangen.

BESUCHER: Ergibt sich das Manifeste aus dem Nichtmanifestierten?

MAHARAJ: Wer fragt das, und warum?

BESUCHER: Ich möchte es wissen.

MAHARAJ: Nichts außer Ihnen herrscht vor, alles ist Sie. Welche Antwort kann ich Ihnen geben?
Wenn Sie sich an diesen Besuch erinnern wollen, wenn Sie Liebe für mich empfinden, erinnern Sie sich an das „Ich bin" Prinzip und tun Sie nichts ohne den Befehl oder die Weisung dieses Prinzips.
In der heutigen Welt gibt es so viele Menschen und sie sind so mit ihren Angelegenheiten beschäftigt, dass sie keine Zeit zum Essen haben – sie essen stehend. Das sind Kennzeichen von *maya*. Das große *maya* Prinzip lässt Sie all die Tricks tun, und Sie verbleiben in dem, was *maya* sagt. Schließlich erlischt Ihr Licht, das Seiende. Wohin gehen Sie dann?

BESUCHER: Ich mache mich auf, einen neuen Körper zu suchen!

MAHARAJ: Das alles ist ein Konzept. Erinnern Sie Ihre vorherige Geschichte, erinnern Sie irgendetwas, bevor Sie erschienen sind?

BESUCHER: Nein. Aber ich habe gelesen …

MAHARAJ: Ich möchte nicht hören, was andere schreiben. Ich möchte es aus erster Hand wissen, von Ihnen. Wenn Sie nicht sind, können dann andere sein? Ist das nicht gut genug für Sie?

BESUCHER: Aber ich kann an keinen Zustand denken, in dem ich nicht war.

MAHARAJ: Das war der Zustand ohne Aufmerksamkeit, *parabrahman*. Die Aufmerksamkeit „Ich bin" war nicht da.

BESUCHER: Kommen wir aus dem *parabrahman* Zustand und kehren wir dahin zurück, wenn das Seiende geht?

MAHARAJ: Aus dem Absoluten in diese Welt herunterzukommen ist in etwa, als ob ein Traum erscheint. Gehen Sie in einem Traum irgendwo hin? Die grundlegende Unwissenheit ist, zu glauben, dass Sie der Körper sind. Zu wissen, dass Sie das Offenbare sind, ist Wissen und dieses Wissen geht ins Nichtwissen über, *parabrahman*.

BESUCHER: Aber ich habe aus der *Gita* verstanden …

MAHARAJ: Werfen Sie sie weg! Egal, was Sie verstanden haben, es ist nicht die Wahrheit und muss über Bord geworfen werden. Sie versuchen etwas zu erfassen und daran festzuhalten. Akzeptieren Sie das, was ich Ihnen sage, wie es ist. Lassen Sie sich nicht von Konzepten forttragen. Verwenden Sie keine Worte und sehen Sie auf sich selbst, so, wie Sie sind. Wenige verstehen, worauf ich hinweise.
Sie sind nicht wirklich aufmerksam, Sie reden erst, nachdem das Seiende erschienen ist. Bevor das Seiende hier war, schauen Sie darauf, sein Sie in diesem Zustand. Wenn Sie es wagen, nennen Sie mich einen Atheisten, vergessen Sie nicht, dass ich viermal täglich *bhajans* zelebriere.
Diese *maya* ist so kraftvoll, dass sie Sie vollkommen einwickelt. *Maya* bedeutet „Ich bin", „Ich liebe es zu sein". Sie hat keine Identität außer Liebe. Das Wissen um das „Ich bin" ist der größte Feind und der größte Freund. Obwohl es ihr größter Feind sein kann, wird es sich, wenn Sie es auf geeignete Weise günstig stimmen, umdrehen und Sie zum höchsten Zustand führen.

8. MAI 1980

MAHARAJ: Nachdem Ihnen durch Ihre Mutter die Information gegeben wurde, dass Sie ein Junge oder Mädchen sind, basieren alle Ihre weiteren Aneignungen auf Hörensagen. Ihr grundsätzliches Kapital sind Wissen, Wachzustand und Tiefschlaf.
Erinnern Sie nur das: Ein wahrhafter Schüler ist bereit, seinen Körper und den belebenden Atem aufzugeben, um das zu erreichen. Verbleiben Sie in den Worten des Gurus. Festigen Sie sich nur in der „Ichheit".
Die fünf Elemente und die drei *gunas* machen Ihren Körper und Ihr Wesen aus. Wenn Sie im *Satguru* verbleiben, zeigt Ihnen der *Satguru* an, dass Sie auch der Zeuge Ihres Seins sind. Haben Sie Vertrauen in den *Satguru*, Sie sind DAS. Der *Satguru* ist unberührt geblieben, ohne jedes Stigma. Was auch immer ist, ist ewiglich, aber wir sind von Konzepten überwältigt. In der Welt des Seienden kümmert sich das Bewusstsein um jeden Wurm, um jeden Vogel und Menschen, um alle Arten. Das ist das Problem des Seins. Jede Spezies kennt die Kunst zu leben.
Es wird behauptet, dass ich eine Krankheit habe, daher bin ich zu verschiedenen angesehenen Fachärzten gebracht worden und sie haben bestimmte Behandlungen verschrieben. Ich habe jegliche Behandlung zurückgewiesen, weil die Behandlung für den Körper ist und es keine Garantie auf ewiges Leben gibt. Das Versprechen war, dass es mir einige Zeit besser gehen würde. An solchen Versprechungen bin ich nicht interessiert. Ich habe mich im Ewigen stabilisiert und bin von dieser Art des Lebens, von dieser Last, nicht fasziniert. Ich möchte es so schnell wie möglich loswerden, ich bin nicht interessiert.

BESUCHER: Sie sind der Beschützer.

MAHARAJ: Ich bin nicht der Beschützer, der Schutz passiert ganz von allein.

BESUCHER: Da sind die, die Ihren Schutz wert sind; würden Sie nicht wenigstens für sie auf den Rat der Ärzte hören, um sie zufrieden zu stellen?

MAHARAJ: Das ist nicht der Weg, Zufriedenheit zu erlangen. Um Zufriedenheit zu erlangen, sollten Sie sich nach innen wenden. Ich bin ziemlich betrübt, dass Sie versuchen, Spiritualität auf solch profane Weise zu praktizieren. Angenommen, der sogenannte Tod geschieht mir, was passiert da eigentlich? Da ist das Umfeld der fünf Elemente, aber ich sollte mich immer durchsetzen. Ich habe mich vor dem Seienden und der Welt stabilisiert. Egal, was der Welt passiert, mir passiert nichts.

Der Verstand, der angenommen hat, dass ich geboren bin, ist jetzt tot. Ich kann nicht an der Geburt oder am Verstand gemessen werden.

Es gibt viele sogenannte *jnanis*, aber sie dürstet nach weltlichem Wissen. Verstehen Sie, worauf ich hinzuweisen versuche? Sie haben Verlangen nach weltlichem Wissen.

Sie haben Bewusstsein und Sie versuchen, alles in diesem Leben zu verstehen. Können Sie das Bewusstsein kontrollieren? Können Sie es überallhin mitnehmen? Nein, es kann jederzeit gehen, und sie haben keine Befugnis, um sagen zu können: Das ist mein Bewusstsein und ich werde daran für so und so lange festhalten.

Sie sind auf Ihren Wohnsitz in dieser Welt versessen, auf diesen Körper. Sie würden nicht gerne in einem Zustand jenseits davon sein, davor. Sie sind von diesem Seinszustand verzückt.

11. MAI 1980

MAHARAJ: Im Körper bezeugt das Bewusstsein; das Verhalten wird durch die drei *gunas* gesteuert. Bewusstsein ist alles durchdringend, raumartig, ohne Form.

Wenn man eine Krankheit oder Schmerzen hat, gibt es dafür eine Form? Es ist nur eine Bewegung im Bewusstsein. Der Wissende des Bewusstseins kann den Schmerz nicht fühlen und nur weil sich das Bewusstsein mit dem Körper identifiziert hat, fühlt der Körper den Schmerz. Wenn kein Bewusstsein da ist, wird selbst dann kein Schmerz gespürt, wenn der Körper zerschnitten wird. Es ist nicht der Körper, der Schmerz spürt. Wenn es eine Störung in der

Balance der fünf Elemente gibt, zeigt sich Krankheit und die Krankheit oder der Schmerz werden im Bewusstsein erfahren.
Genauso, wie die Hitze im Winter nachlässt, so wird, wenn die Identifikation mit dem Körper nachlässt, der Schmerz, der gefühlt wird, immer weniger, bis zu einem Grad vollständiger Desidentifikation mit dem Körper, in der man die Hand ins Feuer halten kann, ohne Schmerz zu fühlen. Die Auswirkung des Feuers wird sich zeigen, aber der Schmerz wird nicht gefühlt.
Sagen wir, dass ich in einem bestimmten Augenblick Schmerz fühle und dann passiert etwas, dass meinen Verstand ablenkt. Abgelenkt durch das neue Ereignis würde ich den Schmerz nicht spüren, den ich im vorherigen Moment gespürt habe. Oft verspüre ich überall am Körper einen Juckreiz und kratze, aber wenn ich vor Publikum sitze, ist mir nicht nach Kratzen, deshalb toleriere ich es einfach; durch das Tolerieren verschwindet er. Andererseits hört der Juckreiz manchmal selbst dann nicht auf, wenn wir kratzen, sogar wenn die Haut aufgekratzt ist und blutet. Wir haben in Marathi eine Redensart: „Fordere den Juckreiz nicht durch Kratzen heraus." Mit den meisten Schmerzen ist es ähnlich – wenn Sie ihnen Aufmerksamkeit schenken, werden sie herausgefordert und Sie müssen sie hegen und pflegen. Schenken Sie ihnen keine Aufmerksamkeit, ignorieren Sie die Symptome und sie verschwinden. Sie müssen die Fähigkeit haben, Schmerz zu tolerieren.
Das Bewusstsein im Körper kann keinerlei Makel haben – so ist seine Beschaffenheit. Aber wenn Sie sich mit dem Körper identifizieren, könnten Sie es, begrifflich gesprochen, verschmutzen, doch seiner Natur nach ist es absolut rein. Der belebende Atem ist völlig rein und das Seiende ist noch reiner. Ich spreche von *atman*, dem Selbst. Dieses Wissen wird möglicherweise ein starkes Gefühl von Frustration in jemandem erzeugen, der nicht die richtige Perspektive hat. Die Absicht ist, die Lage der Dinge in ihrer richtigen Perspektive zu sehen. Wenn Sie das getan haben, leben Sie Ihr Leben in der Welt auf die Ihnen bestmögliche Weise.
Unsterblichkeit geht über Zeit und Raum hinaus; in dieser zeitlosen, raumlosen Existenz gibt es für die fünf Elemente, für Licht und Dunkelheit, für Sonne oder Mond keinen Einlass. Zeitlose, raumlo-

se Existenz weiß nicht, dass sie ist. DAS ist Realität, DAS ist Wahrheit.

Durch Meditation verbleiben Sie nicht in Ihrem wahren Zustand; nur durch die beständige Überzeugung, dass Sie das Höchste sind, festigen Sie sich im Ultimativen.

Ein durchschnittlicher spiritueller Sucher versteht für gewöhnlich nicht, worauf ich hinaus will, weil er etwas sucht, was er genießen kann. Worum geht es Ihnen bei der spirituellen Suche? Sie suchen nach einem Vorteil in der Welt, Sicherheit für Ihr tägliches Leben – das ist das Maximale, das Sie von der Spiritualität erwarten. Die sogenannten Weisen, die einer spirituellen Beschäftigung nachgehen, fokussieren Ihren Ehrgeiz darauf, Ihr tägliches Leben angenehm vonstattengehen zu lassen. Warum zur Hölle bin ich ins Sein gekommen? Danach erkundigt sich niemand.

Nur derjenige, dessen Tugenden und Sünden an ein Ende gekommen sind, wird diesen Platz hier aufsuchen. Solange das Stigma der Erinnerung vorhanden ist, dass Sie der Körper-Verstand sind, werden Sie nicht verstehen.

Die Summe alldessen, wovon hier gesprochen wird, ist als *Sat-Guru-parabrahman* bekannt. In diesem Zustand gibt es keine Bedürfnisse. Mein Zustand ist der, der die Schöpfung und die Auflösung des Universums niemals empfunden hat. Diesen Teil habe ich nicht erläutert. Ich verbleibe unberührt von der Erschaffung und Auflösung des Universums.

27. JUNI 1980

MAHARAJ: Der Wachzustand und Schlaf und das „Ich bin" Bewusstsein – diese drei Eigenschaften sind nicht Ihre sondern die der Chemikalie. Auf was bezieht sich das Wort „Geburt"? Ist es nicht die Geburt dessen, was im Körper ist, was ihn bewusst macht? Die Chemikalie bezeichnet die Liebe, die das Selbst für sich selbst hat und die es fortführen möchte.

Alle Erfahrungen werden ein Mittel zum Leiden sein, wenn man nicht realisiert hat, was sie sind. Alle Erfahrungen sind eine Folge

von Erinnerungen. Sie sind lediglich eine Bewegung im Bewusstsein, deshalb können sie nicht bleiben. Glück und Unglück kommen und gehen. Wenn Sie die richtige Perspektive haben, geht die Welt trotzdem mit einem friedlichen Gefühl weiter.
Die Natur hat die Einrichtung des Todes. Wenn es den Tod nicht geben würde, gäbe es eine unerträgliche Ansammlung von Erinnerungen. Menschen kommen und gehen, die Erinnerungen sind weggewischt, somit gibt es ein Gefühl des Ausgleichs.

BESUCHER: Aber das, was als vergänglich erkannt ist, scheint, während es genossen wird, für immer anzudauern. Was ist da zu tun?

MAHARAJ: Was Sie auch tun, wird in einer Katastrophe enden, aber Sie werden nicht aufhören es zu tun, weil das die Natur des Körperbewusstseins ist.
Der Tod wird für eine traumatische Erfahrung gehalten, aber verstehen Sie, was passiert. Das, was geboren worden ist, das Wissen „Ich bin", wird enden. Das Wissen, das durch den Körper begrenzt war, wird dann grenzenlos, was sollte also gefürchtet werden?

BESUCHER: Meine Angst ist, nicht fähig zu sein, zu lieben oder geliebt zu werden.

MAHARAJ: Bitte verstehen Sie, dass es nicht möglich ist, Liebe für andere bewusst und vorsätzlich zu empfinden. Das Gefühl der Liebe muss verstanden werden, und dann wird sich die Liebe von selbst entfalten. Liebe für das Selbst, für dieses Bewusstsein, „Ich bin", diejenigen, die das als die wahre Liebe erkannt haben, sind selbst zu Liebe geworden. Alles ist mit ihnen verschmolzen.
Diese Chemikalie, die den Körper funktionieren lässt, ist die allerkleinste und die allergrößte. Sie enthält das gesamte Universum, sie ist selbst Liebe und Gott. Diese Chemikalie, das Bewusstsein, stellt das Licht zur Verfügung, das es der Welt ermöglicht weiterzumachen. Diese Liebe ist keine individuelle Liebe, diese Liebe ist das allen Wesen innewohnende Prinzip, die Lebenskraft. Fangen Sie mit dieser gefühlsbewegten Liebe an und verweilen Sie in Ihrem Sein. Alles, was passiert, passiert in dem, was in Zeit und Raum objekti-

viert worden ist; aus der vollkommenen Abwesenheit ist der Überfluss hervorgegangen. Der Körper wird geboren, nimmt Raum ein und geht dann wieder, aber das Absolute ist davon nicht betroffen. Das ewige Prinzip herrscht trotz aller Geschehnisse vor. Egal, welche berühr- und sichtbare Welt da ist, sie geht in(s) Nichts über. Allerdings ist dieses Nichts auch ein Zustand – deshalb geht auch dieses Nichts ins Absolute über.

BESUCHER: Wie ist es passiert, dass ich mich selbst mit dem Körper identifiziert habe?

MAHARAJ: Was ist das „Ich", auf das Sie sich beziehen? Wer hat sich im Körper verfangen und möchte die Antwort wissen?

BESUCHER: Ich weiß es nicht. Warum kann ich nicht wissen, wer ich bin?

MAHARAJ: Ich kann nur etwas kennen, was sich von mir unterscheidet. Wie kann sich etwas kennen, wenn da nichts ist, mit dem es verglichen werden kann? Es ist alleine, ohne Identität, ohne Eigenschaften. Wir können darüber nur auf der phänomenalen Ebene sprechen.
Ich habe diese Krankheit. Was ist diese Krankheit und über was ist sie gekommen? Die Krankheit ist nicht getrennt von dem, was als Körper existiert, vom Atem und dem Wissen „Ich bin". Das ist ein Bündel, das hervorgebracht worden ist. Alles, was passiert, ist in dem Bündel enthalten. Ich war davon vor der Konzeption getrennt und ich bin immer noch von dem getrennt, was erschaffen worden ist. Es ist passiert, es wird einige Zeit andauern und dann wird es verschwinden. Zeit hat es herbeigeführt und Zeit wird es beenden. Ist nicht das, was empfangen und geboren worden ist, jetzt dasselbe? Das „Ich" hat sich von der Empfängnis bis zum gegenwärtigen Augenblick nicht verändert. Es ist für eine bestimmte Zeitdauer gekommen.
Was empfangen wurde, ist körperlich gewachsen und einige der Ausdrucksformen des Wissens „Ich bin" haben ungeheure Dinge erreicht. Einige sind zu *avataren* geworden, einige haben auf verschiedenen Gebieten Erfolge erzielt. Am Ende der Zeitspanne sind

die großartigen Persönlichkeiten und das, was sie erreicht haben verschwunden. Es mag für viele Jahre gewesen sein: Diese „Ichheit" mag in bestimmten Fällen hunderte von Jahren existiert haben, dennoch, egal wie lange die Zeit ist, sie hat ein Ende.

Einige dieser *avatare* und *jnanis* haben erkannt, was die „Ichheit" ist, dass es eines Körpers bedarf, bevor es sich selbst offenbaren kann und der Körper kann nur aus der sexuellen Vereinigung hervorgehen. Das wissend, haben sie damit angefangen, dem, was nur konzeptionell ist, Ratschläge zu geben, statt im Wissen abseits der Manifestation zu verbleiben und die Manifestation nur zu beobachten; alle Manifestation ist konzeptionell. Sie sagten: „Lasst es nicht zu sexuellen Beziehungen kommen." Viele der *avatare* und *jnanis* haben diesen Ratschlag gegeben. Ist es passiert? Hat es zu regnen aufgehört? Hat die Zeugung aufgehört? Nein. Die Natur nimmt ihren eigenen Kurs. Es ist nur etwas, das verstanden und nichts, das getan werden muss.

Erinnern Sie sich nur an eines: dass es diese „Ichheit" ist, die zu allen Zeiten unverändert geblieben ist und die das gesamte Universum erfüllt. Sie ist der höchste Gott, soweit es die Manifestation betrifft.

Letztendlich ist selbst das temporär. Was ich bin, geht den Sinnen voraus. Es ist raumlos, zeitlos, ohne Eigenschaften, aber in der Manifestation ist diese „Ichheit" der höchste Gott und Sie müssen eins damit sein.

BESUCHER: Wenn der Körper stirbt und ich mich immer noch mit dem Körper identifiziere, stellt sich dann die Frage nach Wiedergeburt?

MAHARAJ: Solange Sie sich mit dem Körper identifizieren, müssen Sie dem, was in den Schriften steht, folgen. Wenn Sie Ihre Identität verlieren, können Sie tun, was immer Sie wollen.

29. JUNI 1980

MAHARAJ: Egal, welches Konzept Sie von sich haben, es kann nicht wahr sein. Die „Ichheit" ist das erste Konzept und es muss befriedigt werden, indem man es seine gewöhnliche Arbeit in der Welt tun lässt. Das wichtige ist die Realisation der Tatsache, dass es ein Konzept ist.

BESUCHER: In der Welt versucht dieses Konzept immer, an erster Stelle zu stehen. Sogar zu den Kindern sagen wir: „Du musst Erster in der Prüfung sein." Ist es falsch, anderen die eigene Persönlichkeit und Individualität aufzudrängen?

MAHARAJ: Was falsch ist, ist, dass Sie glauben, auf den Körper und die Form begrenzt zu sein. Das Wissen, das ich zu vermitteln suche, ist durch das Wissen „Ich bin" gegeben, das in jedem von Ihnen dasselbe ist. Wenn Sie versuchen, das Wissen als Individuum zu erlangen, werden Sie es niemals erhalten.

BESUCHER: Wenn „Ich bin" ein Konzept ist und es verschwindet, wie weiß man dann, dass es verschwunden ist?

MAHARAJ: Dass „Ich bin" ein Konzept ist, muss verstanden werden, während das Konzept da ist. Sobald es in den ursprünglichen Zustand übergeht, wer (oder was) ist dann da, der das wissen will? Das illusorische Wesen ist verschwunden.

BESUCHER: Ich bin davon überzeugt, dass das „Ich bin" ein Konzept ist und enden wird, aber warum sollte ich es für ein falsches Konzept halten?

MAHARAJ: Wie und wann ist ebendieser Gedanke aufgekommen? Ist dieser Gedanke nicht lediglich als Bewegung in diesem Konzept erschienen? Wenn das Bewusstsein nicht dagewesen wäre, wäre der Gedanke nicht da.
Bewusstsein ist ein temporärer Zustand, der über den absoluten, zeitlosen, raumlosen und unveränderlichen Zustand gekommen ist. Es ist ein Ereignis, dass gekommen ist und verschwinden wird.
Dieses psychosomatische Bündel, das geboren ist, wird in der ihm zugedachten Spanne leiden und genießen; was betrifft es mich, so-

lange ich weiß, dass ich der Wissende bin und nicht derjenige, der erfährt?
Es ist vollkommen klar. Ich schaue dem Körper, Verstand und Bewusstsein beim Lachen und Leiden zu. Im Leiden mag er aufschreien, in Ordnung, schrei auf. Wenn er genießt, mag er lachen. Ich weiß, dass es ein temporärer Zustand ist, wenn er gehen will, lass ihn gehen. Während ich mit Ihnen spreche und Wissen vermittele, habe ich zur selben Zeit unerträgliche Schmerzen. Wenn sie noch ein bisschen unerträglicher werden, könnte es sein, dass ich winsele. Der Schmerz kann tun, was er will, es betrifft mich nicht. Solange Sie nicht verstanden haben, was dieses Bewusstsein ist, werden Sie den Tod fürchten. Aber wenn Sie wirklich verstehen, was dieses Bewusstsein ist, dann geht die Angst. Die Idee des Sterbens wird auch verschwinden.
Das Bewusstsein ist an die Zeit gebunden, aber der Wissende des Bewusstseins ist ewig, das Absolute.

1. JULI 1980

MAHARAJ: Wenn der Körper erst einmal gegangen ist, hat sich das Wissen, das sich selbst als Christus, Krishna, Buddha, etc. erfahren hat, gelegt, ist eins mit dem Ganzen geworden. Wenn Sie sie (Christus, etc.) durch Worte missbrauchen, kommen sie nicht (zurück) um zu fragen, warum Sie sie missbrauchen, weil das Wissen, das sich selbst als einer von ihnen erfahren hat, mit der Totalität verschmolzen ist. Genauso ist es jetzt: Sie können eine großartige Person sein. Aber wenn Sie schlafen gehen, vergessen Sie sich selbst als eigenständiges Wesen.
Sagen Sie nicht, dass Sie ein Einzelner sind, verweilen Sie einfach im Seienden. Das ganze Problem liegt im Empfinden, ein gesondertes Wesen zu sein – wenn sich das legt, ist es wahre Glückseligkeit. Mit dem Auftauchen des „Ich bin" kommt es zur gesamten Manifestation; in allem Tun ist das, was bezeugt, das „Ich bin", und das, was all das tut, ist *maya*, die Tendenzen, Eigenschaften. Das ist es, was ich Ihnen zu sagen versuche, aber Sie wollen etwas anderes, etwas

von innerhalb der Manifestation – Sie wollen Wissen (über).
Das Wissen „Ich bin“ ist neu, es ist nicht wirklich, das Wirkliche teile ich Ihnen nicht mit, Worte negieren DAS. Egal, was ich Ihnen auch sage, es ist nicht die Wahrheit, weil es aus dem „Ich bin“ gekommen ist. Die Wahrheit liegt jenseits des Ausdrucks.
Sie gehen überall hin, häufen Wissen fürs Individuum an. Das Anhäufen von Wissen wird Ihnen nicht helfen, weil es in einem Traum stattfindet.

BESUCHER: Wie geht es Maharaj mit all den Leuten, die hierher kommen?

MAHARAJ: Ich kümmere mich nicht darum. Sie kommen und hören mir zu und gehen. Wenn Sie es mögen, nehmen Sie es. Wenn nicht, gehen Sie. Der Raum in diesem Zimmer ist weder für, noch gegen, noch in Liebe mit dem Raum in dem Zimmer dort; er ist eins.
Es ist wie mit einem fließenden Fluss: Wenn Sie ihn nutzen möchten, nehmen Sie das Wasser und trinken es, anderenfalls lassen Sie es vorbeifließen. Ich berechne Ihnen nichts, genauso wie der Fluss Ihnen nichts für das Wasser berechnet. Sie geben jeden Tag viel Geld aus; kommen Sie, lassen Sie Ihr Geld stecken und nehmen Sie mein Wasser.
Während wir darüber sprechen, bringe ich Sie zum Ursprung der Quelle; dort kommt das Wasser tröpfchenweise heraus. Das Wasser wird später zu einem Fluss, einer Mündung, es wird zum Meer. Ich führe Sie wieder und wieder zur Quelle. Sobald Sie zur Quelle gehen, werden Sie feststellen, dass da eigentlich kein Wasser ist, das Wasser ist die Nachricht „Ich bin“.
Es gibt nur ein Prinzip, das Prinzip „Ich bin“. Weil Sie sind, ist alles. Bleiben Sie dabei. Sie haben es gehört, jetzt leben Sie entsprechend.

BESUCHER: Meine Arbeit als Arzt hält mich ständig beschäftigt, wie kann ich tun, was Maharaj sagt?

MAHARAJ: Sie sind jeden Tag in weltliche Aktivitäten einbezogen, aber vergessen Sie das alles, bevor Sie nachts schlafen gehen und denken Sie an das, was ich Ihnen gesagt habe. Nehmen Sie einen

Satz von dem, was ich Ihnen gesagt habe und bleiben Sie dabei, das wird Sie zum Ursprung führen. [Maharaj erzählt eine Geschichte:] Eine Person trifft einen Mann und dieser Mann gibt ihr etwas zu trinken und sagt dann: „Ich habe Gift in das Getränk gemischt. In sechs Monaten werden sie sterben." Die Person ist sehr verängstigt und glaubt, dass sie in sechs Monaten sterben wird. Später trifft sie einen Freund und erzählt ihm, was passiert ist und dass sie in sechs Monaten sterben wird. Ihr Freund sagt ihr, dass sie sich keine Sorgen machen soll: „Hier, trink das. Wenn du es trinkst, wird es keinen Tod für dich geben." Der Freund ist froh und trinkt es.
Mit dem ersten Konzept ist er voller Furcht und davon überzeugt, dass er sterben wird; später gibt ihm der Freund ein anderes Konzept, das das erste Konzept negiert. Das ist eine der Eigenschaften des belebenden Atems, wieder und wieder Konzepte, Ideen und Schöpfungen zu besorgen. Nur wenn Sie nach Ihrem Selbst suchen, werden Sie sich dessen bewusst.
Die Quelle all Ihres Glücks ist Ihr Sein, sein Sie dort. Wenn Sie sich in den Fluss von *maya* verwickeln, wird es Kummer geben. Sie versuchen Freude aus den Aktivitäten *mayas* zu ziehen, das ist das Ergebnis des Seins. Sein Sie still in Ihrem Sein.
Erinnern Sie sich daran, was ich Ihnen gesagt habe, kauen Sie es durch, besinnen Sie sich darauf. Es wird Sie in die Stille führen. Festigen Sie sich in diesem Wissen.

BESUCHER: Was wird dann passieren?

MAHARAJ: Es wird Ihnen klar sein, genauso klar, wie Sie die fünf Finger Ihrer Hand sehen können. Sie beobachten: Dieser Körper ist aus den fünf Elementen gemacht und weil der aus den fünf Elementen gebildete Körper hier ist, ist Ihr Sein, das Bewusstsein erschienen.
Ihr Sein ist aufgrund des Nahrungskörpers und des belebenden Atems hier, und Sie werden in der Lage sein, allen Elementen zuzusehen – dem Körper, Ihrer Lebenskraft und Ihrem Sein, aber Sie müssen fest in diesem Wissen stehen. Kurz gesagt, liquidieren Sie den Körper-Verstand als Maßstab für Ihre Identität. Wenn das erledigt ist, sind Sie *ishwara*, dann sind Sie *brahman*.

BESUCHER: Wie hebe ich es dann auf eine höhere Ebene an?

MAHARAJ: Lassen Sie es allein! Die Frage, es auf eine höhere Ebene anzuheben, stellt sich nicht. Es ist nur eine Frage des Verstehens.

Ishwara ist die Offenbarung der fünf Elemente und des Universums, der „Ichheit". Dem Absoluten erscheint das Bezeugen dieser „Ichheit". Das ist der Absolute Standpunkt, *siddha.* Dieses Verstehen sollte nicht von Ihnen in Anspruch genommen werden, Sie sind *sadhaka. Sadhaka* beschreibt den Prozess, sich im *ishwara* Prinzip, dem Bewusstsein, zu festigen.

BESUCHER: Letzte Nacht gab es die Erfahrung sehr starker Vibration im Körper. Tatsächlich war da kein Körper, nur Vibration, keine Form, sehr intensiv.

MAHARAJ: Was die Vibration auch immer war, das ist ein Ausfluss der fünf Elemente.

BESUCHER: Ist es kein Geschmack der „Ichheit"?

MAHARAJ: Wenn Sie es auf diese Weise ausdrücken wollen, tun Sie das. Es sind die fünf Elemente, drei *gunas*, *prakriti* und *purusha* – zehn Elemente. Sie sind der Ausdruck Ihres Seins.

BESUCHER: Wenn Maharaj also sagt, dass es darum geht, fest in dem Bewusstsein zu verbleiben nicht der Körper-Verstand zu sein, wie verhält sich das zu diesen zehn Elementen?

MAHARAJ: Dieses Gerede – den Körper-Verstand zu transzendieren, um sich im Bewusstsein zu festigen ist für spirituelle Kindergarten Sucher, es ist das niedrigste Niveau. Aber jetzt spreche ich zu einem *sadhaka*, der sich im Seienden gefestigt hat; diese erste Lektion ist jetzt vorbei.

BESUCHER: Oh!

MAHARAJ: Ihre Welt, Ihr Universum ist ein Ausdruck Ihres Seins. Der zweite Schritt ist: Der *sadhaka* festigt sich im Seienden, im *ishwara* Prinzip, der Manifestation. Ein *sadhaka* ist Manifestation.

Nun, nachdem er all den Gesprächen zugehört hat, wird er gehen und den Leuten, die er trifft, sagen: „Ich habe einen sprechenden Maharaj getroffen, und er hat eine noch größere Verwirrung geschaffen."

BESUCHER: Maharajs Lehre ist äußerst klar. Das einzige ist, dass es so schnell geschieht und so schnell klar ist.

MAHARAJ: Die Manifestation ist Selbst-glänzend, Selbst-erschaffen, aber Sie wollen immer noch etwas modifizieren, Sie sind damit nicht durch.

BESUCHER: Das ist, was ich meine. Das Bewusstsein ist sich bewusst, alles zu sein – das ist *ishwara.* Aufgrund von einigen festgefahrenen Gewohnheiten des Körper-Verstandes entsteht dann plötzlich das Verlangen, spontan, zu modifizieren oder alles anzupassen und in diesem Augenblick passiert noch etwas anderes, dass sagt: „Du kannst es nicht verändern, es ist, wie es ist." Das ist, was geschehen ist.

MAHARAJ: Erkennen Sie, dass Sie dahinein nicht verwickelt sind.

BESUCHER: Aus diesem Grund ist es so hilfreich, hier zu sein.

MAHARAJ: Das Absolute ist unnahbar. Im Schlafzustand versinkt die „Ichheit" in Vergessenheit, sie vergisst sich selbst. „Ichheit" ist auf die Zustände des Wachseins und des Tiefschlafs bezogen, aber auch das ist das Absolute. Sie werden nicht genau erfassen, was das bedeutet, aber wenn Sie sich im Seienden festigen und es transzendieren, werden Sie verstehen, wie Sie über den Tiefschlafs und das Wachsein hinausgehen, weil das lediglich die Eigenschaften des Seienden sind.

BESUCHER: Ist sich das Absolute bewusst, was passiert, wenn die „Ichhheit" schlafen geht?

MAHARAJ: Die „Ichheit" ist eine Art Werkzeug, mit „Ichheit" beobachtet nur ER. Sie unterhalten einige Konzepte, wenn Sie mir zuhören. Wenn Sie etwas hören, das zu Ihren Konzepten passt, sind Sie überaus glücklich – dann sagen Sie, dass es Wissen ist – aber ich vernichte das vollständig. Ich möchte alle Konzepte vernichten und

Sie in einem nichtkonzeptionellen Zustand gründen.
Ihr Sein ist das subtilste, gleichzeitig verbergen sich darin grobe Eigenschaften. Nehmen Sie den Samen von einem Banyanbaum: Er ist sehr klein, überaus fein, aber all die grobe Materie ist bereits da, innen drin. Ihr Sein ist das Subtilste, dennoch enthält es das gesamte Universum. Es ist ein kontinuierlicher Prozess; der Same enthält alles, Wiederholung, Wiederholung, Wiederholung. Der sogenannte spirituelle Sucher will *brahman*, aber wie? *Brahman* sollte sich so zutragen, wie der Sucher ihn bestellt. Sie wollen *brahman* nach Ihren Vorstellungen erschaffen.

BESUCHER: Was sie nur weiter von der Wahrheit wegbringt.

MAHARAJ: Alles ist Wahrheit – das Absolute. *Brahman* ist aus Ihrem Sein erschaffen. Aller *brahman* ist Illusion, Unwissenheit. Vom Absoluten Standpunkt aus ist Ihr Sein nichts als Unwissenheit. Wenn Sie den spirituellen Pfad des Verstehens verfolgen, fallen all Ihre Sehnsüchte einfach weg – selbst das grundlegende Bedürfnis, zu sein. Wenn Sie für einige Zeit im Seienden verbleiben, wird dieses Verlangen ebenfalls wegfallen; dann sind Sie im Absoluten.

BESUCHER: Das ist, was heute passierte; und da ist eine bestimmte Traurigkeit, das zu realisieren, und ein großes Verständnis des Absoluten.

MAHARAJ: Es ist nur das sich ständig wiederholende Bewusstsein, das vom Absoluten zurückweicht, für Sie gibt es keine Bewegung – es kümmert sich um die Show.
Wenn Sie im Bewusstsein sind, verstehen Sie die Beschaffenheit des Bewusstseins. Das Bewusstsein verlöscht, das Wissen verschwindet, aber nichts berührt Sie, das Absolute – das ist der Augenblick des Todes, aber was spielt das für eine Rolle? Der belebende Atem verlässt den Körper, die „Ichheit" weicht zurück, aber die „Ichheit" geht ins Absolute über. Das ist der größte Augenblick, der größte Augenblick der Unsterblichkeit. Die „Ichheit" war da, die Bewegung war da und ich beobachte – es ist ausgelöscht. Der Unwissende wird im Augenblick des Todes sehr verängstigt sein – er wird kämpfen – aber für den *jnani* ist das der glücklichste Augenblick.

6. JULI 1980

MAHARAJ: Was in der Welt vor sich geht, findet aufgrund der Lebenskraft (*prana shakti*) statt, aber *atman*, der Bezeugende, ist völlig abseits; keine Handlung kann *atman* zugeschrieben werden.
Solange Sie *prana shakti*, den belebenden Atem, nicht verstanden haben, dessen Sprache die vier Arten der Sprechens sind, die durch den belebenden Atem fließen – solange Sie das nicht erkennen, sind Sie gezwungen für wahr zu halten, was der Verstand Ihnen erzählt. Die Konzepte, die der Verstand Ihnen vermittelt, werden für Sie endgültig sein.

BESUCHER: Was sind die vier Arten des Sprechens?

MAHARAJ: Es sind *para* (Ursprungs-Bewusstsein), dann *pashyanti* (das Auftauchen der Gedanken), dann *madhyama* (Formulierung der Gedanken-Worte), und *vaikhari* (Sprache, die nach außen geht). Der gewöhnliche, unwissende Mensch ist sich *para* und *pashyanti* nicht bewusst, die den ganzen Prozess in Gang bringen, sie sind zu fein; er fängt mit *madhyama* an, das auch mit dem Verstand identifiziert ist und in Form von Worten erscheint, *vaikhari*.
Der Verstand wirft Gedanken und Worte aus und durch diese haben wir unsere Identität als „ich" und „mein" missverstanden, wohingegen alles, was stattfindet, ausschließlich auf dem belebenden Atem beruht und unabhängig von demjenigen stattfindet, der es bezeugt. Dieses Bewusstsein hat sich irrtümlicherweise mit dem Körper identifiziert und mit Gedanken bzw. Worten. Es sieht sich selbst schuldig für etwas oder glaubt, dass es durch Handlungen Verdienste erworben hat, wohingegen alles nur aufgrund der Lebenskraft geschieht.
Derjenige, der den belebenden Atem, die Lebenskraft, versteht, ist jenseits aller mentalen Konzepte. Derjenige, der ihn nicht verstanden hat, ist ein Sklave seiner Gedanken.

BESUCHER: Löst sich ein *mantra* nach ausdauernder Anwendung auf?

MAHARAJ: Beides, das *mantra* und der Glaube an das *mantra* werden sich auflösen. Im *mantra* liegt eine Absicht. In Indien hat das *mantra* große Wirksamkeit. Indem man sich auf das *mantra* konzentriert, wird die Form hinter dem *mantra* aus dem Äther erscheinen, aber das alles ist zeitgebunden. Der Mensch hat alles Mögliche für seine eigene Aufrechterhaltung entwickelt, die Konservierung des Bewusstseins.

Ich befasse mich nicht länger mit der Fortdauer des Körpers oder des belebenden Atems und will sie auch nicht länger.

Das Bündel der drei Zustände und drei Eigenschaften (Wachen, Schlafen, „Ich bin“ Bewusstsein / *gunas – sattva, raja, tamas*) ist geboren worden und was passiert, passiert diesem Bündel, und ich bin davon nicht betroffen. Darum bin ich völlig furchtlos, ohne Reaktion auf eine Krankheit, die für andere traumatisch wäre. Wissend, dass ich nicht das bin, was geboren worden ist, ist da trotzdem noch eine kleine Anhaftung an das, womit ich so lange verbunden war – aufgrund der vierundachtzig Jahre langen Verbindung ist da ein wenig Verbundenheit. Nehmen wir an, ich treffe jemanden aus meiner Heimatstadt, den ich lange gekannt habe. Er kommt und geht weg, daher verabschiede ich mich und da ist dieses kleine bisschen Anhaftung, weil ich ihn so lange gekannt habe.

Das Bewusstsein, das geboren ist, glaubt, dass es der Körper ist und durch die drei *gunas* arbeitet, aber ich habe damit nichts zu tun, das Ganze ist eine Illusion.

BESUCHER: Werden die Erinnerungen nach dem Tod andauern?

MAHARAJ: Nur wenn Zuckerrohr oder Zucker vorhanden ist, wird es Süße geben. Wenn der Körper nicht da ist, wie können da Erinnerungen sein? Das Seiende selbst ist gegangen.

BESUCHER: Woher weiß man, was bleibt?

MAHARAJ: Es sind zwanzig Leute in diesem Raum, alle zwanzig Leute verlassen ihn. Dann bleibt das, was ist, aber jemand, der den Raum verlassen hat, kann das nicht verstehen. So ist *parabrahman*, der ohne Eigenschaften ist, ohne Identität, nicht konditioniert – wer ist da, um zu fragen?

Das muss verstanden werden, aber nicht von jemandem: Die Erfahrung und der Erfahrende müssen eins sein, Sie müssen die

Erfahrung werden. Wie ist dieser *parabrahman*? Die Antwort ist, was ist Mumbai? Geben Sie mir nicht die Lage oder die Atmosphäre Mumbais (wieder), geben Sie mir eine Handvoll Mumbai. Was ist Mumbai? Das ist unmöglich zu sagen, so ist es auch mit *parabrahman*. Es gibt kein Nehmen und Geben von *parabrahman*, Sie können DAS nur sein.

BESUCHER: Wir wollen den Zustand, an dem sich Maharaj erfreut.

MAHARAJ: Die ewige Wahrheit ist da, aber sie zu bezeugen ist sinnlos. Geben Sie Ihre Studien im Namen der Religion oder Spiritualität, oder was Sie sonst zu studieren versuchen, auf. Tun Sie nur eines, die „Ichheit" oder Bewusstsein ist das göttlichste Prinzip; es ist nur so lange da, wie der belebende Atem hier ist – gegenwärtig ist es Ihre Natur. Verehren Sie nur das. Die „Ichheit" ist sowas wie die Süße des Zuckerrohrs; verbleiben Sie in der Süße Ihres Seins. Nur dann werden Sie den ewigen Frieden erreichen und in ihm verbleiben.

BESUCHER: Ich spüre, dass die Lebensenergie in meinem Körper in der Gegenwart Maharaj polarisiert und intensiviert wird.

MAHARAJ: Durch Meditation wird die Lebenskraft gereinigt, und wenn sie gereinigt ist, strahlt das Licht des Selbst hervor, aber das arbeitende Prinzip ist die Lebenskraft. Wenn die gereinigte Lebenskraft und das Licht von *atman* (Selbst) verschmelzen, ist das Konzept, der Verstand, die Einbildung, ist alles weggenommen. Die Lebenskraft ist das handelnde Prinzip. Das, was der Person Empfindungsfähigkeit gibt, ist das Bewusstsein.

BESUCHER: Ist es das, was die Überlieferung von *shiva* und *shakti* besagt?

MAHARAJ: *Shiva* bedeutet Bewusstsein und *shakti* ist die Lebenskraft. Die Leute verwenden die verschiedenen Namen, die gegeben worden sind und vergessen darüber das grundlegende Prinzip.
Sitzen Sie nur in Kontemplation und lassen Sie sich das Bewusstsein von selbst entfalten. Was haben Sie verstanden?

BESUCHER: Dieses Bewusstsein fängt an, ein größeres Empfinden für sich selbst zu bekommen, und *prana* und die Körperenergien werden intensiviert und polarisiert. Es scheint Teil der Reinigung zu sein.

MAHARAJ: Wenn das Bewusstsein und *prana shakti* (Lebenskraft) verschmelzen, neigen sie dazu, dauerhaft im *brahma-randhra* zu verbleiben und dann verstummen alle Gedanken. Das ist der Beginn von *samadhi*. Dann kommt man wieder zurück, und die Lebenskraft fährt mit ihren gewöhnlichen Handlungen fort.

9. JULI 1980

MAHARAJ: Verstehen Sie, nicht das Individuum hat Bewusstsein, es ist das Bewusstsein, das unzählige Formen annimmt. Etwas, das geboren wird und stirbt, ist vollkommen eingebildet. Es ist das Kind einer unfruchtbaren Frau.
In der Abwesenheit des grundlegenden Konzepts „Ich bin" gibt es keine Gedanken und kein Bewusstsein.

BESUCHER: Maharaj sagte, dass man das Bewusstsein von selbst transzendiert, wenn man im Bewusstsein verbleibt, im Sein. Ist das wahr, gibt es sonst nichts zu tun?

MAHARAJ: Nehmen wir an: Ich sitze hier und Sie kommen. Ich bekomme mit, dass es Sie gibt, das Bezeugen geschieht automatisch. Ist irgendetwas getan worden? Nein. So ist es. Es ist einfach. Sie sollten es verstehen. Genau wie eine unreife Mango reif wird, passiert es. Viele Leute befriedigt der Bewusstseins-Zustand.

BESUCHER: Ich werde nicht zufrieden sein, bis ich in Maharajs Zustand bin.

MAHARAJ: Wofür Sie sich in diesem Augenblick auch halten, sobald Sie das loswerden … Ihre wahre Natur ist unbeeinflusst. Verbleiben Sie in den Worten des Gurus.

BESUCHER: Wenn man Maharajs Worte liest, möchte man sehr gern in seiner Gegenwart sein. Darin liegt etwas sehr belebendes. Ist das wichtig oder essentiell?

MAHARAJ: Es ist sehr vorteilhaft, alle Zweifel loszuwerden. Darum werden die Fragen und Antworten benötigt. Hier ist der Ort, an dem Sie all Ihre Konzepte loswerden. Die Bäume, die nahe am Sandelholzwald stehen, haben aufgrund der Nähe denselben Geruch.
Was ist das Selbst? Wenn Sie sich ausdehnen möchten, ist die ganze Welt eine Offenbarung. Gleichzeitig ist der Same des Seins winzig klein – wie ein Atom, eine Winzigkeit „Ichheit".
Das ist die wirkliche Quelle der Liebe. Da ist ein solches Potential, das die ganze Welt mit dieser Liebe versorgt hat. Es verbleibt im Samen „Ich bin". Das, was übrig bleibt, ist das „Ich bin". Diese Winzigkeit oder der Anflug von „Ichheit" ist die Quintessenz aller Essenz.
Man muss die Worte des Gurus unerschütterlich befolgen oder ihnen unbedingt vertrauen. Ich wiederhole oder imitiere nicht, was andere Gurus tun. Ich favorisiere keine Religion. Ich habe keine Haltung oder Stellung irgendetwas gegenüber, nicht einmal die, dass ich ein Mann oder eine Frau bin.
In dem Augenblick, in dem Sie eine bestimmte Haltung akzeptieren, müssen Sie darauf aufpassen, indem Sie bestimmten Disziplinen folgen, die mit dieser Haltung zu tun haben. Ich verbleibe nur im Selbst. Ich glaube nicht, dass jemand vor mir existiert hat. Als mein Sein erschien, erschien alles. Vor meinem Sein war nichts. Ursprünglich bin ich ohne Stigma, unverhüllt.
Der *paramatman* ist der Kern des Selbst, das höchste Selbst. Seine Identität hat kein Brandmal, sie ist subtiler als der Raum selbst.
Warum sterben Sie? Verstehen Sie den ersten Moment, in dem Sie begreifen, dass Sie sind. Wodurch? Wie?
Wenn Sie das einmal verstanden haben, sind Sie der höchste der Götter – der Punkt, an dem sich alles erhebt, zugleich Quelle und Ende. Wenn Sie den Punkt verstanden haben, sind Sie davon befreit. Niemand versucht zu ergründen, wie es zur „Ichheit" kommt. Ich, das Absolute, bin nicht die „Ichheit".

Während der Meditation sollte Ihr Sein mit sich selbst verschmelzen, das ist ein nondualer Zustand. Bleiben Sie still. Strengen Sie sich nicht an, um aus dem Sumpf Ihrer Konzepte herauszukommen, Sie werden nur tiefer darin versinken. Bleiben Sie still.

15. JULI 1980

MAHARAJ: Welchen Effekt hat, was ich Ihnen gesagt habe?

BESUCHER: Was immer Maharaj gesagt hat, ist die Wahrheit, aber ich bitte ihn auch, mir einen Weg zu zeigen. Maharaj sagt, dass *sadhana* nicht der Weg ist. Aber die Entschlossenheit zu haben, dass ich das Bewusstsein bin, ist äußerst schwierig. Ich übe es.

MAHARAJ: Wer übt? Es hat keine Form, es wohnt im Körper. Wie lange wird es fortbestehen und was ist der Gewinn? Verbleiben Sie nur im Sein. Bis dahin wird es *sadhana* fortsetzen; wenn es erst einmal im Selbst gegründet ist, ist das Objekt – die Person, die praktiziert und der Prozess des Praktizierens – verschwunden. Ein *sankalpa* weist auf ein Bedürfnis hin, auf ein Ziel.

BESUCHER: Was ist ein *sankalpa*?

MAHARAJ: Sie wollen einen medizinischen Grad, das ist das *sankalpa. Sadhana* ist das Studieren, das Üben, die Hausaufgaben. Sie wollten mich heute treffen, das ist ein *sankalpa.* Sie sind hierhergekommen und die Treppen hochgestiegen, das ist *sadhana. Sankalpa* hat keine Form, derjenige, der *sadhana* macht, hat auch keine Form. Solange Sie sich mit der Form identifizieren, wird das Praktizieren weitergehen. Sobald Sie das Ziel erreichen, dass Sie nicht der Körper-Verstand sind, ist da keine Praxis mehr.
Sie haben großes Vertrauen in die *Bhagavad Gita*, richtig?

BESUCHER: Ja.

MAHARAJ: *Gita* ist ein Lied, gesungen von Lord Krishna. Er sang das Lied genau so, wie ich Ihnen jetzt diese Worte singe. Sie haben die *Bhagavad Gita* gelesen, sie rezitiert, sie erinnert; aber was ist dabei

wichtig? Sie müssen diesen Krishna kennenlernen, der die *Gita* sang. Sie müssen das Wissen erlangen, was er ist.
Ist er keine Inkarnation? Kurz gesagt: Aus dem Nichts wird die Form angenommen; das Nichts steigt in die Form hinab, das ist ein *avatar*. Normalerweise sagen wir, aus dem Nichts geht eine Person hervor, aber zu diesen großen Persönlichkeiten, großen Weisen, sagen Sie *avatar*. Versuchen Sie Krishna zu verstehen? Nein, sie erschaffen bestimmte Konzepte und versuchen dann, ihn zu verstehen. Das ist nicht richtig. Aus dem Nichts war er – wie ist das passiert? Sie müssen diese Inkarnation verstehen. Was ist das Hinabsteigen in den *avatar* oder die Form? Vor der Inkarnation hatte diese Persönlichkeit kein Wissen über sich selbst, danach fing sie an, sich selbst zu kennen. Was sagen Sie dazu?

BESUCHER: Vor dem *avatar* hatte er kein Wissen über sich selbst?

MAHARAJ: Vor dem Herabsteigen in den *avatar* ist diese Qualität des Wissens nicht da.

BESUCHER: Aber *parabrahman* …

MAHARAJ: Das sind alles konzeptionelle Titel und Namen, die Sie in Fesseln legen. In Ihrem Kern-Selbst gibt es keinen aufgezwungenen Titel oder Namen, äußerlich haben Sie sie akzeptiert.
Jede verkörperte Person mit dem Wissen „Ich bin" führt Ihre Handlungen in der Welt nur mit dem Namen aus. Der innerste Kern, das „Ich bin", hat keine Fesseln. Sobald verstanden ist, dass ich nur das „Ich bin" bin und nicht die gefesselte Form, wird nicht mehr nach Befreiung verlangt; das selbst *ist* die Befreiung.
Sie kennen die historischen Fakten über Krishna von Herzen, aber Sie müssen wissen, was diese Inkarnation ist. Namen sind die Handschellen, die Fesseln. Jede Person ist aufgrund ihrer Identifikation mit dem Körper gefesselt. Bitte fahren Sie fort, ohne Namen und Form zu sprechen und Fragen zu stellen.

BESUCHER: Die einzigen Worte, die ich habe, sind Worte mit Namen und Form. Es sind Worte der Dankbarkeit. Dankbarkeit für das, womit mich Maharaj gesegnet hat, seit ich hier bin. Einen Weisen während der eigenen Lebenszeit auch nur zu sehen, ist eine unvergleichliche Gnade, und von ihm so viel Gnade in Form seiner Anweisungen empfangen zu haben überwältigt mich einfach und es gibt überhaupt keinen Weg, wie ich ihm je danken kann.

MAHARAJ: Was meinen Sie mit Gnade? Gnade bedeutet, dass Sie zu mir gekommen sind. Ich und dieses Du sind nur eins. Dass Sie verstehen, dass wir eins sind, ist Gnade.

BESUCHER: In Zeiten wir dieser, ist das am schwersten zu verstehen.

MAHARAJ: Gnade bedeutet Totalität, Ganzheit, da ist keine Fragmentierung.

BESUCHER: [ein anderer] Warum bin ich geächtet? Warum kann ich die Wahrheit nicht erkennen?

MAHARAJ: Sie sind geächtet, weil Sie sich mit dem Körper-Verstand und der Erinnerung identifizieren, dass Sie der Körper sind. Geben Sie diese Identität und diese Erinnerung auf. Dann wird, was Sie auch sehen, Wahrheit sein.
Das ist eine sehr seltene, sehr kostbare Möglichkeit, in der drei Wesen zusammenfließen: Körper, belebender Atem und die Berührung der „Ichheit", und nur dadurch können Sie bis zum Absoluten gelangen – Sie können im Absoluten verweilen.
Im Namen der Spiritualität führen Menschen verschiedene Arten von Handlungen aus, wie *japa*, Buße, etc. Wenn Sie die Haltung des Schauspielers akzeptieren, unterwerfen Sie sich den Disziplinen, auf die alles Leid bezogen ist. Das wird Sie nicht zum Ultimativen führen, zum Absoluten.
Für Sie ist der erste Schritt, den belebenden Atem zu verehren; dabei müssen Sie Ihre Aufmerksamkeit auf das Pulsieren des belebenden Atems fokussieren – und zusammen damit vollziehen Sie *japa*. Wenn Sie das tun, wird der belebende Atem gereinigt und im Prozess der Reinigung wird sich dieses Sein öffnen. Einfach den Namen Gottes zu wiederholen, konzentriert den belebenden Atem. Dieses *mantra* bedeutet, dass Sie weder Name noch Form sind.
24 Stunden täglich nimmt der belebende Atem bzw. die Lebenskraft durch verschiedene Wahrnehmungen die Bilder Ihrer Erfahrungen

auf und prägt sich ein, was relevant ist. Können Sie das mit Ihrem Intellekt tun?

BESUCHER: [Neuankömmling] Ich sah den Artikel in „Mountain Path" (Zeitschrift des Ramanashram, Tiruvannamalai) über Maharaj und bin gekommen, um seinen Segen zu erbitten.

MAHARAJ: Ihre spirituellen Errungenschaften, alles ist ausgezeichnet, aber wenn Sie sich schließlich selbst realisieren, werden Sie zu dem Schluss kommen, dass alles nutzlos ist, überflüssig, entbehrlich.

BESUCHER: Darum bitte ich um den Segen von Maharaj – um diese Erfahrung zu haben.

MAHARAJ: In diesem höchsten Zustand gibt es keine Erfahrungen. Die Erfahrung, das Erfahren und der Erfahrende – das alles ist eins.

BESUCHER: Kann Maharaj mir einen Schubs geben, um den Zustand zu erreichen?

MAHARAJ: Irgendwer hat Ihnen bereits einen Schubs gegeben, deshalb sind Sie hier. Von vorn werden Sie zurückgestoßen. Gehen Sie zur Quelle zurück. [Zu einem anderen:] Ist Ihre Redemaschine außer Betrieb?

BESUCHER: Bevor ich diesen Körper erhalten habe, habe ich da alles gewusst?

MAHARAJ: Sie waren vollkommen, ganz und gar.

BESUCHER: Nur weil ich von diesem Körper umgeben bin, leide ich.

MAHARAJ: Wie haben Sie Ihre Eltern erreicht? Denken Sie darüber nach.

BESUCHER: Hatte ich das Verlangen?

MAHARAJ: Bis auf weiteres lassen Sie uns annehmen, dass Sie den Wunsch hatten, aber sagen Sie mir einfach, wie haben Sie diese Eltern erreicht?

BESUCHER: Ich weiß es nicht.

MAHARAJ: Was immer Sie nicht wissen, ist perfekt. Was immer Sie wissen, ist unvollkommen, verlogen.

BESUCHER: Nur weil ich in den Körper gehüllt bin, kämpfe ich um Perfektion, ohne perfekt zu sein.

MAHARAJ: Warum machen Sie sich Sorgen um das Eingehülltsein in einen Körper?

BESUCHER: Wer sorgt sich? Ich kann es nicht sein.

MAHARAJ: [Maharaj sagt auf Englisch: „Sie … Nein!"] Jetzt spreche ich Englisch.

BESUCHER: Englisch ist wohltuend.

MAHARAJ: Meine Lehre wird über die englische Sprache an all die Ausländer weitergegeben. An sehr intelligente Menschen, sehr Fortgeschrittene, an Tausende. Die Schönheit dessen liegt in der Tatsache, dass mein Wissen in anderen Ländern einen Flächenbrand auslösen wird. Sie (die Lehre) wird sich in Amerika ausbreiten und von dort nach Indien zurückkommen. Wenn die Inder sie empfangen, werden sie sagen: „Es hat die Zustimmung der Ausländer, deshalb werden wir es akzeptieren." So sind die Inder. Wenn jemand nach Amerika oder England geht, sei es auch nur zum Abwaschen, und zurückkommt, werden viele Menschen kommen, um ihm Blumengirlanden umzuhängen; so sind wir beschaffen.

BESUCHER: Ramana Maharshi war ein großer Weiser, er war in Indien unbekannt. Als Paul Brunton das Buch in Englisch über ihn schrieb, gingen sie alle zu ihm und er wurde überaus bekannt.

MAHARAJ: Dem stimme ich zu. Ramana Maharshi wurde von Paul Brunton entdeckt und ich von Maurice Frydman.

19. JULI 1980

MAHARAJ: In der spirituellen Hierarchie, vom Gröbsten bis zum Subtilsten, sind Sie das Subtilste. Wie kann das realisiert werden? Der Ausgangspunkt ist, dass Sie nicht wissen, dass Sie sind und plötzlich erscheint das Gefühl der „Ichheit". In dem Augenblick, in dem es erscheint, sehen Sie Raum, mentalen Raum, himmelartigen Raum, festigen Sie sich dort. Sie sind das. Wenn Sie in der Lage sind, sich in diesem Zustand zu festigen, sind Sie nur der Raum.
Wenn diese himmelsgleiche Identität „Ich bin" verschwindet, wird auch der Raum wieder verschwinden, da ist kein Raum.
Wenn der himmelsgleiche Raum „Ich bin" in Vergessenheit gerät, ist das der ewige Zustand, *nirguna*, keine Form, nichts Seiendes. Was ist da eigentlich passiert? Die Nachricht „Ich bin" war keine Nachricht. Über diesen Aspekt kann ich nicht viel sagen, weil es keinen Spielraum gibt, es in Worte zu fassen.

BESUCHER: Begibt sich Maharaj ins *samadhi*?

MAHARAJ: Ich halte mich im Höchsten auf. Es gibt kein ins *samadhi* gehen oder aus dem *samadhi* kommen, das ist vorbei.

BESUCHER: Sollten wir mit unserer Meditation weitermachen?

MAHARAJ: Es bedeutet nicht, dass das für Sie eine Entschuldigung ist, mit der Meditation aufzuhören, Sie müssen unbeirrt mit der Meditation fortfahren, bis Sie in ein Stadium kommen, in dem Sie spüren, dass es keine Meditation gibt. Wenn der Zweck der Meditation erreicht ist, fällt sie von selbst weg.

BESUCHER: Welcher Weg führt zum höchsten Zustand?

MAHARAJ: Die Frage, in den Zustand zu kommen, stellt sich nicht. Sie *sind* der höchste Zustand, aber die Unwissenheit, die Sie haben, wird wegfallen.
Ich bin von den Ärzten angewiesen worden nicht zu sprechen. Deshalb spreche ich nicht.

BESUCHER: Ist da ein Verlangen, nicht zu sterben und den Körper nicht zu verlieren?

MAHARAJ: Der Weise ist damit nicht beschäftigt.

BESUCHER: Gibt es ein Verlangen des Körpers und nicht vom Selbst?

MAHARAJ: Sie können es in etwa so sagen; das ist die administrative Tätigkeit des Wesens.
Es ist ein überaus kompliziertes Rätsel. Sie müssen alles aussortieren, was Sie wissen und was Sie gelesen haben, und eine vollkommene Überzeugung von DEM haben, worüber niemand etwas weiß. Sie können über DAS keine Informationen erhalten und müssen DAVON vollkommen überzeugt sein. Das ist sehr schwer.
Die meisten erreichen den Zustand, der ist, aber niemand erreicht den Zustand, der nicht ist. Es ist äußerst selten, dass jemand den Zustand erreichen kann. Er transzendiert alles Wissen.
Das Wissen „Ich bin" ist überaus essentiell. Beanspruchen Sie es, nehmen Sie es als Ihr eigenes in Besitz. Wenn das nicht da ist, ist nichts. Wissen aller Stufen wird nur mithilfe des Wissens „Ich bin" erlangt.
Aus dem Absoluten Zustand des Nicht-Wissens erschien spontan dieses Bewusstsein „Ich bin" – dafür gibt es keinen Grund, keine Ursache. Spontan ist es gekommen, mit dem Wachzustand, dem Tiefschlaf, dem Spiel der fünf Elemente, den drei *gunas* und *prakriti* und *purusha*. Dann umarmt es den Körper als sich selbst und identifiziert sich deshalb als Mann oder Frau. Diese „Ichhheit" liebt es zu sein. Sie möchte bleiben, sich selbst bewahren, aber sie ist nicht ewig.
Diese vorübergehende Show ist vielleicht mit folgender Situation zu vergleichen: Nehmen wir an, mir ging es immer gut, dann war ich plötzlich krank und der Arzt gab mir Medizin. Nach drei Tagen war das Fieber weg. Demnach ist das dreitägige Fieber das „Ich bin" Bewusstsein. Genau so – eine vorüberziehende Show, ein zeitgebundener Zustand. Dieses Prinzip liebt es zu sein und man sollte es nicht herabsetzen – es ist ein überaus göttliches Prinzip. Diese „Ichheit" beinhaltet das gesamte Universum.
Es wird gesagt, dass das alles unwirklich ist. Wann wird es als unwirklich bestätigt? Nur wenn man die vorübergehende Phase ver-

steht. Im Prozess des Verstehens ist man im Absoluten. Und von da aus erkennt man es als vorübergehenden, unwirklichen Zustand.
In meinem gegenwärtigen Zustand ist es mir nicht möglich, viel zu sprechen. Die Schwierigkeit besteht darin, dass Sie es (das eigene Leben) als wirklich angenommen haben und ich habe das zu widerlegen und dafür muss ich viel sprechen, wozu ich jetzt nicht in der Lage bin. Also machen Sie weiter, singen Sie *bhajans*.

20. JULI 1980

MAHARAJ: Sie machen mit dem Körper und Verstand Erfahrungen in der Welt, aber was wissen Sie über Ihre Identität? Sie haben ein Bild von sich selbst, aber diese Identität ist nur temporär.

BESUCHER: Was ist Verstand?

MAHARAJ: Verstand ist die Sprache des belebenden Atems. Diese Verstandes-Sprache wird nur über die Eindrücke sprechen, die es gesammelt hat. Das Wissen „Ich bin" ist kein Gedanke, es beobachtet die Gedanken.
Aus *prana* kommt *pranava*, der Anfang des Tons. Im Ton befindet sich die Liebe zu sein. Das innerste, feinste Prinzip ist das nagende Prinzip „Ich bin, ich bin", ohne Worte. Dadurch wissen Sie, dass Sie sind. Es hat keine Form und kein Ebenbild, es ist nur Seiendes, die Liebe zu sein.
Para shakti ist das Seiende oder die Liebe zu sein. Die nächste Phase von *para shakti* ist *para shunti*, die Gestaltung, die noch nicht wahrnehmbar ist. Die nächste Phase ist die Gestaltung des Verstandes: Die Sprache wird im Verstand gebildet. Das nächste ist die Explosion der Worte, klingende Worte. Wo sind Sie darin? Das ist ein stattfindender Prozess.
Für Sie lege ich überaus geheimes Wissen über Ihr eigenes Sein dar, wie es dazu kam – das ist, worüber ich spreche.
Dieses Spiel passiert einfach; Sie spielen darin keine Rolle. Wenn Sie unwissend sind, denken Sie, dass Sie in der offenbaren Welt eine Rolle spielen. Da ist niemand, der vorsätzlich arbeitet – es passiert

alles spontan. Sie können in diesem Prozess nichts für sich beanspruchen. Wenn Sie vollkommen wissend sind, werden Sie zu dem Schluss kommen, dass auch dieses Sein Illusion ist.

BESUCHER: Wer erkennt, dass es eine Illusion oder Unwissenheit ist?

MAHARAJ: Nur dieses Eine erkennt oder bezeugt all das als Unwissenheit. Das Eine kann das Eine nicht verstehen, es kann nur die Unwissenheit bezeugen und erkennen. Derjenige, der all das als Unwissenheit erkennt, ist wissend. Warum nennen Sie mich einen *jnani* und hören mir zu? Weil ich die Kind-Unwissenheit, die „Ichheit", erkannt, verstanden und transzendiert habe.
Schließlich müssen Sie einsehen, dass das Prinzip, das Sie verwenden, um zu sprechen, um sich zu bewegen und in dieser Welt zu agieren, nicht ist, wer Sie sind.

BESUCHER: Ich habe so viele Geschichten über verschiedene Weise und Persönlichkeiten der Vergangenheit gelesen und gehört und sie waren alle anders, sie gründeten verschieden Sekten etc. – warum ist das so?

MAHARAJ: Entsprechend der Zeit und Situation haben sie ihre Konzepte gelehrt, aber es sind Konzepte, die nur für diese Periode, diese Situation gedacht waren und dann haben sich ihre Konzepte zu Religionen entwickelt.
Sie alle nehmen an, dass Sie spirituell überaus wissend sind. Bevor Sie daran denken, einen Gewinn aus irgendetwas zu ziehen, finden Sie zuerst einmal heraus, worin Ihre Identität besteht.

21. JULI 1980

BESUCHER: Warum habe ich diese Form angenommen?

MAHARAJ: Weil Sie ein Narr waren. Wenn Sie etwas darüber gewusst hätten, wären Sie nicht in diese Welt gekommen.

BESUCHER: Erst hatte ich keine Form, richtig?

MAHARAJ: Ja, selbst jetzt haben Sie keine Form. Es ist nicht Ihre Gestalt. Es ist die Gestalt des Samens.

BESUCHER: Ist die Natur des Samens nicht zu wachsen, so, wie ein Baum aus einem Samen erwächst?

MAHARAJ: Das ist seine Natur.

BESUCHER: Also ist mir kein Vorwurf zu machen. Der Same muss närrisch sein.

MAHARAJ: Weil der Same närrisch ist, ist es so gekommen. Der Same ist der ursprünglich närrische Zustand, dennoch, was für großartige Namen sind dem Samen gegeben worden. Der Same ist kurzlebig und die ganze Welt ist voller Samen. Die fünf Elemente, die gesamte objektive Welt ist in diesem Samen. Sie sind nicht der Same – Sie sind der Beobachter des Samens.
Viele Jahrhunderte lang waren die Westler nicht an spirituellen Angelegenheiten interessiert, aber jetzt haben sie erkannt, dass sie trotz allen Reichtums keinen wirklichen Frieden finden können, deshalb suchen sie jetzt nach Wahrheit. Je näher Sie der Wahrheit kommen, umso mehr verlieren Sie das Interesse an weltlichen Angelegenheiten. So jemand wird kein bestimmtes Interesse an der Welt haben und doch wird er wie eine gewöhnliche Person agieren.
In der Summe und Substanz geht es bei der Spiritualität um nichts anderes, als zu einer Entscheidung zu kommen, ein Urteil zu fällen, über das Selbst, Gott und die Welt – was ist das? Zuerst müssen Sie diese Frage loswerden.
Diese Welt ist aufgrund Ihrer Verbindung mit dem Körper vollkommen selbstsüchtig. Wenn Sie wissen, was das für Prinzipien sind, lösen Sie die Persönlichkeit auf. In diesem Prozess verschwindet die Selbstsucht, weil Sie dann kein Einzelner mehr sind.

BESUCHER: Wie kann ich in meinem wahren Zustand sein und die Angst verlieren?

MAHARAJ: Sie sind bereits in Ihrem wahren Zustand. Aufgrund des Verstandes erscheint die Dualität, deshalb haben Sie Angst. Die Verbindung mit dem Körper und Verstand besteht aufgrund der

Liebe für den Körper-Verstand; das wird ein Ende haben, deshalb die Angst vor dem Tod.

BESUCHER: Die Welt ist mir durch die Sinne gegeben worden. Erfahren Sie die Welt, wenn Sie über den Zustand der „Ichheit“ hinausgehen?

MAHARAJ: Die Frage, darüber hinauszugehen, gibt es nicht. Ich bin nie geboren worden und werde niemals sterben. Was ist – ist die ganze Zeit. Darüber hinauszugehen ist nur eine Idee, die dazu gedacht ist, alle anderen Ideen zu entfernen, die Sie angesammelt haben. Denken Sie an die Geburt. Wissen Sie irgendwas über Ihre Geburt?

BESUCHER: Nein, ich weiß nicht, dass ich geboren bin. Ich fühle, dass ich wirklich nicht geboren bin, und dennoch erscheint die Welt so wirklich.

MAHARAJ: Machen Sie sich keine Sorgen über die Welt. Beginnen Sie zunächst hier, beim „Ich bin“, dann finden Sie heraus, was die Welt ist. Kommen Sie hinter die Natur des „Ich“.

BESUCHER: Warum herausfinden, was das „Ich“ ist, das nicht wirklich ist?

MAHARAJ: Es ist der Same, aus dem alles hervorkommt. Wenn der Same nicht da ist, ist das Universum nicht. Wie sind Sie in die sogenannte objektive Welt gekommen? – Hier wird alles ausradiert. Ich lade Sie in Ihrem eigenen Interesse ein, nach Hause zu gehen.

22. JULI 1980

MAHARAJ: Alle Gespräche hier sind ein Austausch von Ideen und damit mentale Unterhaltung, gedacht, um sich die Zeit zu vertreiben.

BESUCHER: Wenn Sie sich nicht irgendwie bemühen, gelangen Sie nirgendwohin.

MAHARAJ: Glauben Sie nicht, dass eine Art Fortschritt gemacht werden muss. Sie werden weiterhin irgendetwas tun, selbst wenn es konzeptionell ist, aber was wird derjenige tun, der versteht, dass er bereits da ist?

BESUCHER: Okay, aber gibt es da nicht einen immensen Raum für Selbstbetrug?

MAHARAJ: Wer ist es, der von sich selbst getäuscht wird?

BESUCHER: Das erfahrbare Ego.

MAHARAJ: Es gibt kein Wesen. Es ist für ein phänomenales Objekt nicht möglich, etwas zu erreichen – und das ist lediglich ein phänomenales Objekt.

BESUCHER: Muss man sich nicht die Mühe machen, in den Hintergrund zu treten?

MAHARAJ: Nichts zu tun bedeutet welche Art des Tuns?

BESUCHER: Für gewöhnlich leben wir identifiziert. Gibt es einen qualitativen Unterschied, wenn wir zurücktreten?

MAHARAJ: Machen Sie mit Ihrem Privatvergnügen weiter, aber unterliegen Sie nicht dem Irrtum, dass Sie irgendetwas tun.

BESUCHER: Wenn ich sage, dass ich Gott bin, wie kommt es dann, dass keine Leute kommen und sich vor mir niederwerfen?

MAHARAJ: Wenn Sie wirklich verstanden haben, dass Sie Gott sind, noch bevor diese Überzeugung aufkommt werden Sie Ihre Identität verloren haben. Sie werden mit der gesamten Manifestation verschmolzen sein. Wer sollte da von wem erwarten, zu kommen, um sich niederzuwerfen?

BESUCHER: Gibt es die Möglichkeit, den eigenen Willen zu benutzen, um etwas zu tun? Wenn man versucht, wach zu bleiben, ein *mantra* spricht oder meditiert und sich selbst vom Schlafen abhält, tut man dann nicht etwas?

MAHARAJ: Wenn sich ein Suchender in diesem Stadium befindet, mag das in Ordnung sein, aber er wird bald herausfinden, dass sich

der Suchende in der Suche auflöst. Wenn der Suchende verschwindet, stellt sich die Frage des Tuns nicht mehr. Später wird der Sucher verstehen, dass es nicht seine wahre Natur war, die all das getan hat, sondern das, dem das Etikett „geboren“ angehängt worden ist – das Bewusstsein, das sich selbst mit dem Körper und den Zuständen des Wachens und Schlafens identifiziert hat. Das ganze Bündel hat es getan und er ist das nicht. Dieser Körper ist wahrnehmbar, aber meine wahre Natur ist DAS, was war, bevor der Körper und das Bewusstsein ins Sein kamen. Alles, was sensorisch wahrgenommen und vom Verstand interpretiert wird, ist eine Erscheinung im Bewusstsein und (damit) nicht wahr. Ich erzähle Ihnen nichts, was meiner Erfahrung fremd ist. Ich sage Ihnen, was ich erfahren und verstanden habe. Es ist sehr einfach: dieses ist zeitgebunden und alles, was an die Zeit gebunden ist, ist unwahr, weil Zeit selbst ein Konzept ist.
Was ich Ihnen sage, gründet sich auf diese einfache Tatsache und auf meine Erfahrung. Wenn es Sie im Augenblick als Konzept anspricht, akzeptieren Sie es. Anderenfalls nicht.
Wenn Sie überhaupt etwas tun wollen, tun Sie, was Sie in keinem Fall tun können. Das ist der Zustand des Nichtseins.

BESUCHER: Im Verstand ist eine ständige Unruhe, die etwas realisieren möchte. Darin scheint das Hindernis zu liegen.

MAHRAJ: Sind Sie bevor der Verstand ist oder danach?

BESUCHER: Vor dem Verstand.

MAHARAJ: Also machen Sie sich um den Verstand keine Sorgen. Beschäftigen Sie Ihren Verstand, soweit es für Ihre täglichen Pflichten hilfreich ist, nicht darüber hinaus.
Der Wissende bezeugt oder beendet einfach die Erfahrungen, die durch den Verstand verfügbar sind und weiß, dass sie keine Substanz haben. Die ganze Welt spielt sich im Reich des Verstandes ab; wenn Sie erkennen, dass Sie nicht der Verstand sind, in welcher Weise sind Sie dann davon betroffen? Es ist eine vorübergehende Phase, unvollkommen, unangemessen.

BESUCHER: Ist selbst das Sein ein unvollkommener, unangemessener Zustand?

MAHARAJ: Dieses Bewusstsein ist ein Produkt des Nahrungskörpers. Der Körper ist der Treibstoff, durch den die „Ichheit" aufrecht erhalten wird. Bemerken Sie nicht, was der Körper ist? Ist er nicht ein Bissen Essen und Wasser? Gegenwärtig sind Sie in diese „Ichheit" hineingezogen, aber Sie – das Absolute – sind nicht diese „Ichheit".

BESUCHER: Was Sie sagen ist: Selbst die Art und Weise wie die „Ichheit" durch den Verstand wahrgenommen wird, entspricht nicht dem, wie es eigentlich ist?

MAHARAJ: Sehen Sie es so: das ist genauso gut oder genauso schlecht eine Erfahrung, wie Bauchweh zu haben oder Nackenschmerzen. In meinem vollkommenen Zustand habe ich niemals Schmerzen gehabt, aber als die „Ichheit" da war, fühlte ich plötzlich den Schmerz. Diese „Ichheit" wird verschwinden. Ich bin der vollkommene Zustand, als die „Ichheit" nicht war. Ich weiß definitiv, dass die „Ichheit" nicht war. Genauso, wie ich eine scheußliche Krankheit zu erleiden habe, erleide ich dieses Sein. Verstehen Sie einfach, auf welcher Ebene ich spreche, auf welche Ebene ich Sie führe.
Sehen Sie nur, wohin dieses spirituelle Gespräch geführt hat. Die gewöhnliche spirituelle Herangehensweise überall ist, das Bewusstsein mit vielen Titeln zu ehren, aber für mich ist es ein Schmerz, den ich loswerden möchte.

23. JULI 1980

BESUCHER: Maharaj sagt, dass aufmerksam zu sein alles ist, was notwendig ist. Der Verstand hegt weiterhin seine Zweifel und insbesondere meint er weiterhin, dass es weitere Methoden geben müsste oder mehr zu tun.

MAHARAJ: Alle Aktivitäten befinden sich im Feld des Bewusst-

seins, des Verstandes, des belebenden Atems. Der Wissende des Verstandes ist einfach ein Zeuge. Er mischt sich in nichts ein.
Die Gnade des Gurus meint das Wissen, das Sie *sind.* Wenn sich diese Überzeugung in Ihnen festigt, wird sich das öffnen und Ihnen alles Wissen geben, und das ist die Gnade.
Wenn Sie da sind, ist alles in seiner Unermesslichkeit da. Sie schenken der Tatsache keine Bedeutung, dass Sie sind. Sie werden von all den Erscheinungen fortgetragen, die ein Ausdruck Ihres Seins sind.

BESUCHER: Meine Tendenz ist eher, nach draußen zu schauen als nach innen.

MAHARAJ: Das ist das Kennzeichen Ihrer „Ichheit“ und nicht die von Ihnen, dem Absoluten. Sie haben den Körper als Ihr Selbst umarmt. Das ist ebenfalls oberflächlich, denn Sie wissen auch nicht, was im Körper vor sich geht.

BESUCHER: Richtig. Ich weiß nicht, was in meinen Organen vor sich geht oder wie sie wirken.

MAHARAJ: Die Muster für alle Handlungen, die in der weiten Welt passieren, finden auch im Körper statt.

BESUCHER: Das, was ist, kennt sich selbst nicht?

MAHARAJ: In diesem Zustand wissen Sie nicht, dass Sie sind. Mithilfe des Seienden wissen Sie, dass Sie sind.

BESUCHER: Mit dem Hilfsmittel versuchen wir, darüber hinauszugehen?

MAHARAJ: Versuchen Sie nicht, über das Bewusstsein hinauszugehen, erkennen Sie nur, verstehen Sie, was das Seiende ist, das erfüllt den Zweck. Der Beweis, dass das Bewusstsein nicht war, liegt einzig bei Ihnen. Sie, das Absolute, sind der Beweis dafür. Spontan, ungerufen ist das Seiende gekommen, und dieses Seiende wird von Ihnen bezeugt, dem Absoluten. Fragen Sie – Sie werden nicht wieder so eine Gelegenheit haben.

BESUCHER: Es ist nicht so sehr das Bedürfnis Fragen zu stellen, als einfach mit Maharaj zu sein.

MAHARAJ: Das ist völlig angemessen. Einfach nur dadurch, dass Sie hier still sitzen und zuhören, wird Ihr Verstand ausgelöscht. Falls der Verstand wieder aufkeimt, kommen Sie dem zuvor, indem Sie Fragen stellen.
Der Verstand entwickelt sich und drückt sich selbst durch verschiedene Konzepte aus. Identifizieren Sie sich nicht damit, lassen Sie sie gehen. Sein Sie kein Abnehmer der Konzepte Ihres Verstandes.

BESUCHER: Dinge, wie sich ums Essen kümmern, regelmäßig essen, Geld verdienen, all das sind Konzepte des Verstandes, auf die durch den Verstand geantwortet wird. Wie soll man leben, wenn man auf diese Dinge nicht reagiert?

MAHARAJ: Beschäftigen Sie den Verstand auf jeden Fall, aber verlieren Sie sich nicht im Verstand. Beobachten Sie ihn, sein Sie Zeuge des Gedankenflusses.

26. JULI 1980

BESUCHER: Ich bin in der Hoffnung zu Maharaj gekommen, dass er mir hilft, der Suche ein Ende zu setzen.

MAHARAJ: Können Sie mir sagen, was Sie verstanden haben?

BESUCHER: Dass alles Konzept ist, eine Illusion.

MAHARAJ: Ja.

BESUCHER: Ich glaube nicht an Prozesse, die Disziplin und Zeit erfordern, das alles habe ich hinter mir. Ich möchte es beenden.

MAHARAJ: Die grundlegende Tatsache – dass Sie nicht der Körper sind – muss Ihnen jetzt klar sein. Sie arbeiten in der Welt und glauben, dass Sie die Arbeit tun, aber was wirklich geschieht, ist das: Wenn sich die Lebenskraft in Gedanken und Worten äußert, ist das der Verstand, also ist es dieser *prana* Verstand, Lebenskraft Verstand, der das handelnde Prinzip ist. Das Seiende, das Bewusstsein, ist der Gott, der die Lebenskraft und den arbeitenden Verstand bezeugt. Sie sind unglücklich, weil Sie glauben, dass Sie arbeiten.

BESUCHER: Ich erkenne, dass alles, was ich sage, ein Konzept ist, das aus meinem Bewusstsein aufsteigt.

MAHARAJ: Dass Sie sind und die Welt ist, sind beides Konzepte. Das müssen Sie wissen.

BESUCHER: Wie arbeitet dieses Wissen? Ich meine: Sie sagen mir Worte und es entsteht ein Sinn von Verstehen. Ist das ein mentaler Vorgang? Ist da noch eine geistige Fähigkeit, die all das bezeugt?

MAHARAJ: Der Verstand versteht aufgrund des Bewusstseins.

BESUCHER: Dann ist das alles ein automatisches Geschehen?

MAHARAJ: Das ist wahr. Der Verstand interpretiert jedes Konzept. Die Grundlage davon ist das Bewusstsein, in dem das Konzept in diesem Augenblick erscheint.

BESUCHER: Was gibt es dann eigentlich zu erreichen, wenn Sie das Bewusstsein nicht ändern und durch Worte nicht berühren und nicht erreichen können? Es ist die ganze Zeit über hier, gerade jetzt. Also, warum sind wir hier? Das Handeln gehört zum Verstand – das ist klar – es geht wie ein Automat weiter. Ich sehe jetzt klar. Ich möchte, dass sich der Verstand dem Bewusstsein ergibt. Verstehen Sie?

MAHARAJ: Das ganze Konzeptionalisieren und Artikulieren fing erst an, nachdem das ursprüngliche Konzept aufkam, dass Sie sind. Wie war die Lage, bevor das Konzept entstand? Hatten Sie zu dieser Zeit irgendwelche Konzepte oder Bedürfnisse?

BESUCHER: Wie Tiefschlaf?

MAHARAJ: Das Konzept, dass es wie Tiefschlaf ist, ist nicht falsch, aber dennoch ist es ein Konzept, und der ursprüngliche Zustand ist jenseits aller Konzepte.

BESUCHER: Was ist jetzt Tatsache?

MAHARAJ: Dass Sie wach sind, ist in diesem Augenblick selbst ein Konzept. Lassen Sie das einsinken.

BESUCHER: Es ist ein Film.

MAHARAJ: Gehen Sie zum Ursprung zurück: Wie war Ihr Zustand, bevor das Konzept „Ich bin“ aufkam?

BESUCHER: Ich weiß es nicht.

MAHARAJ: Der Zustand, den Sie nicht kennen, ist der richtige. Alles, was gekommen ist, nachdem das Bewusstsein erlangt wurde, ist wie eine Portion Salz – es ist nutzlos. Bewusstsein ist nutzlos.

BESUCHER: Also gehören die Suche und alle ihre Aspekte demselben an?

MAHARAJ: Werfen Sie jeden Gedanken, jede Erfahrung und alles, was passierte, nachdem das Bewusstsein erschienen ist, weg. Über das sichere Verstehen hinaus, von dem Sie mehr und mehr absorbiert werden, gibt es nichts anderes zu tun, als alles als nutzlos zu verwerfen.

1. AUGUST 1980

MAHARAJ: All Ihre weltlichen und nichtweltlichen Aktivitäten basieren auf individueller Identifikation. Sie, als Einzelner, wollen die Befreiung. Sie verbleiben als ein Individuum, das ist die Schwierigkeit.

Wie sehr Sie auch glauben dieses Wissen verstanden zu haben, solange Sie glauben, dass Sie, als Individuum, das Wissen erlangt haben, ist die vereinzelte Identität immer noch vorhanden.

Jemand, der einen bestimmten Fortschritt gemacht hat, der ihm greifbare Ergebnisse liefert, ist ein Yogi. Da er eine eigene Identität hat, ruht er sich zufrieden in dem aus, was er als Individuum erreicht hat.

Sie müssen beide Aspekte des Seienden verstehen, diese bescheidene physische Form, aus der es gekommen ist und dass es zur selben Zeit kein Ende für das gibt, was das Bewusstsein kann, obwohl dieser Zustand von Natur aus begrenzt ist. Wie kann derjenige, der sich seiner wahren Natur und des völligen Potentials bewusst ist,

mit etwas zufrieden sein, das ihm dieser begrenzte Zustand geben kann?
Weiter, das Potential seines Verbleibens im Absoluten ist so gewaltig, dass Menschen sich nicht vorstellen können, wie es im Absoluten sein könnte, wie es ist – daher können sie an ihn nur in seinem bewussten Zustand denken.

BESUCHER: Wie kann man verstehen, dass wir im Bewusstsein verbleiben?

MAHARAJ: Gerade jetzt sind Sie in diesem Zustand, aber Sie versuchen ständig, durch den Körper-Verstand zu urteilen. Sie sind noch immer dem Körper-Verstand verhaftet. Selbst wenn Sie hundert Jahre lebten, würden Sie fünf weitere Jahre wollen. Im Absoluten gibt es keinerlei Bedürfnis, nicht einmal das Bedürfnis, sich selbst zu kennen.

BESUCHER: Es muss doch einen Grund für das Auftauchen des vorübergehenden Zustands aus dem Absoluten geben?

MAHARAJ: Aufgrund der Spannung und des Wechselspiels der fünf Elemente kam er zu dieser temporären Phase. Da waren z.B. zwei vertraute Freunde, deren Freundschaft schon sehr lange bestand, aber plötzlich gab es eine Spannung, eine Unstimmigkeit, und sofort hatten sie Streit.

BESUCHER: Im Augenblick des Todes könnte es eine sehr traumatische Erfahrung geben, körperlich und mental.

MAHARAJ: Das ist nicht immer so. Für denjenigen der den Verstand von allen Konzepten gereinigt hat, wird der Tod paradiesisch sein.
Sie haben sich eine Menge Wissen und spirituelle Weisheit angeeignet. Trotzdem werden Sie im Augenblick des Todes Ihren Kalender aufschlagen, in dem Sie all Ihre Verwandten notiert haben.

BESUCHER: Mit Ihrem Segen werde ich einen friedvollen Tod haben, ich werde niemanden erinnern.

MAHARAJ: Verbleiben Sie in diesem hohen Zustand. Sie müssen

nichts tun, nur zuhören. Wenn Sie auf richtige Weise zuhören, wird alles geschehen. Ich habe Ihnen gesagt, was das Seiende ist, es ist das Resultat des Spiels der fünf Elemente; dieses Bewusstsein ist das Ergebnis des Nahrungskörpers – und das sind nicht Sie. Warum sich also um die Abreise des Wissens sorgen?

Haben Sie verstanden, dass Sie der Zeuge des Bewusstseins sind, das Ihnen erschien? Sie sind nicht das Bewusstsein, Sie sind nicht das Wissen. *Satguru* ist Ihre wahre Natur.

Das Bewusstsein kann nicht von der Welt und dem Universum getrennt werden, sie sind dasselbe. Das ist meine *maya*, sie ist über mich gekommen und ich weiß, dass ich nicht *maya* bin. Ich bin der Zeuge davon, es ist einfach mein Spiel, aber ich bin nicht das Spiel.

Die letztendliche Bedeutung all der *sadhana* sind Sie. Was auch ist, sind Sie. Niemand hat sowas bisher in Büchern geschrieben, einige könnten es anschließend tun. Wer darüber schreibt, sollte eine wissenschaftliche Einstellung haben.

Das Wissen, das über mich gekommen ist, habe ich exzessiv gehegt – und was ist die letztendliche Frucht des Wissens? Dieses Wissen ist jetzt gebrandmarkt worden: „Du hast eine Krankheit und wirst jetzt gehen", daher kenne ich die Natur des Wissens, dass über mich gekommen ist. Finden Sie es für sich selbst heraus. Ich habe mit diesem Wissen getanzt, habe es Gott genannt, und jetzt ist dieses Wissen als krank gebrandmarkt worden – aber ich weiß, was ich bin, ich bin davor. Ich habe mich bei meiner eigenen Natur beschwert – und meine eigene Natur sagte, dass alles *lila* ist, ein Spiel, und ich nichts damit zu tun habe. Das ganze Bewusstsein ist unehrlich, was habe ich damit zu tun? Ich bin die Unterstützung – die Leute denken, dass ich die Ursache bin, aber das bin ich nicht, ich bin der Rückhalt.

BESUCHER: Im *jnani* hat das Seiende den Zustand des Nichtseins erreicht, trotzdem wird das Erscheinen passieren, wie wird man handeln?

MAHARAJ: Es ist, wie in einer Traumwelt zu agieren. In der Traumwelt passiert alles, Sie tun nichts. Vom höchsten Zustand aus werden das Seiende und die Aktivitäten des Seins nur bezeugt.

8. AUGUST 1980

BESUCHER: Sollten wir die feste Überzeugung haben, dass es einen Zustand jenseits des Bewusstseins gibt?

MAHARAJ: Das Absolute ist in jedem Fall vorhanden, daher stellt sich die Frage nicht, Vertrauen zu haben – es ist da.

BESUCHER: Würde eine unerschütterliche Überzeugung das Bewusstsein ins Absolute verwandeln?

MAHARAJ: Es gibt nur einen Zustand, nicht zwei. Wenn die „Ichheit" hier ist, werden Sie in diesem Bewusstsein viele Erfahrungen machen, dabei sind das „Ich bin" und das Absolute nicht zwei. Die „Ichheit" erscheint im Absoluten und dann finden die Erfahrungen statt.
Im Absoluten gibt es keine Individualität, keine Erinnerung daran, dies oder das zu sein, aber da ist eine ständige Bewegung.
Ich habe nichts zu sagen, was auf Hörensagen beruht, oder gelesen worden ist, oder seine Vollmacht aus den Schriften bezieht. Was ich zu sagen habe, kommt aus meinem eigenen Selbst.
Was ohne das Wissen „Ich bin" geschieht ist, vom Absoluten Standpunkt aus, sehr tiefgreifend, unbegrenzt und expansiv.
Im Reich des Seienden beginnt die Fragmentierung; es ist begrenzt, konditioniert, weil wir im Sein versuchen, alle Handlungen als unsere in Anspruch zu nehmen.
Im Absoluten habe ich keine Gelegenheit zu sagen, dass ich existiere, weil ES in alle Ewigkeit ist. Ich habe über meine Existenz nichts zu sagen. Aufgrund der Existenz des Absoluten *parabrahman* Zustands sind eine Menge Inkarnationen erschienen und gegangen, aber das Absolute wird von den Regungen all dieser Inkarnationen nicht befleckt.

BESUCHER: Welchen Grund hat die Schöpfung?

MAHARAJ: Das ist die Sprache des ernsthaften Suchers, nicht die von jemandem, der in der Wahrheit gegründet ist. Aus einem unendlich kleinen Samen ist ein wundervoller Baum gewachsen, wird der Same den Baum zurückweisen, die Zweige, die Blätter, etc. und beteuern, dass sie nicht sind, wer er ist, dass sie nicht seine sind? Von selbst geht alles weiter. Lassen Sie es weitergehen.

BESUCHER: Ist die „Ichheit" eine notwendige Schwelle, um den Absoluten Zustand zu erreichen?

MAHARAJ: Das Absolute kann nicht erreicht werden. Es ist Ihr Zustand. Dem Absoluten Zustand geschieht das Bezeugen des Bewusstseins.

BESUCHER: Wie lange muss man üben?

MAHARAJ: Wie lange haben Sie geübt, um eine Frau zu werden? Zunächst geht es darum, den Sinn für den Körper-Verstand zu transzendieren, das ist einfach. Aber das Bewusstsein zu transzendieren, ist überaus schwierig. Das Sein ist ein sehr mächtiges, potentielles Wissen, aufgrund dessen Sie alles andere wissen. Deshalb ist es schwierig, dieses Wissen loszuwerden.

BESUCHER: Ist es getrennt vom Nichtmanifestierten?

MAHARAJ: Von Ihrem Standpunkt aus ist es getrennt, von meinem Standpunkt aus nicht. Sri Krishna sagte: „Alles, was ist, bin ich selbst." *Saguna* und *nirguna* sind beide nichts als ich selbst. Dieser Hauch des Seins ist ein vorübergehender Zustand. Forschen Sie an diesem Punkt nach. Wie ist es zum Seienden gekommen?

21. AUGUST 1980

MAHARAJ: Ich bin nicht darauf aus, Leute länger als acht oder zehn Tage hier zu haben, egal, was sie verstanden haben, sie müssen es verdauen, weitere Gespräche würden sie nicht erreichen.
In der Annahme, dass er wissend ist, nachdem er hier weg- und woanders hingegangen ist, wird er nicht fähig sein, allein zu bleiben – er wird sich nach der Gesellschaft von jemandem sehnen, damit er die spirituellen Güter überbringen kann. Er wird die Gesellschaft von anderen wollen, mit denen er über Spiritualität sprechen kann – anderenfalls wird er sich sehr unglücklich fühlen. Werden Sie sich

glücklich und zufrieden fühlen, wenn Sie auf keine anderen *sadhakas* treffen?

BESUCHER: Oh ja. Ist das eine notwendige Schwelle für einen ernsthaft Suchenden – durch die Phase zu gehen, in der er sein Wissen mit anderen teilen möchte?

MAHARAJ: Das ist Teil des Ganzen, aber es muss auch zu einem Ende kommen. Der höchste Zustand ist der ungeborene Zustand, in welchem es keine Verstandeserfahrung gibt. Untersuchen Sie das Konzept „Ich bin". Im Versuch, Ihre wahre Identität zu finden, könnte es sogar passieren, dass Sie das Selbst aufgeben, und in der Selbstaufgabe sind Sie DAS.

[Maharaj schaut auf ein paar Spatzen auf der Fensterbank.] Das Bewusstsein, das dem Spatzen innewohnt und das Bewusstsein, das diesem Körper innewohnt, ist dasselbe. Hier ist es ein großes Instrument, da ein kleineres. Sie [die Spatzen] müssen sich um Nahrung kümmern, Ihre Mägen sind nicht voll. Alle Arten leiden, die Kreation selbst ist leidend. Die ganzen Konzepte über Wiedergeburt etc., hat Regen eine Wiedergeburt? Feuer? Luft? Kurzgesagt, es handelt sich lediglich um eine Transformation der fünf Elemente. Sie können das Wiedergeburt nennen.

Im Laufe der spirituellen Suche wird alles im Reich des Bewusstseins passieren. Schließlich stolpern Sie in den oder erreichen den Absoluten *parabrahman* Zustand, der ohne Begierde ist.

Ich habe das Seiende verstanden und transzendiert. Nehmen wir an, ich würde hundert weitere Jahre leben, Wachzustand, Schlaf und „Ichheit" – wozu das ganze? Ich habe genug davon.

Ich habe keine zu mir gehörende Identität. Welche Identität ich auch habe, sie ist ein Spiel der fünf Elemente, universell. Da es nicht viel gibt, das über meinen Zustand gesagt werden kann, möchte ich die Leute nicht lange hierbehalten. Ich teile nur einiges Wissen aus und dann sollen sie gehen. Mit so profundem Wissen können sie auf dieser Ebene nichts anfangen. Welchen Nutzen sollten sie davon haben?

23. AUGUST 1980

MAHARAJ: Manche Leute bitte ich zu bleiben, aber ich kann nicht erklären, warum und zu anderen sage ich „gehen Sie“, obwohl sie bleiben wollen. Es gibt verschiede Arten von Suchern: manche kommen ausschließlich wegen des Wissens. Sie sind nicht an der Person desjenigen interessiert, der es überbringt, vielleicht sogar am wenigsten. Manche wollen Wissen, aber für sie steht *guru bhakti*, die Hingabe an den Guru, an erster Stelle; erst dann kommt das Wissen. Es gibt einige große Weise, die während der Phase des Suchens nur dem Namen nach einen Gott verehrt oder Hingabe praktiziert haben, aber sie gaben sich dem Guru in aller Heftigkeit hin und aufgrund des intensiven *guru bhakti* erreichten sie einen so hohen Zustand.

Nun, für diese Dame hier überwiegt die Hingabe an den Guru, das Wissen bekommt sie beiläufig, aber einer Person, die mit *guru bhakti* beginnt, ist sogar Gott zugetan.

Auf welche natürlichen Erfahrungen Sie auch stoßen, akzeptieren Sie sie einfach. Versuchen Sie nicht, sie zu ändern, akzeptieren Sie sie einfach, wie sie kommen.

Das Endergebnis all dessen ist Illusion und niemand ist für die Schöpfung verantwortlich – sie ist spontan aufgetaucht; darin stellt sich die Frage nach einer Verbesserung nicht – sie wird ihren eigenen Weg gehen.

Ich bin zu dem Schluss gekommen, dass die Welt spontan hier ist, ohne Samen. Diese Kreation ist samenlos. Aber die Welt ist voller Samen und die Fortpflanzung geht täglich weiter.

BESUCHER: Wie war es Ihnen möglich, mit all den verschiedenen Menschen umzugehen, wo Sie doch wissend sind?

MAHARAJ: Wer ist da, um umzugehen? Ich habe keinen Stand und keine Stellung, kein festgelegtes Bild von mir. Wenn ich eine bestimmte Form hätte, wäre es schwierig gewesen andere zu akzeptieren oder mich mit ihnen zu verbinden. Aber mein Nicht(s)sein ist das Subtilste, daher kann ich mich in alles einfügen, in jede Situation.

Ein reicher Mann, der viel teuren Schmuck trägt, wird Angst haben, sich auf der Straße zu bewegen, er wird in Gefahr sein. Aber ein nackter Fakir hat nichts zu verlieren, deshalb bewegt er sich ohne Angst durch die Straßen. In diesem spirituellen Bestreben verlieren Sie allmählich Ihre Form und wenn die Form abgelegt ist, verschwindet auch der Name.

Es gibt viele Abnehmer, die im Namen der spirituellen Erkenntnis etwas gewinnen und besitzen wollen, aber niemand ist Kunde wirklicher, wahrer Selbsterkenntnis.

Ein Mann hatte viele Jahre hart gearbeitet und Besitz angehäuft. Jetzt lag er in seinem Dorfhaus auf dem Sterbebett. Auf dem Sterbebett sah er in den Viehstall, er dachte nichts Edles; er sah das Kalb an einem Besenstiel kauen und machte sich wegen des lädierten Besenstiels Sorgen. Daher rief er selbst noch beim Sterben: „Der Besenstiel, der Besenstiel!"

BESUCHER: Was ist der Maßstab für den Fortschritt des Suchers?

MAHARAJ: Da war ein sehr geschwächter Mann, der nicht in der Lage war zu laufen. Allmählich wurde er kräftiger und fing zu laufen an, so wusste er, dass er die Kraft hat, ist es nicht so?

Das Anzeichen für Ihren Fortschritt ist die Unlust, sich mit gewohnlichen Menschen zu verbinden; Ihre Sehnsüchte und Erwartungen werden weniger und weniger. Wenn die Tür oder die Schleuse aufgrund des brennenden Hungers nach Selbsterkenntnis geöffnet wird, dann fangen Sie an alles zurückzuweisen, vom gröbsten bis zum *ishwara* Zustand, auch Ihr eigenes Bewusstsein, Sie weisen alles zurück.

Im weltlichen Leben können Sie durch die Macht des Geldes alles erwerben, wenn Sie Geld ausgeben, bekommen Sie alles. Genauso ist es, wenn Sie das Selbst hingeben, dann bekommen Sie *brahman* und wenn Sie *brahman* hingeben, bekommen Sie *parabrahman.* Sie müssen ein tiefes, intensives Verlangen nach Selbsterkenntnis haben.

24. AUGUST 1980

BESUCHER: Wenn *chetana* (Bewusstsein) allerfüllend ist und aus allen Arten von Kräften besteht und das individuelle Bewusstsein trotzdem mit dem Körper verbunden ist, gibt es für das universelle Bewusstsein einen Körper? Einen universellen Körper – oder eine Vereinigung der Körper?

MAHARAJ: Universelles Bewusstsein hat keinen Körper. Das universelle Bewusstsein wird offenbar, wann immer ein Körper ins Bild kommt. Die Essenz der fünf Elemente bildet die Nahrung für das universelle Bewusstsein.

BESUCHER: Haben das universelle Bewusstsein und das Bewusstsein im Körper eine Verbindung?

MAHARAJ: Sie haben eine enge Verbindung. Vom universellen Bewusstsein zum manifesten Bewusstsein besteht ein Kontinuum. Nehmen wir z.B. den belebenden Atem: außerhalb wird er allgemein Luft genannt und wenn Sie atmen, ist es Ihr *prana.*

BESUCHER: Was ist der Unterschied zwischen *paramatman* und *jivatman*?

MAHARAJ: Wenn Sie in Begriffen von Teilen denken, denken Sie an *jiva*, und an das Ganze als *paramatman*, aber es gibt keinen Unterschied. Wenn es fest im Körper verwurzelt ist, nimmt es Vergänglichkeit an, eine Zeiteinheit, *jiva*, am Ende der Zeitspanne verschmilzt es mit *paramatman.*

BESUCHER: Warum begrenzt sich *paramatman*, der ganz ist, auf einen Körper als einem Teil?

MAHARAJ: Dafür gibt es keinen Grund. Es geschieht einfach. Aber in *paramatman* gibt es keine Bewusstheit für die Existenz, da ist nur die Bewusstheit für die Bewusstheit. Sobald die Bewusstheit für die Existenz erscheint, ist da Dualität, die Manifestation erscheint.

BESUCHER: Vorhin sagte jemand, dass nur der Mensch realisieren kann. Ich empfinde es so, dass jede lebende Zelle eine Manifestation Gottes ist und deshalb ist das die falsche Idee.

MAHARAJ: Das Bewusstsein ist dasselbe, aber der Verstand kann nur aufgrund dessen arbeiten, was ihm bekannt ist. Den niedrigeren Kreaturen sind nur die grundlegenden körperlichen Bedürfnisse bekannt. Nur der Mensch hat von früh auf gedacht und ist mit höheren Ideen gefüttert worden, die nicht nur den Körper betreffen. Der Mensch ist in der Lage zu fliegen und auf dem Mond zu landen. Keine andere Spezies kann das; der Verstand der niedrigeren Spezies ist begrenzt.

Es gibt 8,4 Millionen Arten. Sobald Empfängnis in einer der Arten stattfindet, ist da eine Art Kausalkörper, der zum Zeitpunkt der Empfängnis entsprechend der Natur der Form und ihrer Arbeitsweise geprägt wird.

Niemand befiehlt dem Vogel zu fliegen, dem Fisch zu schwimmen, dem Wurm zu kriechen, es ist alles in der Empfängnis selbst. Das, was nicht sterben kann, ist jetzt völlig davon überzeugt, dass es sterben wird. Wie hat sich die Angst vor dem Tod eingeschlichen? Sie basiert auf dem Konzept, dass man geboren ist, auf bloßen Worten – das ist die Gefangenschaft.

Alles, was man zu tun hat, ist, den eigenen Ursprung zu finden und dort sein Quartier zu nehmen.

29. AUGUST 1980

BESUCHER: Nachdem man weiß, dass man nicht das Seiende ist, möchte das Seiende trotzdem sein – es schützt sich selbst. Ist es in diese Einheit [unit] eingebaut?

MAHARAJ: Ja, das ist seine Natur.

BESUCHER: Ist es richtig, dass diese Einheiten des Seienden keinen größeren Wert haben als ein Bild, sind sie einfach wie ein Bild auf dem Bildschirm?

MAHARAJ: Ja, Sie können es so sehen, als wären es einfach nur Bilder. Nichtsdestotrotz ist es ein äußerst erstaunliches Werkzeug, da es im Innern ein bestimmtes Prinzip hat, das das Universum enthält. Weisen Sie es nicht einfach als ein Bild ab.

Ohne die Hilfe des Körpers kann das Selbst sein Wissen nicht erfahren. Er ist ein notwendiges Werkzeug. Nahrung und Pulsation (belebender Atem) – ohne diese gibt es kein Wachstum und nichts Seiendes.
Der Körper ist eine Korb Nahrung, doch das Wissen „Ich bin" ist nicht individualistisch, es ist universell.

BESUCHER: Erfreut sich das Bewusstsein durch alle Einheiten des Seienden selbst?

MAHARAJ: Ja. Das Seiende geht aufgrund der Form des Nahrungspakets, des Körpers, in die Eigenständigkeit. Von meinem Standpunkt aus ist es lediglich dynamisches, offenbares Sein – ohne Eigenständigkeit.
Sobald Sie zu diesem Verstehen kommen, stellt sich die Frage nicht (mehr), sich selbst als Individuum zu genießen. Dann sind Sie kein Einzelner mehr, das Individuum hat sich aufgelöst. Äußerst selten wird das jemand tun.
Derjenige, der die fünf Elemente und ihr Spiel verstanden hat, ist um die Essenz der fünf Elemente nicht besorgt, das Seiende – dieser Zustand wird auch transzendiert. Dass man den Duft der Menschlichkeit trägt – er erinnert sich an die Menschheit, aber er weiß, dass er nichts mit ihr zu tun hat.
Wenn das verstanden und transzendiert worden ist, haben Worte keinen Nutzen (mehr). Das Seiende spürt, dass es nicht sterben will, aber wenn der sogenannte Tod erscheint, geht damit kein Verlust einher.
Von meinem Standpunkt aus ist alles, was das Seiende in Gestalt eines menschlichen Wesens war, gegangen; aufgrund dieser Auflösung ist es offenkundig geworden.

30. AUGUST 1980

BESUCHER: Bleibt das Bewusstsein für immer?

MAHARAJ: Nein, das Bewusstsein ist nur da, solange es der Körper ist.

BESUCHER: Werden selbst dann Körper in die Existenz kommen und sterben, wenn man das versteht?

MAHARAJ: Ja. Die fünf Elemente sind zusammen mir den drei *gunas*, sowie *prakriti* und *purusha* die Träger, die die „Ichheit" anzeigen.
Im ursprünglichen Zustand gibt es kein Empfinden des Bewusstseins, keine Bewusstheit zu sein. Aber sobald die „Ichheit" erscheint, wird die gesamte Manifestation auf einmal gesehen, das ist der Ausdruck des Bewusstseins. Im Absoluten ist die „Ichheit" ganz, aber ihr Ausdruck ist vielfältig. Ich offenbare MICH SELBST als viele. Menschliche Wesen sind ein Typ Gestalt und jeder Typ Gestalt handelt entsprechend seiner Natur, entsprechend der Kombination der drei *gunas*. Wie kann da ein Individuum reinkommen?
Der einzige Weg, dieses Mysterium zu verstehen, besteht darin, Ihre Identität mit dem universellen Bewusstsein zu realisieren, das im absoluten Raum ausgedrückt ist. Solange Sie sich selbst mit der menschlichen Gestalt identifizieren, ist es unmöglich, das Mysterium aufzulösen.
Warum kommen Sie hierher und verschwenden eine Stunde Ihrer Zeit oder mehr? Wenn Sie für zwei Stunden körperlich oder mental arbeiten, hätten Sie etwas vorzuweisen.

BESUCHER: Das sind die Stunden, die sinnvoll sind; all die anderen sind nutzlos.

MAHARAJ: Wie können sie sinnvoll sein? Ich zerstöre, wofür Sie die zwei Stunden für sinnvoll halten. Ich zerstöre die Identität.
Ist es nicht amüsant, dass die Lehre, die das Individuum zerstört, genau das ist, was das Individuum möchte? Die Antwort ist, dass da niemals ein Individuum war. Es kommt zum Wissen, dass es das Individuum niemals gab.

BESUCHER: Was ist die Realisation?

MAHARAJ: Bevor die Idee „Ich bin" keimte, sind Sie, aber da wissen Sie nicht, dass Sie sind. Anschließend haben sich viele Begebenheiten ereignet, mit denen Sie sich selbst geschmückt haben. Sie versuchen, Ihre Bedeutung aus darauffolgenden Worten und Ereignissen abzuleiten, aber die Bedeutung der Worte … das sind Sie nicht … geben Sie sie auf. Sie sind vor der Idee „Ich bin“. Schlagen Sie da Ihr Lager auf, vor den Worten „Ich bin“.

11. SEPTEMBER 1980

MAHARAJ: Ob man ein *jnani* ist oder eine unwissende Person – seine körperliche Ernährung, Versorgung und Aufrechterhaltung geht durch die Bedeutung der Worte seines Verstandes weiter. Seine Gedanken werden auch entsprechend der Eindrücke fließen, die er seit der Kindheit empfangen hat. Die Handlungen traten aus dem belebenden Atem, den Worten und dem Wissen „Ich bin“ heraus.
Wenn Sie Ihre Gottheit anrufen wollen, müssen Sie den belebenden Atem verehren; durch den belebenden Atem nähern Sie sich Ihrer Gottheit. Alle göttlichen Eindrücke sind durch den belebenden Atem gegeben. Die Sprache des belebenden Atems bedeutet Worte. Wenn alle Aspekte des belebenden Atems gereinigt sind, gibt es für Begierden keinen Bewegungsraum mehr, dann sind da weder mentale noch körperliche Leiden. Halten Sie gemäß der Weisung des Gurus an der „Ichheit“ fest – *atman prem* – Ich-Liebe. Alle unsere Betätigungen, körperliche wie spirituelle, basieren auf Gefühlen. Ich akzeptiere all die Details, aber ich weiß, dass die Endsumme Null ist. Meine früheren Reden konnte jeder bis zu einem gewissen Grad verstehen, aber meine gegenwärtigen Ausführungen sind sehr schwer zu verstehen. Um sich für das Verstehen zu qualifizieren, verbleiben Sie am Ursprungsort Ihrer Geburt.
Die Worte ergeben sich spontan. Ich rahme sie nicht. Ich selbst bin oft darüber erstaunt, warum diese Art profunden Ausdrucks erscheint und Leute, die meinen Ausführungen zuhören, sind auch verblüfft, weil sie nicht in der Lage sind, auf meine Ausführungen hin Fragen zu formulieren. Alles ist spontan, das Stadium des Zeugen hat sich auch spontan ergeben. Alle meine Handlungen ergeben sich spontan, es gibt keinen Spielraum fürs Denken.
Da ich meinen Zustand vor der Geburt kenne, kenne ich auch den Geburtspunkt, und das, was ich seit der Geburt bin – mein Sein –

kenne ich auch. Darum spreche ich so. Der Erfahrende und die Erfahrungen müssen beide aufgelöst werden. Wenn der Übersetzer kommt und ich meinen Platz zum Sprechen einnehme, von dem Augenblick an bin ich energetisiert, meine Batterie ist geladen – anderenfalls bin ich völlig erledigt und muss diesen Stock benutzen. Ich bin in keiner Weise geneigt, spirituelle Sucher, egal welchen Grades, um mich zu scharen.

BESUCHER: Wir können verstandesmäßig verstehen, aber darüber hinaus können wir nicht verstehen.

MAHARAJ: Vom Tiefschlaf zum Wachzustand, was ist das? Es ist der „Ich bin" Zustand ohne Worte. Später beginnen die Worte zu fließen und Sie verwickeln sich in die Bedeutung der Worte und führen Ihr weltliches Leben entsprechend der Bedeutung der Worte aus – das ist Verstand. Aber vor diesem „Ich bin" und dem Wachzustand, an dieser Grenze haben Sie zu sein.
Es ist höchst selten, dass jemand versteht, worauf ich hinaus will. Einer gewöhnlichen spirituellen Person müssen wir sagen: „Tue dies oder das und erlange diesen Vorteil." Dann wird sie sich glücklich und erleichtert fühlen, doch das ist nicht endgültig; sie wird zum selben Punkt zurückkommen. Aber da können wir nicht helfen, weil sie nicht die Kapazität hat, den subtilsten Aspekt der Spiritualität zu verstehen.
Ich würde höchstens sagen: „Sie wissen, dass Sie sind, ehren Sie das ‚Ich bin' Prinzip. Wertschätzen Sie das, werden Sie eins damit und das ‚Ich bin' wird alles Wissen offenlegen." Das ist alles, was ich sage, aber der subtilste Teil ist der vom Tiefschlaf zum Wachzustand. Um darin zu verbleiben, müssen Sie in einem überaus friedvollen Zustand sein. In diesem Zustand findet das Bezeugen des Wachzustandes statt. Sie müssen an diese Grenze gehen, aber das ist sehr schwer. Eine gewöhnliche Person wird mit der Ankunft des „Ich bin" und des Wortflusses mit dem Wortfluss gehen. Denjenigen, der Unterscheidungsvermögen hat, der intelligent und überaus spirituell ist, müssen wir an den Punkt vor der „Ichheit" bringen.
Wenn Sie mich schätzen, erinnern Sie meine Worte. Das Wissen „Ich bin" ist der großartigste Gott, der Guru; sein Sie eins damit,

sein Sie vertraut damit. Das wird Sie mit allem Wissen segnen, das relevant für Sie ist. Durch das Umsichgreifen des Wissens wird es Sie in den Zustand führen, der ewig ist.
Sie werden reif genug, um sich im Bereich des *nirguna* Zustands (ohne Eigenschaften) aufzuhalten. Sie können eine unreife Mango über Nacht nicht in eine reife Mango voller Saft verwandeln. Sie muss die Zeit bis zur Reife durchlaufen. Ist Ihnen das klar oder nicht?

15. SEPTEMBER 1980

BESUCHER: Wenn ich mich während der Meditation am Punkt hinter dem Verstand zu stabilisieren versuche, ist da Dunkelheit, Nichts, Ausdruckslosigkeit. Ich mag diesen Zustand nicht.

MAHARAJ: Sehen Sie nicht – Sie sind trotzdem da. Bevor Sie sich im Selbst festigen, sind noch Spuren des Verstandes da.
Diese Maschine ist eine selbstgenerierende Maschine; wenn sie da hineingehen, hilft der Schwung, alle Zweifel in Ihrem Verstand zu klären. Es ist ausschließlich Ihr Wissen, das Sie am meisten genießen werden und dann sind alle Spuren des Verstandes vollständig ausgemerzt. Das ist der Zustand, in dem Sie sind – Sie sind nicht, das ist die Grenze. In dem Augenblick, in dem Sie wissen, dass Sie sind, ist Dualität da. Wenn Sie nicht wissen, dass Sie sind, sind Sie vollkommen, aber Sie müssen durch diesen Prozess durchgehen. Im Tiefschlaf wissen Sie nicht, dass Sie sind, doch das ist ein gröberer Zustand. In diesem lebendigen Zustand müssen Sie in den Zustand des Nichtwissens zurückgehen.
Was ist dieses Wissen? Es ist der Stempel oder die Registrierung der Reservierung „Ich bin". Sie reservieren ein Apartment, das gerade gebaut wird, wo ist dieses Apartment? Es ist nur die Reservierung. Genauso ist das „Ich bin" nur eine Reservierung, die Ihren Absoluten Zustand repräsentiert.

BESUCHER: Was gibt Ihnen den Mut, ins Nichts hinein zu transzendieren, von dem Sie wissen, das es ist?

MAHARAJ: Ihr tiefes Verlangen, das Selbst zu verstehen. Zurückzuweichen heißt, nur nach innen zu gehen. Ihre gewöhnliche Neigung ist, durch die fünf Sinne nach außen zu gehen und die Welt zu sehen. Jetzt drehen Sie das um; Ich bin nicht der Körper, ich bin nicht der Verstand, ich bin nicht die Sinne; jetzt sind Sie im Bewusstsein gefestigt. Nachdem Sie sich im Bewusstsein gefestigt haben, werden alle anderen Dinge von selbst geschehen. Sie weiten sich in das Offenbare.
Ich war, ich bin, ich werde in diesem ursprünglichen Zustand sein, der vor der „Ichheit" liegt. Warum hat der schreckliche Name dieser Krankheit keine Wirkung auf mich? Aus dem einfachen Grund, weil das, was ich bin, nichts mit dem zu tun hat, wofür diese Krankheit nur ein Name ist.

BESUCHER: Was hält Maharaj von all den Religionen?

MAHARAJ: Was mich betrifft, basieren alle Religionen auf Konzepten und Gefühlen. Diese Gefühle sind so gewalttätig und absorbierend, dass sich die Menschen selbst geopfert haben.
Mit einer anderen Persönlichkeit eins zu sein kann gefühlsmäßig so wirksam sein, dass sich bei denjenigen, die sich mit Jesus Christus identifiziert haben, Male der Kreuzigung auf ihren Körpern zeigten. All diese Erfahrungen sind völlig nutzlos. Ein Individuum hat sich mit einem anderen Individuum identifiziert, und solange die Individualität nicht aufgegeben wird, kann sich die Realität nicht offenbaren. Wiederholen Sie nicht papageienhaft, was Sie gehört haben, solange Sie nicht so überzeugt sind wie ich.
Ich kenne meinen Zustand bevor der Körper und das Bewusstsein auftauchten, ich habe Wissen davon, die Bewusstheit dessen.
Es wird nicht reichen, diesen Worten nur zuzuhören – Sie müssen eins mit dem Bewusstsein sein. Halten Sie das Wissen „Ich bin" nicht für unbedeutend, weil es die stimulierende Kraft für Ihr gesamtes Universum ist.
Der Ausdruck des Bewusstseins ist grenzenlos; wenn Sie in die Ausdrucksformen hineingehen, sind Sie verloren. Geben Sie sich an Ihr Bewusstsein hin und sein Sie eins damit. Ihr Bewusstsein allein wird Ihnen den Prozess zeigen, wie es aufgelöst werden kann.

21. SEPTEMBER 1980

MAHARAJ: Alles, was man tut, ist für den Fortbestand des Bewusstseins, aber für mich gibt es überhaupt nichts, was ich gerne fortführen würde.
Sie kommen hier als Individuen her und erwarten, etwas von mir zu bekommen – das ist der Punkt, an dem das Missverständnis auftaucht. Es gibt kein Individuum, wie kann ich also etwas für ein nichtexistierendes Individuum tun? Ihre wahre Natur unterscheidet sich in keiner Weise von meiner. Dieses Ereignis ist einfach nur ein Ereignis, das gekommen ist und gehen wird. Wenn man spürt, dass man urinieren muss, uriniert man einfach, es ist nicht unterschiedlich für jeden einzelnen. Es ist der Prozess des Urinierens, der allen passiert, aber Sie betrachten alles als etwas, dass Ihnen als Individuum passiert.

BESUCHER: Wie kann ich verstehen, was Maharaj sagt?

MAHARAJ: Um zu verstehen, was ich sage, ist Unterscheidungsvermögen absolut notwendig. Erst nach der Ankunft des Bewusstseins versuchen wir, uns selbst zu verstehen. Bewusstsein ist die sogenannte Geburt; Geburt bedeutet diese drei Aspekte: Wachzustand, Tiefschlaf und das Wissen „Ich bin“. Sobald ich verstehe, was diese Geburt ist, ist das ganze Rätsel gelöst. Da ich durch und durch verstanden habe, was dieses Geburtsprinzip ist, weiß ich sehr genau, dass ich die Abreise des belebenden Atems, der Sprache und der „Ichheit“ beobachten werde, wenn sich der sogenannte Tod ereignet; die Frage nach dem Tod stellt sich nicht.
Wenn ich genau jetzt erkenne, dass mein belebender Atem aufhört, werde ich ihn nicht einsperren. Ich werde nicht sagen: „Halt jetzt an, warte noch ein bisschen“, weil ich sehr gut weiß, dass es sinnlos ist, den belebenden Atem und die Lebenskraft zurückzuhalten.
Unzählige Auflösungen haben stattgefunden, aber in meinem wahren, ewigen Zustand bin ich von ihnen unberührt. Vor diesem experimentellen Stadium war ich in jeder Beziehung vollkommen. Mit der Ankunft dieses Seins begann der unvollkommene Zustand, und davon habe ich genug.
Wenn Sie wirklich ewigen Frieden wollen, dann plagen Sie sich nicht

mit sonst jemand, sorgen Sie sich um Ihr eigenes Selbst, untersuchen Sie nur Ihr eigenes Selbst.
Wer wird Ihnen ewigen Frieden geben? Nur diese Sonne, das „Ich bin“. Wenn Sie diese selbstscheinende Sonne umarmen, wird alles andere verschwinden, aber Sie werden sich ewiglich durchsetzten.
Untersuchen Sie vollständig. Aufgrund welcher Autorität können Sie sich selbst erhalten? Bis zu welchem Ausmaß können Sie Ihr Leben verlängern? Sie sollten erkennen, dass das Seiende nicht unabhängig ist – es hängt von etwas ab. Wenn Sie untersuchen, werden Sie zu dem Schluss kommen, dass Sie, das Absolute, nicht vom Seienden abhängen.

BESUCHER: Wenn *atman sat-chit-ananda* ist, was ist dann *paramatman*?

MAHARAJ: *Sat-chit-ananda* wird zu gegebener Zeit zu *paramatman* werden. *Sat-chit-ananda* ist „Ichheit“, es ist selbst ein Zustand des Glücks, ein Zustand der Liebe, aber es ist ein experimenteller Zustand, der so lange anhält, wie Bewusstsein da ist, und das Bewusstsein ist so lange da, wie der Körper verfügbar ist – es ist ein zeitgebundener Zustand. Sie müssen den Zustand von *sat-chit-ananda* transzendieren.

BESUCHER: Sollte ich mich im Sein festigen oder sollte ich mit den Gedanken fließen?

MAHARAJ: Wenn Sie im Sein verbleiben, werden die Gedanken weniger und weniger. Wenn Sie sich mit den Gedanken verwechseln, fangen sie an sich zu multiplizieren. Verbleiben Sie nur im Sein.

24. SEPTEMBER 1980

MAHARAJ: Vor wie vielen Jahren haben Sie das *mantra* von mir bekommen?

BESUCHER: Vor drei Jahren.

MAHARAJ: Das Wissen, das Sie sind, ist Gott. Ehren Sie das, dann werden Sie eines Tages realisieren, dass Sie kein Individuum sind. Sie werden erkennen, dass Sie das universelle Bewusstsein sind, das nicht leiden kann; für dieses Bewusstsein gibt es keinen Schmerz und kein Vergnügen. Zu dieser Kenntnis werden Sie nicht durch den Intellekt, sondern durch ernsthafte Meditation kommen.
Die Meditation wird durch das Bewusstsein selbst getan. Auf etwas zu meditieren bedeutet, es zu werden.
Ich bin vollkommen im ungeborenen Zustand gegründet und dennoch erfahre ich den Zustand der Vielfalt, aber er hat keine Auswirkung auf mich.

BESUCHER: Welchen Effekt hat es, mit Maharaj zu sein?

MAHARAJ: Zur Zeit ist die Wirkung für den Sucher größer. Wenn Sie die Reinheit besitzen, geht es schneller, für die Unlauteren und Dumpfen geht es langsam.
Ich wusste nicht, dass ich war, gegenwärtig weiß ich, dass ich bin. Es ist dasselbe „Ich", dass den Deckmantel des Wissens übergeworfen hat. Auf diese Weise hat sich das Absolute in den gröberen Zustand des Bewusstseins transformiert, den Zustand des Erscheinens. Ich bin der Gott, ich bin der Verehrer und ich bin die Verehrung; alles dasselbe, ein gemeinsames Prinzip.

BESUCHER: War der Heilige, über den wir sprachen, ein *jnani*?

MAHARAJ: Ja. *Jnani* bedeutet Wissender des Wissens.

BESUCHER: Wenn er ein *jnani* war, wie konnte er dann so reizbar sein?

MAHARAJ: Im manifesten Bewusstsein geschehen alle Handlungen, sogenannte gute und schlechte. Diese Eigenschaft wurde im manifesten Bewusstsein ausgedrückt. Sie können die *tamas*trische Eigenschaft keinem *jnani* zuschreiben, weil er das individuelle Bewusstsein transzendiert hat.

BESUCHER: Ist es in Ordnung, nichtvegetarische Nahrung zu sich zu nehmen?

MAHARAJ: Solange Sie den Eindruck haben, ein Individuum zu sein, müssen Sie sich an die Verhaltensregeln halten, die Ihnen gegeben worden sind. Wenn Sie erst einmal das offenbare Bewusstsein sind, gibt es die Frage „tun oder nicht-tun“ nicht mehr.
Ist im universellen, offenbaren Bewusstsein irgendetwas gut oder schlecht? Nichts dergleichen. Der Duft einer Blume wird da sein, Abfall wird da sein; es ist alles das Spiel des Bewusstseins. Der Zeuge des Bewusstseins kann nicht ins Reich des Bewusstseins eintreten.

BESUCHER: Angenommen, das Bezeugen hört auf, ist das *samadhi*?

MAHARAJ: Angenommen Sie alle gehen weg, dann ist da kein Bezeugen mehr. Ich bin trotzdem da, aber ich habe nichts zu bezeugen. Im Seienden ist die Andersartigkeit und so findet Bezeugen statt. Wenn das Bewusstsein nicht da ist, kann sich das Absolute nicht selbst (er)kennen – da ist nichts außer dem Absoluten – deshalb gibt es nichts zu bezeugen.

BESUCHER: Angenommen, ich beobachte einfach, dass alle Geschehnisse durch mich passieren und ich nichts tue, ist dann noch Meditation notwendig?

MAHARAJ: Das ist eine Form von Meditation, aber besser ist, auf Ihr wahres Selbst zu meditieren. Sie kommen in diesen Zustand, wenn Sie am Morgen aufwachen und das Bewusstsein beobachten; das ist der Zustand, in dem Sie auf Ihr Selbst meditieren. Zur Zeit denken Sie, dass Bewusstsein Bewusstsein anschaut, dabei wird das Bewusstsein ausschließlich vom Podium des Absoluten angeschaut.

27. SEPTEMBER 1980

MAHARAJ: Die ganze Spiritualität ist nur dazu da, Ihre wahre Natur zu verstehen. Es geht ausschließlich darum, das, was „lebendig ist“ zu erreichen. Wenn Sie erst Ihre wahre Natur kennen, sind Sie nicht mehr als Individuum lebendig sondern einfach als Teil der Manifestation, die sich spontan ergibt. Es gibt nichts zu suchen, der

Suchende ist derjenige, der gesehen werden muss. Sehen Sie das Bild einfach wie es ist.
Sie alle sind Suchende: Lassen Sie mich wissen, wonach Sie suchen.

BESUCHER: Kann man das nur durch Meditation erreichen oder auch, indem man mit anderen in der Welt lebt?

MAHARAJ: Können Sie leben, solange Sie nicht Teil der Manifestation sind? Wissen Sie das! Wenn Sie nicht bewusst sind, existiert Ihre Welt nicht. Sie sind sich Ihrer Gegenwart und der äußeren Welt bewusst, das sind keine zwei Sachen. Verstehen Sie das. Die Welt kann nur bestehen, wenn dieser psychosomatische Apparat da ist. Wenn Sie diesen Apparat für sich selbst halten, akzeptieren Sie den Tod und sterben. Der *jnani* weiß, dass das lediglich ein Apparat ist und ist abseits davon.
Wenn Sie das erkannt haben, tun Sie glücklich Ihre Arbeit. Was passiert, ist ein spontanes Ereignis und alle Handlungen sind Teil der allesumfassenden Manifestation.

BESUCHER: Gibt es irgendeinen Grund, eine Ursache für all die Ereignisse, wenn die Manifestation spontan ist?

MAHARAJ: In Träumen leben Sie hundert Jahre, doch wenn Sie aufwachen, hat der Traum nur fünf Minuten gedauert. Wie ist das passiert?

BESUCHER: Bezieht Maharaj das grundlose Geschehen auf diesen Traum?

MAHARAJ: Der Grund für die allem zugrundeliegende Ursache liegt darin, dass Sie existieren, also finden Sie die Natur davon. All die Handlungen werden vom Kind einer unfruchtbaren Frau getan. Das alles sind Probleme des Bewusstseins; finden Sie die Wurzel des Bewusstseins.

BESUCHER: Wie?

MAHARAJ: Packen Sie das Bewusstsein an der Gurgel. Das begriffliche Bewusstsein an der begrifflichen Gurgel. Hegen und umwerben Sie die grundlegende Bewusstheit, sie allein kann Ihre Suche

befriedigen, nicht Ihr Intellekt. Solange dieses Wissen nicht befriedigt ist, können Sie keine Erkenntnis haben.
Ich wusste nie: Wenn ich die geringste Ahnung gehabt hätte, wäre ich dann in den Bauch meiner Mutter herabgestiegen? Was auch passiert, passiert von allein. Wer kann Wissen darüber haben, was vor der Empfängnis existierte?
Es gibt nichts zu erwerben. Sie sind DAS.

28. SEPTEMBER 1980

BESUCHER: Warum ist die „Ichheit" so vom Körper angezogen?

MAHARAJ: Wenn es sich selbst als „Ich bin" ausdrückt, ist es bereits voll mit dieser Liebe zu sein aufgeladen. Warum gibt es in einem Insekt, Wurm, Tier oder Menschen den Instinkt, sich selbst am Leben zu halten? Weil mit dem Sprießen der Lebenskraft die „Ichheit" erscheint, die selbst der eigentliche Instinkt zu leben ist, die Liebe zu leben. Diese Liebe (da) zu sein, ist die Hauptantriebskraft für alle Aktivitäten im Leben.
Sie werden herausfinden: Wenn Sie das offenbare Bewusstsein sind, sind Sie allein die Vielfältigkeit. Sie drücken sich selbst in der übervollen, offenbaren Welt aus. Dieser Zustand wird sich selbst transzendieren, dann sind Sie im Zustand ohne Eigenschaften, *nirguna*. Aber das sind alles Ihre Ausdrucksformen, nur von Ihnen als „Ichheit".
Worüber ich jetzt spreche ist subtiler und tiefgründiger und sehr schwer zu verstehen, aber wenn Sie es verstehen, ist die Arbeit getan.
Bewusstsein ist eine Hilfe für das Wissen. Gegenwärtig kennt sich das Bewusstsein als der Körper, das sollte nicht so sein. Das Bewusstsein sollte sich selbst frei vom Körperempfinden kennen.
Verstehen Sie logisch, was ich Ihnen immer und immer wieder sage: Diese „Ichheit" ist das Resultat der Nahrung, die Sie essen. Bin ich Nahrung? Nein, das bin ich nicht und ich bin auch nicht das Resultat der Nahrung.

Alle werden das Wissen realisieren, aber gegenwärtig sind Sie in der Vertrautheit mit dem Körper gefangen.
Die „Ichheit“ hat keine eigene Vollmacht, sie ist eine Marionette im Spiel der fünf Elemente; sie ist ein Resultat der fünf Elemente.
Die Position desjenigen, der sagt „ich war nicht“, ist beständig, sicher und ewig.
Was Sie auch bezeugen, es wird nicht bei Ihnen bleiben. Es ist unvollkommen. Das EINE, das das Unvollkommene erkennt, ist vollkommen. ES ist total, ES muss nichts für SICH SELBST tun, weil ES vollkommen und in SICH SELBST vollständig ist.
Warum kann sich *parabrahman* den Luxus leisten, an der manifesten Welt zu leiden? Weil sie für *parabrahman* nicht existiert.

30. SEPTEMBER 1980

BESUCHER: Oh, wann werde ich verstehen, was Maharaj uns sagt?

MAHARAJ: Aufgrund der ganzen Konzepte wird es allmählich passieren. Sie müssen sie loswerden und das erfordert Zeit.
Manche Menschen suchen nach Wissen, das für Ihren Verstand und Intellekt akzeptabel ist, aber die Sphäre des Verstandes und des Intellekts ist für den Empfang dieses Wissens untauglich. Alle Ihre Erfahrungen und Visionen hängen vom Wissen „Ich bin“ ab und dieses wird selbst aufgelöst.
Für dieses Wissen gibt es keine Abnehmer, keine Verehrer, weil sie etwas Konkretes in Händen halten wollen, aber ist es noch möglich an etwas festzuhalten, wenn sich Ihr Wissen (um sich selbst) auflöst?
Ihr Guru erzählt Ihnen, dass Sie eine wahre Identität haben, aber das ist nicht so. Sie ist formlos, *parabrahman*. *Parabrahman* ist ohne jeden Zweifel. Er wird nicht durch *maya* konditioniert, weil es *maya* in Bezug auf *parabrahman* nicht gibt.
Wenn Sie das hören, fühlen Sie sich befriedigt und damit endet es für die meisten Menschen; sie meditieren darüber nicht wieder und wieder und versuchen auch nicht, das Prinzip hinter allem zu finden.
Wann werde ich für tot erklärt? Wenn *atman* den Körper verlassen

hat, aber ich bin nicht *atman*, wo ist dann mein Tod? Ich bin nicht vom Krebs betroffen, weil ich alles, was passiert, welche Erfahrung auch immer, an *atman* übergebe. Alle Handlungen und alle Früchte der Handlungen werden von *parabrahman*, dem Absoluten, an *atman* übergeben.

Sie können niemals Wissen über Ihr Selbst haben, weil *parabrahman* nicht bezeugt werden kann. Sie wissen, was Sie nicht sind – was Sie sind, können Sie nicht wissen.

1. OKTOBER 1980

MAHARAJ: Das Selbst ist subtiler als Raum. Für das Selbst gibt es weder Geburt noch Tod.

Nehmen Sie nicht blind an, was ich Ihnen sage. Untersuchen Sie es gründlich. Prüfen Sie das Wissen, das ich darlege und akzeptieren Sie es erst dann.

Sie leben im Haus, aber das Haus ist nicht, wer Sie sind. Genauso ist das Wissen „Ich bin" im Körper, aber Sie sind nicht der Körper.

BESUCHER: Ich verstehe das nicht ganz.

MAHARAJ: Mit dem Verstand werden Sie nie verstehen. Sie sind nicht der Verstand, noch die Worte, noch die Bedeutung der Worte. Ich lege dem Selbst das Wissen des Selbst dar, aber Sie nehmen es als das Wissen Ihres Körpers an.

Ich bin völlig vom Körper und vom Bewusstsein gelöst, das im Körper ist. Nichtsdestotrotz wird aufgrund der Krankheit unerträglicher Schmerz durch das Bewusstsein erfahren. Er ist unerträglich, aber da ich vom Körper und vom Bewusstsein gelöst bin, bin ich in der Lage, zu Ihnen zu sprechen. Es ist in etwa wie mit dem Ventilator – der Luftzug ist da und das Geräusch auch. Auf gleiche Weise ist der belebende Atem da und das Geräusch (des Atems) strömt ebenfalls aus, aber das alles ist unerträglich … das Leiden muss ertragen werden.

Nehmen Sie irgendetwas wahr, wenn das Wissen „Ich bin" nicht da ist? Wissenheit ist Wissen und Unwissenheit ist ebenfalls Wissen,

aber es hat keine Form. Sie sagen nur dann, dass Sie ein Mann oder eine Frau sind, wenn Sie das Wissen mit dem Körper gleichsetzen.
In der Abwesenheit des Wissens erhebt sich die Frage, ob „ich weiß" oder „nicht weiß" nicht. Wenn Sie verstanden haben, was ich über Wissen gesagt habe, werden Sie sich damit vollkommen identifizieren.
Spontan habe ich erkannt, dass ich aus dem Buch des Bewusstseins abgeschrieben bin. Sie werden sich nicht glücklich fühlen, bis Sie sich selbst durch den Körper schmecken. Der Körper hat nur deshalb Bedeutung, weil die „Ichheit", das Bewusstsein, darin wohnt. Wenn die „Ichheit" oder das Bewusstsein nicht im Körper ist, wird der Körper als Abfall entsorgt.
Nennen Sie das Wissen „Ich bin" Ihr Selbst und nicht den Körper. Normalerweise stellen Ihnen die Gurus das Selbst nicht auf so tiefgreifende Weise vor. Sie werden Sie nur in all die Rituale einführen.
Das Wissen „Ich bin" ist der vorrangige Gott; meditieren Sie nur darauf. Man könnte fragen, warum der Mensch Gott erschaffen hat. Das Konzept eines Gottes ist, dass Gott Ihnen geben wird, was Sie wollen, wenn Sie zu ihm beten. So ein Gott ist großartig. Wir haben die Idee, dass er, wenn wir etwas von ihm verlangen, es uns geben wird.

2. OKTOBER 1980

BESUCHER: Ich möchte das Ego aufgeben, aber ich weiß nicht wie.

MAHARAJ: Welches Maß und welche Farbe hat dieses Ego, das Sie aufgeben wollen? Was haben Sie bezüglich des Egos verstanden?

BESUCHER: Es ist eine falsche Überzeugung des Verstandes.

MAHARAJ: Es ist ein Zwicken in meine Finger, diese „Ichheit", aber alle Schriften, die sechzehn *sastras*, achtzehn *puranas* und vier *vedas* haben ein großes Geschrei gemacht, im Versuch *brahman* zu beschreiben. All die Lobpreisungen sind nur für das winzig kleine

Zwicken „Ich bin“. In dem Augenblick, in dem Sie anfangen, aus dieser „Ichheit“ ein Konstrukt zu machen, geraten Sie in tiefe Wasser.
Dieses Weihrauchgefäß ist silbern, Sie wissen, dass es silbern ist. Welche Gestalt oder Farbe hat dieses Wissen? Wenn alles Wissen formlos ist, kann es dann eine Form oder Farbe für das Wissen „Ich bin“ geben? Kann es Sünde oder Verdienst unterworfen sein?
Im zeitlosen Äther gibt es keine Spur von „Ichheit“.

BESUCHER: Ist es nicht so, dass der *jnani* aus Mitgefühl für die Unwissenden Wissen darlegt?

MAHARAJ: Sagen Sie, was Sie wollen. So etwas wie Mitgefühl gibt es in diesem Zustand nicht (mehr). Ich habe Sie zu dem Zustand angehoben, in dem Sie wissen sollten, dass Sie das Licht von allem sind, und die Liebe zu sein ist darin auch enthalten. Wenn ich Sie dahin führe, warum stellen Sie mir dann eine solche Frage? Woher wissen Sie irgendetwas?

BESUCHER: Durch den Verstand.

MAHARAJ: Nein. Das Wissen erkennt den Verstand, der Verstand kann das Bewusstsein nicht erkennen.
Sie sind vom Schlaf überwältigt, Sie wachen auf – wer erkennt das? Vor dem Verstand ist das wissende Prinzip da. Vor dem Wissen ist das allererste Prinzip, dass das Bewusstsein kennt.
Letzten Endes ist das Wissen aus der Abwesenheit des Wissens geboren, und das Wissen hat die Welt, alle Wesen und alle Dinge überbracht.
Derjenige, der sich auf die Spiritualität einlässt, ist wie kaltes Wasser, das aufs Feuer gestellt wird. Wenn Sie es aufs Feuer stellen, fängt es an Blasen zu schlagen und zu gegebener Zeit fängt es an zu kochen. Die Phase des Kochens entspricht dem *sadhaka*, der die höchste Klasse der Spiritualität betritt; am Siedepunkt möchte er viel sprechen und viele Fragen stellen. Wenn das Feuer ständig weiter brennt, geht das Kochen nach einer Weile in ein Köcheln über. Das ist das Stadium, in dem man spirituelles Wissen erlangt. Werden Sie in der Lage sein, in die Stille zu gehen, nachdem Sie dem Gesagten

zugehört haben? Ich habe da meine Zweifel, weil Sie immer noch Ihren Verstand verhätscheln wollen. Wenn Sie wirklich verstanden haben, was ich gesagt habe, spielt es dann noch eine Rolle, ob Sie Ihren Verstand beglücken oder nicht?

Ich habe Ihnen gesagt, dass Sie derzeit wie die Wärme im Körper sind. Wie was ist *parabrahman*? *Parabrahman* erfährt die Wärme der „Ichheit" in keiner Weise. Wenn Sie verstehen, wird das Rätsel für Sie gelöst sein.

Wenn man zum *jnani* wird, nachdem das verstanden ist, stehen das Bewusstseinsprinzip und der Körper zur Verfügung und werden auch in das gefühlsmäßige Feld involviert sein. Es wird je nach Situation eine völlige Öffnung hin zu Tränen und zur Freude geben. So ein *jnani* wird gefühlsmäßige Äußerungen, die spontan im Bewusstsein und dem Körper-Apparat auftreten, nicht unterdrücken.

Für gewöhnlich nehmen die Leute an, dass ein *jnani* alle emotionalen Ausbrüche unterdrücken sollte. Das ist nicht richtig. Sie haben Ihren Stand im Absoluten und beschäftigen sich nicht mit den Gefühlen und den instinktiven Ausbrüchen des Apparats.

Ein *jnani* nimmt nicht willentlich teil, es passiert spontan, während eine unwissende Person zutiefst dahinein verwickelt ist und alles für real hält. Für den *jnani* ist auch die Wärme nicht wirklich, also ist das, was im Reich der Wärme geschieht, nicht wirklich.

Für einen *jnani* ist alle Verehrung, Zuneigung und Liebe aufgelöst aber was er auch tut, es ist für andere.

4. OKTOBER 1980

BESUCHER: Was unterscheidet meinen Zustand von Maharajs?

MAHARAJ: Für den *jnani* gibt es keinen Unterschied. Der Unterschied taucht im Unwissenden auf, weil er sich mit dem Körper identifiziert. Geben Sie die Identifikation mit dem Körper auf und sehen Sie, was passiert.

BESUCHER: Wie?

MAHARAJ: Ich kann Ihnen nur sagen, „das ist es" – wie es zu

akzeptieren ist, ist mir unfasslich, ich habe dafür keine Arznei. Ich sage es Ihnen, aber Sie müssen es verstehen.

BESUCHER: Ein für allemal: Wenn wir seine Worte wörtlich nehmen, ist das alles, was nötig ist?

MAHARAJ: Ja. Daran gilt es festzuhalten, aber welches ist das Instrument, mit dem Sie es ergreifen werden? Es ist weder der Körper, noch der Verstand oder die Intelligenz.

BESUCHER: Der Wille?

MAHARAJ: Alle Anstrengungen, die Sie unternehmen, werden Sie in größere Schwierigkeiten bringen. Deshalb existieren Sie für dieses Wissen – um das Wissen anzunehmen, nicht die Pseudoidentität. Behalten Sie das, was Sie von mir gehört haben, als wahr im Verstand und dann handeln Sie auf eine Weise, die spontan erscheint.

Mein Guru sagte mir, dass ich zeitlos bin, raumlos, ohne Eigenschaften. Dann entschied ich: Warum sollte ich noch Angst haben, wenn das der Fall ist? Wer ist derjenige, der Angst haben kann? Nehmen wir an, Sie begegnen einem Tiger. Der Tiger wird Sie in jedem Fall fressen, daher gibt es die Möglichkeit, dass der Tiger wegrennt, wenn Sie ihn attackieren, also warum nicht die Chance nutzen? Warum versuchen Sie nicht, sich vom Körper zu desidentifizieren? Ihre Unzufriedenheit und Angst sind ausschließlich auf die Identifikation mit dem Körper zurückzuführen. Versuchen Sie, sich selbst allmählich vom Körper zu desidentifizieren.

Das ist eine einfache Sache. Der Tod ist unvermeidlich, warum akzeptieren Sie also nicht, was der Guru Ihnen gesagt hat – dass der Tod etwas ist, das sich auf DAS, was Sie sind, nicht auswirken kann? Diese Identifikation mit dem Körper ist zeitlich begrenzt; warum trennen Sie sich selbst nicht jetzt davon?

Wie viele von Ihnen werden sich an meine Worte erinnern und sie verstehen? Egal, welche Angst Sie haben, sie ist an die Erinnerung geknüpft, an Konzepte, Hörensagen. Solange Sie sich an irgendwelchen Konzepten oder Erinnerungen festhalten, wird Sie die Angst nicht verlassen. Schützen Sie diese Angst nicht – geben Sie sie auf, lassen Sie sie gehen. Können Sie das?

Sie haben aufgenommen, was Sie von mir gehört haben, aber letztendlich muss das, was angesammelt wurde, aufgegeben werden. Es muss verstanden werden, verwendet und dann aufgegeben.

BESUCHER: Maharaj sagt, dass alles spontan geschieht, aber wir sind es gewohnt zu denken, dass alles jemanden braucht, der es beginnt, der es kontrolliert. Ohne diese kontrollierende Autorität ist es schwer sich vorzustellen, dass etwas funktioniert.

MAHARAJ: Im Stadium der Dualität muss es diese Idee geben, ansonsten kann es keine Konzepte oder Aufgaben geben, das ist die Grundlage der Manifestation. Wenn das Wissen schlussendlich mit Wissen verschmilzt, verschwindet der Suchende. Dann ist da niemand mehr, um Fragen zu stellen.
Was gesagt worden ist und was gehört worden ist, ist an die Zeit gebunden – von einer bestimmten Zeit bis heute – aber DAS, was wir sind, ist völlig von dem getrennt, was an die Zeit gebunden ist.
Ich kann die Zeitdauer verstehen und messen, daher muss ich ganz offensichtlich von dieser Dauer getrennt sein.

8. OKTOBER 1980 (morgens)

MAHARAJ: Alles Wissen steht durch den Körper zur Verfügung. Aber das Wissen, das ein Resultat des Nahrungskörpers ist, ist nicht, wer Sie sind.
Das Seiende ist selbst die Liebe. Es ist überaus natürlich und weil ich mich selbst liebe, liebe ich alle anderen. Die Quelle meiner Liebe für andere entspringt der Liebe zu sein.
Das Nichtmanifeste wird durch den wachen, dynamischen, offenbaren Geist manifestiert. Die Ehefrau ist nicht dem Ehemann hingegeben, sie ist an die Liebe zu sein hingegeben.
Sie haben das innige Bedürfnis, in diesem Körper zu leben, aber Sie müssen diesen Körper loswerden. Sie müssen Ihren Körper auf dieselbe Weise loswerden, wie Sie Delikatessen essen, um Sie am nächsten Tag als Fäkalien auszuscheiden. Mein Zustand ist der des vollständig offenbaren Bewusstseins und der Ausdruck des Körpers

ist lediglich die Substanz und Summe des belebenden Atems, die Sprache des belebenden Atems (die Worte) und die Liebe des Selbst.

Es gibt kein anderes Ding, wie etwa *paramatman* außer „Ich-Liebe". Wer will in dieser Ekstase auf den Körper schauen? Der Körper wird irrelevant. So viele Namen sind dafür verwendet worden, aber es ist nur … diese Liebe für das Selbst.

Immer, für immer, hat sich Ihre Wissenheit bewegt, aber Sie haben sie auf Ihren eigenen Körper begrenzt und daher töten Sie sie. *paramatman* ist nicht *maya*, es ist Ihre wahre Natur.

BESUCHER: Was sollte man bezüglich seiner täglichen Pflichten tun?

MAHARAJ: Sie sollten Ihre Pflichten erledigen – die Pflichten sind nicht persönlich, sie sind manifestes Bewusstsein und gehören allen an.

Versuchen Sie, sich selbst als manifestes Bewusstsein in die Unendlichkeit zu expandieren. Es gibt keinen anderen Gott als Sie.

Eines Tages wird der Körper tot umfallen; die Leute denken, dass Tod vollständig unmanifestiert bedeutet aber das ist nicht so. Wenn etwas verbraucht oder erschöpft ist, wird es mehr, es wird offenbar.

Sri Krishna sagte: „Ich reinkarniere mich in jedem Äon", aber ich sage, dass ich mich jeden Augenblick ausdehne. Immerfort werde ich hervorgebracht, ich dehne mich jeden Augenblick mehr und mehr aus.

Niemals suche ich etwas bei einem anderen. Was immer ich haben will, möchte ich aus meinem eigenen Sein bekommen. Ich verehre ebendieses „Ich bin" Prinzip und verlange, was ich möchte, aus dem; aufgrund dessen kommen all die Dinge.

Seine Majestät der Kaiser hat sich schlafen gelegt – das bedeutet nicht, dass er tot ist. Sie sind nicht in der Lage, dieses Wissen zu realisieren, weil Sie am Körper hängen. Nur ein selbstrealisierter Guru kann Sie anleiten.

Ohne das Körperempfinden bin ich makellos, total, vollständig. Sie werden nicht in der Lage sein, meine Worte zu fassen.

8. OKTOBER 1980 (abends)

MAHARAJ: Was ist der Grund für Wachzustand, Schlaf und „Ichheit"?

BESUCHER: Die Chemikalie.

MAHARAJ: Wenn Sie das Wort „Chemikalie" äußern, halten Sie sich dafür?

BESUCHER: Ich habe diese Chemikalie gründlich untersucht und bin das nicht. Alles ist darin enthalten, aber ich bin es nicht.

MAHARAJ: Ebenso wie die Flamme die Eigenschaft des brennenden Gases ist, ist die Erfahrung des Wachzustandes, des Tiefschlafs und des Wissens aufgrund der Chemikalie da; es sind nicht Ihre Eigenschaften.
Der Chemikalie sind verschiedene Namen gegeben worden, *mulamaya*, *sutra pradam*, etc. Das alles ist Illusion. Es gibt keinen Gott, keine individuelle Seele, nichts dergleichen.
Die grundlegende Illusion drückt sich durch Selbstliebe aus, Liebe für das Sein. Sie erwachen aus dem Tiefschlaf; auf ähnliche Weise verbleibt der Schüler, der die Worte des Gurus für endgültig hält, seinen Worten folgt und dementsprechend handelt, wie das. Letzten Endes erlangt er das Wissen des Selbst. Gerade wie Sie, wenn Sie aus dem Tiefschlaf aufwachen, das Wissen der „Ich Liebe" erhalten; Selbstliebe, sie verschmilzt unwissentlich mit *parabrahman*. Wenn Sie meditieren, sollten Sie mit der Selbstliebe eins sein – da sollte es keine Dualität geben.
Das Hauptproblem mit jenen *jnanis*, die das Wissen auf intellektueller Ebene haben, ist ihre Verhaftetsein mit ihren Beziehungen und ihrem Besitz.
Niemand stirbt, der Tod bedeutet „erledigt". Beispielsweise wird ein Tropfen Wasser unendlich, wenn er verdunstet. Es gibt für nichts einen Tod, alles endet, um unendlich zu werden.
Purusha ist das Prinzip, von dem alles ausgeht, die gesamte Manifestation; es ist die Unterstützung für alles. Wenn Sie etwas verstehen, müssen Sie dazu werden; um Gott zu verstehen, müssen Sie Gott werden. Um das *Purusha*-Prinzip zu verstehen, müssen Sie es sein.

BESUCHER: Maharaj sprach vorhin von Anhaftungen, was ist mit der Anhaftung an den Guru? Ich habe festgestellt, dass alle anderen Anhaftungen verschwunden sind, aber diese ist geblieben.

MAHARAJ: Was meinen Sie mit „Anhaftung an den Guru"? Sie und der Guru sind eins, nicht zwei.

BESUCHER: Wie kann ich das, was Maharaj sagt, befolgen, wo ich mich um so viele Dinge zu kümmern haben – Familie, etc.?

MAHARAJ: Ihr Bewusstsein allein kümmert sich um alles; betrachten Sie Ihr Bewusstsein als Gott. Das erste, was Sie nach dem Aufwachen tun ist, auf dieses Bewusstsein, auf die „Ichheit" zu meditieren. Ehren Sie das Bewusstsein eine Zeit lang, bevor Sie Ihren täglichen Beschäftigungen nachgehen. Bevor Sie nachts einschlafen, verweilen Sie wieder in diesem Bewusstsein, der „Ichheit". Seien Sie daran hingegeben und schlafen Sie so gestimmt ein.
Das Bewusstsein, dass auf das Selbst meditiert – das Selbst wird Ihnen offengelegt. Die Leute verehren so viele Götter, aber diese Götter sind nichts als Konzepte, die dem Verstand erschienen sind.
Die Leute sagen, dass sie sich selbst retten wollen – was retten? Was versuchen Sie zu retten?
All Ihr Wissen wird hier aufgelöst, deshalb können Sie nicht stolz darauf sein, ein *jnani* zu sein, wenn Sie von hier weggehen.

14. OKTOBER 1980

BESUCHER: In spüre, dass es in der Gegenwart Maharajs keine weiteren Fragen gibt.

MAHARAJ: Sie spüren, dass die Zweifel vertrieben sind, trotzdem ist der Tag noch weit, warten Sie einfach.

BESUCHER: Kann uns Swamiji etwas empfehlen, damit wir uns ewiger Glückseligkeit erfreuen?

MAHARAJ: Ich habe ein sehr einfaches Heilmittel: Ich bin nicht der Körper. Wenn die Welt wirklich wäre, hätte es eine Behandlung

geben können – aber sie ist nicht wirklich. Was Sie auch tun, es ist nutzlos. Trotz aller Bemühungen sehen Sie überall Chaos. Sie können das nicht anhalten – es ist im ständigen Wandel begriffen, und das alles ist unwirklich.
Haben Sie sich durch das Hören meiner Worte Wissen angeeignet und gehortet oder ist das Wissen, das Sie hatten, aufgelöst worden?

BESUCHER: Es ist aufgelöst worden. Kann ich Maharaj zu mir nach Hause tragen?

MAHARAJ: Ich bin wie die Stadt Mumbai; können Sie Mumbai mit nach Hause nehmen? Die Erfahrung der Welt geschieht Ihnen spontan, nicht aufgrund Ihrer Bemühungen. Selbst das Verstehen des Gurus muss Ihnen spontan passieren. Nichts wird anhalten – der ganze Prozess geht ohne Ihre Anstrengung weiter – so viele Körper werden erschaffen und sterben. Für den Fortgang der Welt geschieht bereits alle Tätigkeit. Der Prozess der Erschaffung von Millionen Körpern geht im Raum bereits vor sich. Aus dem Unkraut ist das Korn hervorgegangen. In diesem Korn ist die „Ichheit" latent anwesend. Die telefonische Mitteilung: „Hallo, ich bin, hallo, ich bin", ist bereits im Korn der Nahrung. Sie können nur dann etwas zerstören, wenn Sie es aus eigener Anstrengung erschaffen – aber diese Kreation ist nicht Ihre Leistung.

15. OKTOBER 1980

BESUCHER: Es gibt viele Augenblicke in meinem Leben, die ich nicht mag und ändern möchte.

MAHARAJ: Sie können mit der Situation kämpfen, aber Sie sind nicht die Situation.

BESUCHER: Wenn man beginnt, den Verstand zu beobachten, erkennt man, dass man abseits des Verstandes steht und dass man nicht in den Kampf des Verstandes verwickelt werden möchte. So wird die Spannung natürlicherweise weniger.

MAHARAJ: In diesem Prozess bleiben Sie als Individuum in keinster Weise übrig. Versuchen Sie zu verstehen, dass das „Ich bin“ ein Produkt des *sattva guna* ist, ein Produkt der Nahrungsessenz.
Die Spannung besteht im Kampf zwischen dem stillen Zeugen und der Welt. Der Kampf fing an, als die Worte begannen aus dem Bewusstsein zu strömen. Die Worte sind aus Ihnen hervorgekommen und Sie haben diese Worte umarmt; Sie wurden zum Verfechter der Bedeutung der Worte, die aus Ihnen hervorgekommen sind.
Sie haben einen riesigen Haufen Konzepte und Worte. Um sie loszuwerden, benutzen Sie andere Konzepte. Wenn Sie alle Konzepte rauswerfen, einschließlich Ihres grundlegenden Konzepts, dann ist das, was ist. Bleiben Sie in der Stille.

BESUCHER: Sind Worte notwendig, oder ist es einfach die Präsenz von Maharaj?

MAHARAJ: Kein Zweifel, der Umgang mit einem Weisen ist der Realisation förderlich, trotzdem müssen darauf Fragen und Antworten folgen. Es gibt immer einige Zweifel, die vom Verstand herkommen. Solange nicht alle Spuren des Verstandes beseitigt sind, müssen Sie sie durch Worte ausräumen.

BESUCHER: Wenn jetzt Gedanken aufkommen, wende ich mich einfach ab. Ich halte sie unmittelbar an.

MAHARAJ: Wenn Sie das können, in Ordnung, aber wenn sie fließen, lassen Sie sie fließen.

BESUCHER: Nicht in die Gedanken verwickelt zu sein – ist das genug?

MAHARAJ: Ja, nur darum geht es und alles, was zu passieren hat, wird passieren; Sie haben ebendieses Tun aufgegeben.

BESUCHER: Also ist es nicht mehr notwendig zu versuchen, sich zu verändern und besseres zu tun?

MAHARAJ: Wenn Sie nicht mehr an Gedanken hängen, sind Sie keine Person mehr.

BESUCHER: Das ängstigt mich ein bisschen. Alles kann passieren – ich kann verrückte Sachen machen.

MAHARAJ: Das ist ein gewöhnliches Stadium, alle gehen da durch. Angst ist eine Eigenschaft des Verstandes und der Verstand möchte sich selbst nicht verlieren.
Rezitieren Sie das *nama-mantra*, halten Sie sich an das *mantra*, denn das ist eine Phase, in der der Verstand alle Unterstützung verliert, deshalb geben Sie ihm Unterstützung durch das *mantra.*

BESUCHER: Die Dinge, die ich an mir selbst nicht mag, sind genauso von einem Gedanken abgeleitet, also kann ich sie auch gehen lassen?

MAHARAJ: Ja. Sagen Sie nicht „an mir selbst", das ist auch ein Gedanke.

BESUCHER: Also, letzten Endes ist es ganz einfach so: Es geht nur darum, die Gedanken loszuwerden – das ist wahr.

MAHARAJ: Das ist kein kleines Werk. Sie mögen sich gedankenfrei fühlen, aber an einem Punkt werden die Gedanken ganz plötzlich zuschlagen. Viele sogenannte Weise hatten dennoch ihren Fall, obwohl Sie den gedankenfreien Zustand erreicht hatten.

17. OKTOBER 1980

MAHARAJ: Sein Sie einfach wie Sie sind, stellen Sie sich nichts vor, machen Sie sich keine Bilder. Ihr Körper und Ihr Bildnis haben sich während Ihres Lebens ununterbrochen verändert und keiner dieser Eindrücke ist dauerhaft geblieben.
Nach fünfundzwanzig Jahren gibt Ihr Körper sein Bild auf und nimmt das einer älteren Person an; später wird auch dieses Bild gehen. Wenn diese Bilder echt gewesen wären, wären sie geblieben; sie sind nicht wirklich. Das „Ich bin" Prinzip hat keine Form, keine Farbe, keine Gestaltung. Aufgrund der Gestaltungen genießen und leiden wir, aber nichts ist wirklich; alle Erfahrungen sind unwirklich. Ob Sie lachen oder weinen – es ist nur der Eindruck in diesem

Augenblick. Im nächsten Augenblick wird er sich ändern. Manche sind sehr gut im Weinen, Heulen, Jammern, nur für diesen Augenblick.
Solange es den Körper gibt, wird diese vorübergehende Show da sein und sich ständig verändern und schließlich wird ebendieses Bewusstsein, durch das die Welt wahrgenommen wird, aufhören. Die Tage des Körpers und Bewusstseins sind gezählt.

BESUCHER: Werde ich erneut geboren, wenn ich es nicht ganz geschafft habe, bevor ich sterbe?

MAHARAJ: Wenn Sie mit dem Konzept gehen, wird das Konzept eine weitere Geburt erfahren. Sie wissen nicht, welche Form das Konzept annehmen wird.
Nur die Person wird mich besuchen, deren Schicksal sich vollkommen erschöpft hat. Nichts von diesem Schicksal wird zurückbleiben. Sie sind eine Frau aus einem weit entfernten Land, warum sollten Sie diesen Platz aufsuchen? Weil Ihr Schicksal vollkommen ausgelöscht ist.

7. NOVEMBER 1980

BESUCHER: Bewusstsein ist zeitgebunden, also ist, was immer ich bin, auch an die Zeit gebunden, oder gibt es da etwas, das ewig ist?

MAHARAJ: Solange der Körper vorhanden ist, sind Sie dieses Bewusstsein. Aber wenn Körper und Bewusstsein gehen, sind Sie der ursprüngliche Zustand, über den all das als eine vorübergehende Phase gekommen ist. Ihr ursprünglicher Zustand ist unveränderlich und dauerhaft.
Die Schwierigkeit entsteht, weil Sie alle nach DEM suchen und vergessen, dass DAS ist, was Sie sind. Sie, als das Subjekt, suchen sich als Objekt. Sie sind, was Sie suchen.
In dem Augenblick, in dem es eine Haltung gibt, ist da Angst. Wer die Haltung des Suchers angenommen hat, wird sich verpflichtet fühlen, den traditionellen Praktiken der Suchenden zu folgen – und den Beschränkungen.

Welche Absicht hat das, was ich sage? Es ist ein direkter Angriff auf die Identifikation mit dem Körper-Verstand. Solange diese Identifikation da ist, werden meine unmittelbaren Angriffe weitergehen. Sobald die Desidentifikation mit dem Körper-Verstand stattfindet, wird sich *brahman* mit gefalteten Händen zu Ihren Füßen setzen.

BESUCHER: Findet diese Desidentifikation plötzlich oder allmählich statt?

MAHARAJ: Das hängt davon ab, wie Sie darauf schauen. Wenn Sie darauf warten, wird es allmählich sein; wenn der letzte Schritt getan ist, ist es plötzlich. Wenn es passiert, werden Sie die Identität des Manifestierten und des Nichtmanifestierten realisieren; sie sind eins, da ist kein Unterschied.
Wahres Wissen kann sich erst ergeben, wenn alle möglichen Konzepte aufgegeben worden sind. Und es kann nur von Innen kommen.
Parabrahman hat keinen Anfang und kein Ende. ES ist ewig, während das Bewusstsein zeitgebunden ist – es hat einen Anfang und ein Ende.
So wie Sie morgens aufwachen und herausfinden, dass Sie sind, so ähnlich ist das passiert. Weil ich bin, bin ich aufgewacht. Wenn ich nicht wäre, wie hätte ich da aufwachen können?
Parabrahman findet heraus, dass ES ist. Durch das Bewusstsein weiß *parabrahman*, dass ES ist. *Parabrahman* ist Ihr ewiger Zustand. Sie können ihn nicht erinnern, weil Sie ihn nicht vergessen haben. Es ist Ihre tägliche Erfahrung, Sie wissen das. Da ist Bewusstsein, die Frage nach „Ich" stellt sich nicht. ES ist.
Die Lebenskraft befindet sich in ruhender Verfassung im Korn. Verstehen Sie die Lebenskraft und schreiben Sie sie keiner Form zu. Das Seiende ist nichts, wovon Sie eine Handvoll erfassen können, es ist offenbar – wie Raum, es ist überall.
All die tiefgreifenden Gespräche sind nichts als mentale Unterhaltung. Wenn Sie tiefer in die Spiritualität einsteigen, werden Sie erkennen, dass das „Ich bin" der Gott oder die Seele einer unendlichen Anzahl von Universen ist, aber dieses „Ich bin" ist wiederum Unterhaltung. Alle meine Worte sind konzeptionelle Unterhaltung.

10. NOVEMBER 1980

MAHARAJ: Bis zu welchem Punkt in der Vergangenheit kann meine Erinnerung reichen? Ich war ein kleines Kind und ich erinnere mich daran, auf den Schultern von jemandem zu sitzen, einer älteren Person. Er nahm mich mit auf einen Berg und ich konnte den Sonnenaufgang sehen – das ist mein erster Eindruck.

Haben Sie auch nur einen Gedanken darauf verwendet? In welchem Alter haben Sie das Wissen bezüglich Ihres eigenen Körpers erhalten? Angenommen, Sie haben im Alter von vier Jahren angefangen, sich selbst zu kennen – was auch immer vor Ihrem vierten Lebensjahr passiert ist, fand ohne Ihr Wissen statt und es gibt davon keine Aufzeichnung in Ihrer Erinnerung. Sie haben durch andere von Dingen gehört, die passiert sind, aber Sie selbst wissen es nicht unmittelbar. Da ist eine Narbe und es wird gesagt, dass Sie von jemandem gebissen wurden, aber daran gibt es keine Erinnerung. So vieles ist passiert, bevor es das Kind wusste.

In den ersten paar Jahren war das primäre Konzept „Ich bin" nur in latenter Form vorhanden. Später hat es sich selbst kennengelernt.

Der Zustand des *jnani* ist wie der Zustand des Kindes, als das Kind sich selbst nicht kannte. Der Apparat, durch den sich das Wissen selbst ausdrückt, ist jetzt ganz anders, aber das Prinzip ist dasselbe.

Die *jnanis* drücken sich auf verschiedene Art aus. Ramana Maharshi trug nur einen Lendenschurz, nur gewaschen, nicht gebügelt – aber hier, ich möchte, dass es keine Falten gibt, sehr sauber und ordentlich.

Es gab einen anderen Weisen, der sich seines Körpers nicht bewusst war; er war gewohnt nackt umherzulaufen. Lord Krishna war genauso up-to-date, wie ich, und sehr gut gekleidet. Die Leute verlieren sich in den Äußerlichkeiten des *jnani* und versuchen, diese zu imitieren, statt zum vorstehenden Prinzip zu kommen.

Jetzt kenne ich den allerersten Augenblick von Grund auf, ich weiß, was Geburt ist, ich weiß alles und dennoch – könnte ich willentlich in die Geburt eintreten? Welche Täter- oder Autorschaft habe ich, um einzutreten oder nicht einzutreten, oder um irgendetwas zu entscheiden? Wenn ich sage, dass ich das Wissen meiner Geburt habe, weiß ich dann wirklich direkt, was sich in diesem Augenblick ereignet hat? Das ist alles konzeptionelles Wissen; genauso, wie alles Wissen seitdem konzeptionell ist.

11. NOVEMBER 1980

MAHARAJ: Es wimmelt überall von Weisen und Heiligen, aber Sie streben immer noch danach, zu sein, sie würden ihr Sein gern fortsetzen.
Wie lange sollte ich den Wachzustand und Tiefschlaf fortsetzen, Wachzustand, Tiefschlaf? Solange der Ablauf andauert, wird das Wissen vorherrschen. Sind Sie jemandem begegnet, der vom Wachzustand und Tiefschlaf genug hatte? Im Wachzustand führen Sie eine Menge Aktivitäten aus und wenn Sie müde sind, schlafen Sie ein. Welchen Vorteil hat dieser ständige Ablauf?

BESUCHER: Es wird gesagt: „Selten würdigt jemand die Fertigkeit Gottes." Was ist das für eine Fertigkeit?

MAHARAJ: Wo ist dieser Gott? Wenn Sie irgendeine Fertigkeit untersuchen wollen, untersuchen Sie die Fertigkeit Ihrer Eltern.
Sie haben einen Gott erschaffen, weil Sie um etwas betteln wollen, das nennen Sie Spiritualität.

BESUCHER: Ich glaube nicht an diese Art Gott. Ich glaube, dass Gott der Hauch von „Ichheit" ist, wie Maharaj es sagt.

MAHARAJ: Wenn Sie das, was ich gesagt habe, wirklich verstanden und verdaut hätten, würden Sie hier keinen Fuß mehr reinsetzen.

BESUCHER: Wenn ich verstanden habe, was Sie gesagt haben, dann gibt es für mich keine Notwendigkeit mehr zu kommen – das stimmt – aber lassen Sie mich fragen, faktisch ist es wie …

MAHARAJ: Was meinen Sie mit Fakten?

BESUCHER: Was soll ich tun, um eben das zu verstehen?

MAHARAJ: Tun Sie, was Sie nicht tun können.
Diese Welt *mayas* besteht nur aus Konzepten. Ich kann die Welt, die

mir Schmerzen bereitet, nicht anklagen. Der ganze Grund für diesen Schmerz liegt im Wissen „Ich bin". Waren irgendwelche Schmerzen oder Freuden vorhanden, als dieses Wissen nicht da war?
Wenn Sie Gott begegnen wollen, tauchen Sie tief in Ihr eigenes Selbst ein; das ist die Schatzkammer von allem.

BESUCHER: Wie kommt es zum Traumzustand?

MAHARAJ: Im Tiefschlaf gibt es einen scheinbaren Wachzustand, in dem die „Ichheit" spürt, dass sie selbst aufwacht und eine Traumwelt kreiert.
Sie wissen sehr genau, wie Sie in diese Unordnung geraten sind. Untersuchen Sie das und sein Sie still.
Nachdem Sie meinen unbändig virulenten Worten zugehört haben, kommen Sie morgen vielleicht nicht wieder, das macht nichts. Ich sagen Ihnen wieder und wieder: Sie können immer wieder um die Welt rennen, aber niemand wird Ihnen das Wissen geben. Weichen Sie in Ihr eigenes Selbst zurück. Geben Sie sich Ihrem eigenen Sein hin. Das allein wird Ihnen all das Wissen vermitteln, das notwendig für Sie ist – niemand sonst kann das. Sie untersuchen das nicht, Sie folgen blind den spirituellen Ritualen.
Wo Sie auch sind, sein Sie ehrlich, sein Sie nur Ihrem Sein hingegeben.

23. NOVEMBER 1980

BESUCHER: Findet das Bezeugen durch DAS statt, was vor dem Bewusstsein liegt, oder bezeugt sich das Bewusstsein selbst?

MAHARAJ: Überqueren Sie die Brücke, wenn Sie zu ihr kommen. Sorgen Sie sich nicht um das Prinzip, das vor dem Bewusstsein liegt, sein Sie einfach das Bewusstsein.

BESUCHER: Sind Götter nur Konzepte?

MAHARAJ: Götter bedeuten nichts als Bewusstsein. Erfassen Sie in der Abwesenheit des Bewusstseins was Sie können.

BESUCHER: Wir sind nicht in der Lage, den Zustand des *jnani* zu verstehen. Wenn der *jnani* eins mit dem Absoluten geworden ist, wo ist dann der Bereich für die Darstellung des Bewusstseins? Wir verstehen nicht, wie ein *jnani parabrahman* sein kann und dabei trotzdem hier ist.

ÜBERSETZER: Ein *jnani* kann das Bewusstsein transzendieren und bei Bedarf das Absolute sein; er kann ins Bewusstsein kommen, weil dieser bestimmte Körper immer noch verfügbar ist – durch den Körper findet die Kommunikation mit den Wesen im Bewusstsein statt.

Das Beispiel, das in unseren Schriften gegeben wird, geht in etwa so: Da ist ein Ozean und Wasser des Ozeans ist in einem Topf. Jetzt wird der Topf in den Ozean getaucht. Der Topf ist immer noch da, aber das Wasser im Topf vermischt sich mit dem Wasser des Ozeans, so dass das Wasser keinen Unterschied spürt. Aber das Wasser im Topf kann auch den Topf bezeugen. Es hat den Vorteil, eins mit dem Absoluten zu sein und auch den Körper zu nutzen. Durch dieses Beispiel bin ich in der Lage, zu verstehen, wie der Zustand eines *jnani* in etwa sein mag.

MAHARAJ: Verstehen Sie das Seiende und alles wird gelöst sein. Das alles ist Ihre Spekulation über den Absoluten Zustand aus einem gröberen Zustand heraus. Gegenwärtig ist es wie eine Reklametafel, die auf *parabrahman* hinweist. Das Wort *parabrahman* ist nicht *parabrahman*.

Sie sind es gewöhnt, Fragen zu stellen. Ihnen werden ein paar Worte hingeworfen, Ihnen werden ein paar Konzepte gegeben und schon sagen Sie, dass Sie verstehen.

Das einzige Thema meiner Ausführungen sind Sie – Sie wissen, dass Sie sind. Woher und wodurch wissen Sie, dass Sie sind? Nur darüber spreche ich.

Sie haben keine Befehlsgewalt über das Bewusstsein, es ist von selbst gekommen und es wird von selbst gehen. Sie können damit nichts anstellen.

BESUCHER: Dann ist die ganze Idee der Kontrolle bedeutungslos?

MAHARAJ: Ja. Sie haben absolut keine Gewalt darüber.

BESUCHER: Der Grund wird uns unter den Füßen weggerissen.

MAHARAJ: All Ihre spirituellen Momente basieren auf der „Ich bin der Körper“ Idee. Das Wissen „Ich bin“ wird von kurzer Dauer sein.

BESUCHER: Was ist mit denen, die sagen, dass Sie die Inkarnation von diesem oder jenem sind? Sind das einfach nur Ideen?

MAHARAJ: Das wird Ihnen vollkommen klar sein, wenn Sie in Ihrer wahren Position verbleiben. Bis Sie Ihren wahren Zustand erkennen, werden Sie alles Hörensagen akzeptieren, weil Sie die Wahrheit nicht kennen.
Sie müssen nicht in den vorherigen Zustand gehen. Gegenwärtig, was Sie sind – das zugrundeliegende Konzept – schlagen Sie es aus. Wenn Sie es ausschlagen, steht das offen, was Sie vor dem Konzept sind. Normalerweise wird ein *jnani* das einem Sucher nicht so detailliert erklären.
Sie haben die Lehre von Ramana Maharshi gründlich studiert. Sind Sie diesem Aspekt in seiner Lehre begegnet?

BESUCHER: Je mehr ich Maharaj zuhöre, desto mehr verstehe ich die Lehre von Ramana Maharshi.

MAHARAJ: Haben Sie Ramana Maharshi verstanden?

BESUCHER: Ich kann es nie verstehen, weil er das Absolute ist und kein Objekt, das verstanden werden kann. Ich bin auch kein Objekt.

MAHARAJ: Ja. Ramana Maharshi ist das Absolute, Sie sind ES auch. Das Absolute kann nicht in das Reich Ihrer Erfahrungen eingesperrt werden. Sind Sie davon überzeugt?

BESUCHER: Ja.

MAHARAJ: Warum ist mir dieses Sein geschehen? Aus welchem Grund? Sie müssen von Grund auf verstehen, was das ist.

BESUCHER: Welchen Sinn hat es, zu versuchen, Antworten auf solche Fragen zu finden? Ist es für mich nicht ausreichend zu wissen, dass ich bin, dass mein Sein aufgetaucht ist und wieder verschwinden wird? Warum muss ich das alles wissen?

MAHARAJ: Sie müssen wissen! Das Wissen ist das Resultat von was? Die Eigenschaft wovon?

BESUCHER: Es ist eine Eigenschaft der Nahrung.

MAHARAJ: Oh ja, aber wann lernen Sie es kennen?

BESUCHER: Das ist nicht meine Erfahrung.

29. NOVEMBER 1980

BESUCHER: Dieses, was ich bin – und das Bewusstsein, das zeitgebunden ist – welche Beziehung besteht da?

MAHARAJ: Was ist das Konzept „Ich“, zu dem Sie eine Beziehung finden möchten? Das ist genau der Punkt, an dem das Missverständnis entsteht.
Im Konzept von Raum und Zeit liegt die vollkommene Offenbarung, darin nehmen Sie an, etwas Getrenntes zu sein. Es gibt nichts Getrenntes, Sie sind Teil der Arbeitsweise der Manifestation an sich. Als Absolutes bin ich zeitlos, unendlich, und ich bin Bewusstheit, ohne mir der Bewusstheit bewusst zu sein. Als Unendlichkeit drücke ich mich selbst als Raum aus, zeitlos drücke ich mich als Zeit aus. Solange es keinen Raum und keine Dauer gibt, kann ich mir meiner selbst nicht bewusst sein. Wenn Zeit und Raum vorhanden sind, ist Bewusstsein vorhanden. Darin findet die gesamte Manifestation statt und so kommen verschiedene Phänomene ins Sein.
Ich für MICH selbst, Bewusstheit, steige ins Bewusstsein hinab und in diesem Bewusstsein drücke ich MICH selbst auf mannigfaltige Weise aus, in unzähligen Formen. Das ist der springende Punkt, der Rahmen der Manifestation; darin stellt sich die Frage nach Individualität nicht.
Was ist das? [Hält eine Tüte mit Äpfeln hoch.] Zwischen diesen

Früchten, einer Ziege und einem Menschen gibt es keinen Unterschied. Alle drei sind Nahrung.
Alles Erschaffene, jede Kreatur ist aus den fünf Elementen gemacht und das Verhalten jeder einzelnen Kreatur hängt von der Kombination der drei *gunas, sattva, rajas, tamas* ab. Die Frage, für etwas verantwortlich zu sein, das in der Welt passiert, stellt sich nicht. Man leidet nur, wenn man die Verantwortung übernimmt.
Das Bewusstsein, präsent zu sein, die fünf Elemente und die drei *gunas*, das ist die Summe der universellen Manifestation.
In Ihrem ursprünglichen Zustand gibt es keine Bewusstheit der Bewusstheit und daher keine Frage des Wissens. Das Wissen kommt erst mit dem Auftauchen des Körpers und des Bewusstseins. Dieses Wissen ist tatsächlich Unwissenheit, und egal welches Wissen darauf basiert, das ist auch Unwissenheit.
Sie praktizieren seit vielen Jahren Spiritualität, was haben Sie in der Hand?

BESUCHER: Ich bin Bewusstsein, das ist mein Gewinn.

MAHARAJ: Ist dieser Gewinn dauerhaft? Ist das Ihre wahre Natur?

BESUCHER: Ich identifiziere mich mit der gesamten Manifestation.

MAHARAJ: Passiert all das nicht erst, nachdem Sie das Bewusstsein erhalten haben? Gehen Sie zu dem Zustand zurück, bevor das Bewusstsein über Sie gekommen ist.
Zuerst identifizieren Sie sich mit dem Körper, dann identifizieren Sie sich mit dem Bewusstsein, nach einer Weile sind Sie weiterhin Bewusstsein, denken aber, dass Sie ein *jnani* geworden sind, das ist die Falle. Im Bewusstsein zu sein, selbst das ist zeitgebunden. Der ursprüngliche Zustand besteht, bevor das Bewusstsein über Sie gekommen ist. In einem Fall wurde das Wissen gegeben und verstanden und so wurde die Person DAS in einem Tag; jemand anders brauchte tausend Jahre und erreichte auch den Zustand. Macht das einen Unterschied?
Was ursprünglich etwas war, das ich liebte, ist jetzt etwas, was ich nicht mehr will, weil ich mir meiner wahren Natur bewusst bin. Ich

brauche dieses Bewusstsein nicht mehr, nicht mal für fünf Minuten. Am Ende Ihres Lebens werden Sie bereit sein, fünfhunderttausend Rupien zu zahlen, um Ihr Leben auch nur um fünf Minuten zu verlängern. Ich bin nicht einmal bereit, eine Rupie zu geben. Ich habe alle Liebe für die manifeste Welt verloren.

...

Sie müssen das Wissen „Ich bin" in Ordnung halten. Ich zanke mit meinen Leuten, wenn Sie diese Utensilien nicht auf angemessene und einwandfreie Weise in Ordnung halten. Angenommen, dieses Handtuch bleibt ungewaschen zurück – dann werde ich demjenigen, der dafür verantwortlich ist, die Hölle heißmachen. Aller Schmutz, der nicht das Handtuch ist, muss beseitigt werden. Genauso ist das „Ich bin" das Werkzeug, durch das Sie alles Wissen erlangen. Verehren Sie das „Ich bin" und entfernen Sie die Verfälschungen, den Schmutz.

BESUCHER: Wie wird die „Ichheit" geehrt?

MAHARAJ: Das Wissen allein weist auf den ganzen Schmutz hin, der über es gekommen ist. Selbst der Raum ist nicht so rein wie das Wissen „Ich bin". Von Natur aus ist die Welt sehr rein; sie wird durch die Identifikation mit dem Körper schmutzig wiedergegeben. Da Sie Ihre „Ichheit" in all ihrer Reinheit nicht wahrnehmen, berufen Sie sich auf verschiedene Bücher und Weise, um eine Identität zu erhalten.

BESUCHER: Ich habe Angst, mein Sein, meine Existenz zu verlieren.

MAHARAJ: Warum sich Sorgen machen? Selbst *parabrahman* kennt sich selbst nicht. Wenn wir zu dem Schluss kommen, dass Sie nicht sind und ich nicht bin, nennen wir das, was übrig bleibt *parabrahman.* Aber was ist *parabrahman*? Sie können es nicht beschreiben, daher sind Sie still. Ich bin auch still. *Parabrahman* kann mit nichts verglichen werden.

BESUCHER: Ist *nama-japa* hilfreich?

MAHARAJ: Machen Sie das auf jeden Fall und sein Wert wird zu gegebener Zeit geprüft werden. Sie müssen im *japa* ausharren; es macht keinen Sinn, in Begriffe zu fassen, welche Vorteile Sie daraus ziehen werden. Folgen Sie dem und realisieren Sie die Vorteile. Selbst wenn derjenige, der *nama-japa* folgt, einem Esel oder Blindgänger gleich ist, wird er ein großer Weiser werden – diese Kraft ist in der Rezitation, in *japa*, enthalten. Wenn diese Person auf einen *Satguru* trifft, wird der Weise ihm sagen: „Sie müssen nicht auf sich selbst aufpassen, weil Sie das immanente Prinzip ‚Ich bin' sind. Sie müssen sich um gar nichts kümmern. Sein Sie einfach und für Sie wird sich um alles gekümmert werden."
Es ist sehr schade, dass Sie so sehr vom Hörensagen abhängen und nicht versuchen, für sich selbst zu untersuchen. Ihr Wissen ist auf Ihren Körper beschränkt und es ist geliehen. Alle Aktivitäten der Welt gehen aufgrund der „Ichheit" vor sich. Sie ist die Quelle, die die Welt erschafft. Verstehen Sie zuerst die „Ichheit" – nur dann können Sie sie transzendieren. Zu allererst sein Sie diese „Ichheit".

30. NOVEMBER 1980

MAHARAJ: Die „Ichheit" ist eine Funktion der Natur, ein Produkt des aus den fünf Elementen bestehenden Nahrungskörpers. Sie kennt sich selbst, sie liebt es zu sein. Lernen Sie Ihr Selbst mit Hilfe dieses Wissens kennen.
Äonen sind gekommen und gegangen, aber keine Person kann ständig seine Identität oder Erinnerung bewahren – sie gehen zusammen mit dem Körper. Die Essenz der fünf Elemente und die drei *gunas* ergeben zusammen die Person; damit kommt das Wissen, die Erinnerung „Ich bin". Diese Persönlichkeit wird durch die Versorgung der fünf Elemente aufrechterhalten. Solange die Versorgung auf angemessene Weise erfolgt, werden der Körper und die „Ichheit" vorhanden sein. Sobald die Versorgung aufhört, ist der Hauch der „Ichheit" verschwunden.
Das, was gekommen ist, um Maharaj zu sehen, erkennen Sie das? Ist es der Körper oder etwas außerhalb des Körpers?

BESUCHER: Innerhalb oder außerhalb, ich weiß es nicht.

MAHARAJ: Sehr gute Antwort. Bleiben Sie abseits des Körpers und beschreiben Sie das.

BESUCHER: Ich kann das nicht beschreiben.

MAHARAJ: Wenn Sie es nicht beschreiben können, was nützt es dann?

BESUCHER: Es nützt nichts.

MAHARAJ: Sobald Sie das verstehen, werden Sie die Wahrheit erhalten. Derjenige, der zuhört, der, den Sie nicht kennen, ist, wer Sie sind und der, den Sie als sich kennen, sind Sie nicht.
Die höchste Absicht der Spiritualität ist *paramatman* – das Wissen, das dem Körper innewohnt, „Ich bin", und das kann nicht beschrieben werden.
Wenn Sie dem ausdrücklich zustimmen, bedeutet das nicht, dass Sie spirituelle Weisheit besitzen?

BESUCHER: Wer kann spirituelle Weisheit erlangen?

MAHARAJ: Wer außer Ihnen könnte das sein? – Sie und Sie allein. Wer könnte „wer bin ich?" fragen, außer Ihnen? Wenn der Fragende, „Ich", nicht vorhanden ist, wer stellt dann Fragen? Das ist die Krönung des spirituellen Wissens für Sie; Sie müssen nicht wieder kommen.

BESUCHER: Ich mag es, mit Maharaj zu sein.

MAHARAJ: Sie können hier sitzen. Ob Sie jetzt noch ein Jahr leben oder tausend, das Ergebnis wird nur das sein.

BESUCHER: Maharaj beantwortet meine Fragen, bevor ich sie stelle.

MAHARAJ: Zunächst nehmen Sie an, was andere Leute sagen, aber zu gegebener Zeit wird alles, was akzeptiert worden ist, über Bord geworfen.

BESUCHER: Ich kann keine Erfahrung davon haben, wie das Seiende ins Sein gekommen ist, weil ich kein Wissen darüber habe, was vor dem Sein existiert hat.

MAHARAJ: Dieses Wissen ist sehr einfach und gleichzeitig sehr tiefgründig. Wer wird den ganzen Ablauf verstehen, das Erscheinen des Wissens und schließlich sein Verschwinden? Derjenige, der das versteht, erreicht den Zustand des *Satguru*, aber eine gewöhnliche Person kann das nicht verstehen. *Satguru* ist nicht das Kind menschlicher Eltern.

Um diese Geheimnisse zu erkennen und zu verstehen, geben Sie sich an ebendas Prinzip „Ich bin" hin, und das Bewusstsein allein wird Sie dahin führen.

Jetzt festigen Sie sich im Bewusstsein. Wenn Sie das nicht tun, werden Ihnen Ihre Konzepte sehr gefährlich – sie werden Sie erwürgen. Das Wissen „Ich bin" ist die Quelle aller Energie; der Ursprung aller Götter, von allen Arten des Wissens.

Nachdem Sie das gehört haben, brauchen Sie nicht wiederzukommen. Sie müssen nur im Bewusstsein verbleiben, das Sie sind – in diesem sehr dynamischen Prinzip, aufgrund dessen alles ist. Stabilisieren Sie sich selbst darin. Bekräftigen Sie Ihre Festigkeit. Sie sind nur das. Das ist die einfachste Methode: Sie wissen, dass Sie sind, sein Sie nur da.

7. DEZEMBER 1980

BESUCHER: Ich möchte die direkte Erfahrung des Ultimativen.

MAHARAJ: Das Absolute kann nicht erfahren werden. Es ist keine objektive Angelegenheit. Wenn ich die Einheitlichkeit bin, ist das reine Bewusstheit, die sich ihrer Bewusstheit nicht bewusst ist. Da kann es kein Subjekt und kein Objekt geben. Deshalb kann es nicht bezeugt werden. Jede Manifestation, jedes Funktionieren und Bezeugen kann nur in der Dualität stattfinden. Es muss ein Subjekt und ein Objekt geben, das sind zwei – aber es sind nicht zwei, sie sind die beiden Enden derselben Sache.

Wenn sich Bewusstsein rührt, erscheint Dualität. Es gibt Millionen von Objekten, aber jedes Objekt nimmt, obwohl es ein Objekt ist, die Subjektivität des Absoluten an, sobald es ein anderes Objekt sieht. Ich, als Objekt, erkenne und interpretiere all die anderen Objekte und nehme an, dass ich das Subjekt bin und so findet das Bezeugen statt.

BESUCHER: Warum regt sich Bewusstsein? Was ist die Ursache?

MAHARAJ: Es passiert spontan, ohne Ursache. Es gibt keinen Grund. Dieses Bewusstsein ist universell – es gibt keine Individualität. Aber wenn sich das Bewusstsein in einer bestimmten Form regt, die ebenfalls spontan erschienen ist und in der Form zu funktionieren beginnt, nimmt die Form an, dass sie ein Individuum sei. Das Unbegrenzte begrenzt sich auf eine bestimmte Form und damit fängt der ganze Ärger an.
Nehmen wir an, jemand ist ein *jnani* geworden, aber womit hat es angefangen? Es war das saure, bittere Prinzip, das Sekret, aufgrund dessen sich das Bewusstsein ereignet hat. Ebendas Prinzip, das Wissen „Ich bin", hat sich entwickelt, ist erwachsen und süß geworden; es reift und wird zum offenbaren Zustand des *jnani*, aber was ist das? Es ist das Produkt der Nahrungsessenz, die aus den fünf Elementen besteht. Wenn das geht, was bleibt dann? – Das Absolute, das sich selbst nicht kennt.

BESUCHER: Das Verlangen nach Freiheit ist auch ein Verlangen, oder?

MAHARAJ: Sprechen Sie nicht von Freiheit, sprechen Sie von sich selbst, was Sie sind. Wenn Sie das verstehen, verschwinden beide, Wissen und Unwissenheit. Sie brauchen Wissen nur so lange, wie Unwissenheit da ist.
Eine kenntnisreiche Person kann einer Unwissenden alles mögliche erzählen, um ihre Unwissenheit zu beseitigen. Dafür nimmt sie das sogenannte weltliche Wissen zur Hilfe, Konzepte, und beide – das weltliche, konzeptionelle Wissen und die Unwissenheit gehen gleichzeitig vonstatten. Ein *jnani* wird Ihnen irgendein Konzept geben, um Ihre Unwissenheit zu beseitigen. Diese „Ichheit" ist das Wissen, und Sie umarmen es. Um das zu beseitigen, gibt Ihnen der *jnani* die ganzen Konzepte; damit Sie verstehen, dass Sie nicht die „Ichheit"

sind, die ein Resultat der Nahrungsessenz ist. Sobald Sie das realisieren, werfen Sie alle Konzepte, die er Ihnen gegeben hat, zusammen mit der „Ichheit" weg. Was bleibt, ist das Absolute.
So ist die tatsächliche Lage. Sie können niemals sagen „ich bin wie dieses oder wie das" – Sie sind ohne Wissen. Selten wird jemand verstehen und den Bereich des Bewusstseins transzendieren.
Nachdem Sie mir zugehört haben, denken Sie, dass alles ganz einfach ist, aber es ist nicht so leicht.

9. DEZEMBER 1980

MAHARAJ: Hier werden Sie erfahren, was ist, nicht, was Sie zu hören erwarten. Die Dualität entsteht, wenn das Bewusstsein auftaucht. Ich bin vorhanden und ich weiß, dass ich vorhanden bin – das ist Dualität. Ich bin und ich bin mir nicht bewusst, anwesend zu sein – das ist Einheit. Da ist nur eins, aber wenn die bewusste Anwesenheit vorhanden ist, stellt sich ein Empfinden von Dualität ein.

BESUCHER: Ist sich eine realisierte Person aller Dinge bewusst?

MAHARAJ: Tatsächlich ist niemand realisiert, da ist nur reines Wissen. Nur zum Zweck der Kommunikation sagen wir, dass jemand realisiert sei. Das Wissen hat realisiert, dass es Wissen ist; das ist alles, was passiert ist. Ich bin nicht der Körper, ich bin nicht die Worte; wenn Wissen das realisiert, wird das Selbst-Realisation genannt.

BESUCHER: Das Wissen, das Maharaj vermittelt, ist für *jnanis*. Was geschieht dem sehr einfachen Menschen, der nicht in der Lage ist, das zu erfassen?

MAHARAJ: *Bhajans* und Meditation. Durch Meditation wird das unreife Wissen allmählich reif.

BESUCHER: Vor tausend Jahren waren die Menschen unzivilisiert. Sie hätten das nicht verstehen können. Das ist nur für den entwickelten Geist.

MAHARAJ: Ob zivilisiert oder unzivilisiert, Menschen können das verstehen. Selbst damals muss es einige gegeben haben, denen sich das Wissen gezeigt hat und die instinktiv verstanden haben.
Dieses Wissen ist nicht neu, es ist immer in der Existenz gewesen. Menschen erkannten instinktiv.

BESUCHER: Woran liegt es, dass Indien die Wiege dieses Wissens zu sein scheint? Kein anderes Land scheint dieses Wissen zu haben.

MAHARAJ: Das stimmt nicht. Diese Manifestation ist ein Ausdruck des Absoluten, und die Offenbarung mag in verschiedenen Ländern verschiedene Formen annehmen. Wo es welche Art von Ausdruck annimmt, ist bedeutungslos, grundsätzlich ist alles Ausdruck des Absoluten. Es gibt keine Ursache und Wirkung, keinen Grund, warum etwas an einem Ort und etwas anderes an einem anderen Ort sein sollte. Was von einem selbst herausgefunden werden muss, ist, was man ist.

BESUCHER: Kann der Guru einen Anstoß in Richtung des Wissens geben?

MAHARAJ: Sie glauben, dass Sie ein Individuum sind und der Guru ein anderes, aber das ist nicht so. Der Guru ist der Wissende dieses Bewusstseins, das vorübergehend ist.
Verstehen Sie diese sonderbare Situation: Während ich zu Ihnen spreche, ist unerträglicher Schmerz im Körper.
Ich habe voll und ganz verstanden, dass es keine voneinander getrennten Individuen gibt, und kein Wissen, das in weltliches und spirituelles unterteilt werden könnte. Es gibt keinen Guru und keinen Schüler, keinen Gott und keinen Devotee. Es gibt keine Gegensätze – sie sind eine polarisierte Dualität, nicht zwei voneinander getrennte Teile, sondern zwei Teile derselben Sache. Ich bin davon überzeugt und trotzdem spreche ich zu Ihnen. Sie nehmen es als Wissen an und ich gebe es als Wissen. Verstehen Sie diesen unterhaltsamen Umstand.
Die Worte strömen spontan aus mir heraus; vor dem Ausströmen der Worte wird innen keine Bedeutung ersonnen. Der Verstand spielt keine Rolle. Es ist unmittelbare Spontanität.

BESUCHER: Wie definiert Maharaj das Wort Bewusstsein, wenn er es verwendet?

MAHARAJ: Bewusstsein, wie es hier verwendet wird, ist das Empfinden, lebendig zu sein, gegenwärtig zu sein, das Empfinden, zu existieren. Die Liebe des Seins ist die Quelle und Ursache allen Verlangens.

13. DEZEMBER 1980

MAHARAJ: Das Absolute ist Einheitlichkeit, von selbst, aber es wird auf vielfältige Weise und durch vielerlei Formen ausgedrückt. Als Absolutes habe ich keine Erfahrung meiner Selbst. Die Hingabe ohne Gegenüber ist Hingabe an das Selbst. Da gibt es keine Dualität. Sobald die Dualität erscheint, wird die Hingabe in Subjekt und Objekt unterteilt. Vor der Geburt waren wir uns unserer selbst nicht bewusst; erst als ein fremdes Element, die Geburt, vorgestellt wurde, wurden wir uns unserer selbst bewusst.
Das zu verstehen ist ein Erwachen und dafür gibt es keine Technik und keinen Weg. Es ist so subtil, dass ich gerne ausführlicher darüber sprechen würde, aber es ist mir körperlich unmöglich, mehr als ein paar Worte zu äußern.
Worüber ich in aller Offenheit spreche, darüber sprechen andere nicht. Das Maß an Aufnahmebereitschaft jedes einzelnen hängt von seinem eigenen Glück ab. Verstehen Sie auch, dass Sie das, was Sie von mir hören, nicht verwenden bzw. anwenden können. Was Sie hören, wird spontan bewirken, was es will.

BESUCHER: Hier zu sitzen und Maharaj zuzuhören ist reine Freude. Obwohl es sich in der Dualität zu zeigen scheint, berührt es etwas tief im Innern.

MAHARAJ: Solange das Empfinden von Dualität bei Ihnen ist, kann das, was Sie hören, das Ziel nicht erreichen.
Verstehen Sie, was ich sage. Das Bewusstsein erscheint spontan. Sobald ich mir meiner selbst bewusst bin, weiß ich, dass ich existiere, und ich liebe dieses Sein. Ich möchte nicht, dass mich das Sein

verlässt. Aus diesem Grund bemühe ich mich den ganzen Tag, die Liebe des Seins zufriedenzustellen, bis der Schlaf mich überkommt. Dann unterrichtet mich der Guru über die wahre Sachlage, dass das Bewusstsein, das ich so sehr liebe, lediglich eine Illusion ist. Es ist die grundlegende Ursache für alles Unglück, und mein wahrer Zustand liegt vor dem Auftauchen des Bewusstseins. DAS ist jenseits aller Konzepte und jede Benennung ist ein Konzept.
Verstehen Sie das durch und durch, intuitiv, jenseits von Worten, aber verstehen Sie auch, dass Ihnen das Verstehen nicht von Nutzen sein kann, weil es sich auf der Ebene von Bewusstsein befindet und das Bewusstsein illusorisch ist.
Was hier aufgenommen und transkribiert wird, wird im Laufe der Zeit, wenn die Grundlage des Verstehens sich verbreitert hat und die Leute wissen wollen, was Sache ist, von unvorstellbarem Wert sein. Dann, wenn das im größeren Maßstab offengelegt ist, wird da Erstaunen sein. Es werden wenige Worte sein, aber diejenigen, die dann stolz auf Ihre eigenen Errungenschaften sind, werden, wenn sie diese wenigen Worte hören, plötzlich höchst verwundert sein und ihr eigenes Wissen wird verdampfen.

BESUCHER: Ich verstehe nicht, wie das Wort Bewusstsein hier verwendet wird. Ich dachte, Bewusstsein ist reine Bewusstheit, die ultimative Wirklichkeit.

MAHARAJ: Dieses Bewusstsein, das vom Nahrungskörper abhängt, der geboren wurde, ist an die Zeit gebunden. Das, was vor dem Bewusstsein liegt, ist das Absolute. Wenn das Bewusstsein ohne Form ist und sich seiner selbst nicht bewusst ist, ist es das Absolute. Wir sind nichts als dieses Bewusstsein.
Sie kommen hierher und ich spreche zu Ihnen, aber es kümmert mich nicht, ob Sie kommen oder gehen. Ich bin vollkommen unabhängig. Ich, als Absolutes, brauche das Bewusstsein nicht. Vollkommene Unabhängigkeit muss lediglich verstanden werden. Meine offensichtliche Abhängigkeit gilt dem Bewusstsein, das „Ich bin“ sagt. Dieses Empfinden ermöglicht es mir, Sie wahrzunehmen. Selbst als ich dieses Konzept nicht hatte, war ich da. Ich war da, bevor das Bewusstsein erschienen ist.

Egal, was Sie wollen, begehren oder verehren, es können nur Konzepte sein. Haben Sie gehört, was die konzeptionelle Existenz ist, und was die Existenz vor den Konzepten? Viele Leute sind hier einzig aus spirituellen Gründen hergekommen und sie empfanden angeblich große Liebe für mich. Anschließend ereignet sich etwas Glückliches für sie und sie blühen auf. In ihrem Wohlstand haben sie keine Zeit mehr herzukommen. Alle Ihre frühere Liebe ist wo? Das ist *mayas* Bereich. Eine Person kommt mit der ernsthaften Absicht eines spirituellen Suchers, dann präsentiert *maya* ihm eine kleine Versuchung und weg ist er.
Diese *maya* arbeitet nicht unabhängig – wir sind Partner. Wird er es wagen, sich von *maya* zu scheiden? Nein, er wird *maya* akzeptieren. Es ist sehr schwer, das Ego loszuwerden, aber das Ego kann jemanden, der wirklich versteht, was ich sage, nicht berühren.
Solange die Konzepte anhalten, werden Sie weiterhin hierher kommen. Wenn Sie einmal über die Konzepte hinausgehen, wird es kein Bedürfnis mehr gehen hierherzukommen.
Seit wann und aus welchem Grund ist das, was Sie zu sein glauben?

23. DEZEMBER 1980

BESUCHER: Wenn Sie ein Problem wahrnehmen, irgendein Problem im menschlichen Verstand, wenn Sie es sehr intensiv und klar wahrnehmen, dann löst sich das Problem auf und da ist nur noch Wahrnehmung. Was ist diese Wahrnehmung, wer ist diese Wahrnehmung, was ist die Essenz der Wahrnehmung. Wie weitergehen?

MAHARAJ: Das ist ein traditioneller Weg des Verstehens. Das ist eine herkömmliche Laune, die Welt zu betrachten, nichts darüber hinaus. Nur eine Laune, nichts weiter. Wann hat der Prozess des Beobachtens angefangen? Er fing mit der Ankunft des Wachzustands, des Tiefschlafs und des Wissens „Ich bin“ an. Alles fiel im „Ich bin“ zusammen. Das ist als Geburt bekannt. Mit der sogenannten Geburt ist diese Dreiheit aufgetaucht, und mit ihrem Eintreffen fing die Beobachtung an. Sie geht jeden Tag vor sich. In dem Augenblick, in

dem die „Ichheit“ auftaucht, wird sie dazu genutzt, Erfahrungen, Beobachtungen, etc. zu machen.
Wo war die „Ichheit“ vor dem Ereignis der Geburt? Sie war nicht vorhanden.

BESUCHER: Gehen wir weiter, man ist in der Betrachtung, man beobachtet einfach, gibt es dann weitere Fragen? Was sollte die Frage sein?

MAHARAJ: Wann und woraus tauchte die Beobachtung auf? Sie haben sich ein profundes Vokabular angeeignet, aber die Selbsterkenntnis ist nicht gedämmert.

BESUCHER: Sehen Sie, das ist, was ich beobachte. Wie soll man das untersuchen?

MAHARAJ: Sie wissen, dass Sie sind. Weil Sie wissen, dass Sie sind, passiert alles andere. Lernen Sie das Wissen „Ich bin“ kennen. Wenn Sie verstehen, was die „Ichheit“ ist, ist die Schale des Mysteriums zerbrochen.

BESUCHER: Durch welches Vorgehen kommt man da hin?

MAHARAJ: Gehen Sie zur Quelle, aus der die Frage hervorgegangen ist. Die Quelle wird die Frage lösen.

BESUCHER: Ist das eine Art der Untersuchung?

MAHARAJ: Oh ja. Wenn irgendwer, irgendein Prinzip, die Frage stellen möchte, sollte er den Körper nicht als sich selbst umarmen. Stellen Sie die Frage von dem Standpunkt, an dem Sie nur das Wissen „Ich bin“ sind.

BESUCHER: Sie stellen die Fragen, weil Sie es nicht wissen.

MAHARAJ: Ja, aber die grundlegende Unwissenheit bezieht sich auf unsere „Ichheit“. Wir haben sie als endgültig angenommen, dass ist die Unkenntnis. Wir nehmen an, dass dieses Bewusstsein das Ewige ist, das Letztendliche, das ist der Fehler. Das „Ich bin“ Prinzip ist da, vorausgesetzt, Wachzustand und Tiefschlaf sind da. Ich bin nicht der Wachzustand, ich bin nicht der Tiefschlaf – deshalb bin ich, das Absolute, nicht das „Ich bin". Lassen Sie die Dreiheit beiseite; was sind Sie?

BESUCHER: Wieder kommt die Frage: „Wer bin ich?"

MAHARAJ: Verstehen Sie: Wenn Sie das Instrument des Fragens beiseitelassen, wo ist dann die Frage?

BESUCHER: Wenn Sie nicht fragen …

MAHARAJ: Welches Sie? Sie haben dieses „Sie" entfernt.

BESUCHER: Ich weiß es nicht. Wie kann man das beantworten?

MAHARAJ: Welche Fragen können Sie ohne die Dreiheit stellen? Lassen Sie uns annehmen, dass Sie fünfzig Jahre alt sind. Sie haben die Verbindung mit der Dreiheit fünfzig Jahre lang erlebt; jetzt gehen Sie darüber hinaus; was war Ihre Erfahrung fünf Jahre davor? Wie waren Sie da?

BESUCHER: Ich weiß es nicht.

MAHARAJ: Das stimmt. Es war ein Zustand des Nichtwissens und plötzlich erschien das Wissen. Es hat den ganzen Unfug erzeugt. Seit wann sind Sie, und wie lange wollen Sie fortfahren zu sein?

BESUCHER: Nun, ich würde sagen, seit ich erfahre und solange ich erfahre.

MAHARAJ: Richtig. Jetzt sagen Sie etwas über die „Ichheit", ohne die Erfahrung davon.

BESUCHER: Das kann ich nicht.

MAHARAJ: Die Verbindung mit der Dreiheit, dieses Bündel Unfug, ist auf was zurückzuführen?
Nehmen wir an, dass ein Gebäude brennt. Es wird gesagt, dass es durch einen Kurzschluss passiert ist. Infolge welcher Dreiheit ist es zum Kurzschluss gekommen? Es gab eine Spannung.
Wenn Sie hier auf das Feuerzeug drücken, kommt die Flamme; aufgrund der Reibung oder des Kurzschlusses stehen alle drei Zustände in Flammen.

BESUCHER: Und die Flamme ist?

MAHARAJ: „Ich bin".

BESUCHER: Ich bin dahinein geboren.

MAHARAJ: Aufgrund der Dreiheit erfahren Sie das Leben und betätigen sich auch spirituell.

BESUCHER: Am Ende stellt sich überhaupt keine Frage, weder wer ich bin, noch was ich bin. Wenn ich die Dreiheit beiseitelasse, kann da nur Stille sein.

MAHARAJ: Stille oder Frieden beziehen sich auf Chaos oder Aufgewühltsein.

BESUCHER: Es hat nichts mit Frieden oder Turbulenz zu tun. Ich meine, wenn Sie einfach still in Ihrem Selbst sitzen, die drei Zustände beiseitelassen und wissen, dass Sie sich nicht kennen, dann können Sie nur still sein.

MAHARAJ: Was Sie sagen, ist unmöglich. Das Wissen wird da sein, vorausgesetzt, dass Wachzustand und Tiefschlaf vorhanden sind. Wenn sie nicht verfügbar wären, würden Sie nicht hier in dieser Form sein.
Wenn Sie vor der Geburt die Fähigkeit gehabt hätten zu wissen, dass Sie geboren werden, hätten Sie sich nicht darum gekümmert, in die Grube des Geborenwerdens zu springen.

24. DEZEMBER 1980

MAHARAJ: Es gibt in meinem gegenwärtigen Zustand einen großen Unterschied; wenn ich früher *bhajans* zugehört habe, war ich mir der Worte und ihrer tieferen Bedeutung bewusst, und ich war völlig in die *bhajans* vertieft. Jetzt reagiert mein Bewusstsein nur in dem Ausmaß, dass es ein Bewusstsein davon gibt, dass *bhajans* vor sich gehen, aber keine Beteiligung.
Ich bin nicht länger mit etwas beschäftigt, dass mit „mir" oder „mein" zu tun hat. Das Empfinden von „mir" und „mein" ist so

intensiv, dass es über nichts weiter als ein wertloses Kleidungsstück Streit geben kann, einfach aufgrund der Identifikation mit „mein".

Das Bewusstsein ist nichts als Energie. Wenn die Körperessenz schwächer wird, wird das Bewusstsein schwächer und schließlich wird es gehen; nichts ist tot. Nahrung ist ein Element, das die Energie in guter Verfassung hält. Ich nehme kaum eine Behandlung in Anspruch, aber ich lasse mir den Körper massieren. Die Massagen beleben die Wärme im Körper, so dass die Energie, die im Körper dazu neigt, lasch und kalt zu sein, durch die Massagen wieder aufgewärmt wird.

Was geboren ist, sind der Wach- und Schlafzustand und das Konzept der Zeit und des Bewusstseins. Sobald sich das Bewusstsein seiner selbst bewusst ist, nimmt es aufgrund seiner Konditionierung bestimmte Dinge als seine eigenen an und andere nicht. Und es wird kämpfen und versuchen, die Dinge, die es für seine eigenen hält, zu schützen. Wenn das Bewusstsein seine potentielle Kraft realisiert, seine Universalität, dann geht das „mir" und „mein" Konzept verloren.

Dieses universelle Bewusstsein ist als Gott bekannt, als der Allmächtige, der Allgewaltige, Allwissende, Allgegenwärtige, all die Eigenschaften. Diese Attribute werden Gott im Bewusstsein gegeben und nicht dem Absoluten. Das Absolute ist ohne Eigenschaften.

27. DEZEMBER 1980

MAHARAJ: Die Schwierigkeit ist, dass alle das Wissen des Selbst haben wollen, ohne die Identifikation mit dem Körper aufzugeben, sie sind unvereinbar.

Geben Sie diese Identifikation auf und alles wird einfach. Ich bin da, bevor irgendetwas passieren kann. Wenn jemand gefragt wird, ob er weiß, wann der Himmel in die Existenz trat, wird er sagen, dass er es nicht weiß. Er weiß es nicht, weil er seine Gegenwart nur als ein mit dem Körper auftretendes Phänomen betrachtet.

Ich weiß, dass der Himmel nicht da war, und wer ist das? Es ist das EINE, das vor allem anderen ist. Meine wahre Natur wird vom

Konzept der Zeit und des Raumes nicht eingegrenzt.
Wenn Sie das hören, verwirrt es Sie sofort und Sie sagen: „Wie kann ich in diesem Fall mit meinen gewöhnlichen Tätigkeiten weitermachen?" Verstehen Sie Ihre wahre Natur und dann tun Sie, was Sie wollen.
Ich sage das alles mit großer Ernsthaftigkeit und großer Dringlichkeit. Die Leute hören es, geben aber Ihre Identifikation mit dem Körper nicht auf. Sie hängen mit großer Entschlossenheit daran.
Selbst die Aussage, dass Sie existierten, bevor der Himmel existierte, ist für Sie nicht annehmbar.
Ein Kind mag mit der kleinsten Münze spielen und sich überaus erregen, wenn sie ihm weggenommen wird. Sie nehmen Ihre Identifikation mit derselben Entschlossenheit an, mit derselben Sorge, statt das Wissen anzunehmen, das Ihnen gegeben worden ist. Selbst wenn Sie dem Kind ein Spielzeug aus purem Gold geben, wird es das zurückweisen, weil es sein Herz an die kleine Münze gehängt hat. Selbst wenn ich Ihnen das Wissen gebe, das von unschätzbarem Wert ist, wird es nicht annehmbar sein. Ich bin nicht der Ton, der zuerst kommt, um die Gegenwart anzuzeigen. Ich bin weder die Gegenwart noch der Ton, der die Gegenwart anzeigt. Was man auch sieht oder wahrnimmt, man muss vor allem sein, was gesehen oder wahrgenommen wird. Es ist einfach.
Wenn das Wissen des Selbst immer unerschütterlicher wird, fühlen wir uns nicht länger von den Dingen angezogen, die uns vorher so sehr angesprochen haben. Sie sehen mich sprechen, scheinbar mit Leichtigkeit, aber da ist ein ständiges Leiden. Vor allem zwischen 14.00 und 16.00 Uhr ist die Existenz dieses Bewusstseins nicht auszuhalten. Das ist die Erfahrung von niemand anderem – ich erlebe es selbst.
Was jetzt aufgenommen wird, wenn es getippt und in die Form eines Buches gebracht worden ist und jemand es liest, was wird er daraus machen? Er wird sagen, dass er sich niemanden vorstellen kann, der gelebt hat und so etwas sagen kann. Tatsache ist, dass ich unterdessen einen Zustand erreicht habe, wo man großes Glück braucht, um davon auch nur einen flüchtigen Eindruck zu bekommen. Die Worte sind so profund, es liegt eine tiefere Bedeutung

dahinter. Gegenwärtig hören meinen Ausführungen nur vom Glück Begünstigte zu.
Ich sage Ihnen immer wieder, dass nichts das Bewusstsein schützt, das Wissen „Ich bin" – wenn Sie etwas anbeten möchten, verehren Sie das. Ich schenke Segen. Segen bedeutet was? Ich schenke Vertrauen und Mut.

28. DEZEMBER 1980

MAHARAJ: Kann eines Ihrer Konzepte das Ganze erfassen, das Ultimative? Haben Sie verstanden, dass das Wissen selbst Unwissenheit ist? Wenn das Wissen wirklich wäre, wäre es schon immer dagewesen – es würde keinen Anfang und kein Ende haben.
Jetzt wird die Erfahrung „Ich bin" empfunden, früher war diese Erfahrung nicht da. Als sie nicht war, wurde kein Beweis verlangt, aber sobald Erfahrung ist, sind eine Menge Beweise erforderlich.
Wie sind Sie am Morgen aufgewacht? Warum sind Sie überhaupt aufgewacht? Es ist nicht der Verstand, der weiß – jemand weiß aufgrund des Verstandes. Jetzt hat sich meine Hand erhoben, wer weiß das? Derjenige, der meine Hand angehoben hat weiß, dass er sie angehoben hat. Sie sind vor dem Verstand; weil Sie da sind, arbeitet der Verstand.
Wann werden Sie aufwachen? Vorausgesetzt, dass Sie sind, werden Sie aufwachen.
Sie haben aufgrund der Konzepte von anderen so viele Dinge um sich herum aufgebaut, dass Sie verloren sind. „Du" wird durch das Konzept der anderen geschmückt und verziert. Hat jemand Informationen über sich selbst, bevor etwas durch Hörensagen von außen empfangen wird?
Die Absicht des *Satgurus* ist es, Ihnen zu sagen, was Sie sind, bevor Sie all die von anderen übernommenen Konzepte aufgebaut haben. Ihr derzeitiges spirituelles Lagerhaus ist mit den Worten anderer gefüllt – zerstören Sie diese Konzepte. *Satguru* meint den ewigen Zustand, der sich niemals ändern wird: das, was Sie sind. Sie sind das unwandelbare, ewige, unveränderliche Absolute. *Satguru* sagt

Ihnen, sich aller Mauern, die um Sie herum durch Hörensagen und Konzepte anderer errichtet wurden, zu entledigen.
Sie haben keine Form, keine Gestaltung. Die Namen und Formen, die Sie wahrnehmen, sind lediglich Ihr Bewusstsein – das Selbst ist ohne Farbe, aber es ist in der Lage, Farben zu beurteilen. Derjenige, der vom *Satguru* gelenkt wird, hat keine weitere Geburt. Ihr *sadhana* ist vorbei, Sie haben diesen Ort erreicht.
Ihnen, die nach dem Selbst suchen, erkläre ich diese Art des Wissens. Ich führe sie zu dem Zustand, in dem es keinen Hunger mehr gibt, kein Verlangen.
Wenn Sie Wissen haben, nehmen Sie das „Ich" als alldurchdringend wahr – solange Bewusstsein vorhanden ist. Aber der Zeuge des Bewusstseins hat kein „Ich bin" – das ist Ihre wahre, ewige Natur. Den Körper aufzugeben, ist ein großes Fest für mich.

29. DEZEMBER 1980

MAHARAJ: In Meditation sitzen hilft dem Bewusstsein zu erblühen. Es verursacht ein tieferes Verstehen und eine spontane Veränderung im Verhalten. Diese Veränderungen werden im Bewusstsein selbst hervorgebracht und nicht in der Pseudopersönlichkeit. Forcierte Veränderungen befinden sich auf der Ebene des Verstandes. Mentale und intellektuelle Veränderungen sind vollkommen unnatürlich und unterscheiden sich von denen, die im Geburtsprinzip stattfinden. Diese finden natürlicherweise statt, automatisch, von selbst, infolge von Meditation.
Die meisten Leute sehen den Baum der Erkenntnis und bewundern ihn, dabei muss die Quelle verstanden werden – der Same, die latente Kraft, aus der er sprießt. Viele Leute sprechen darüber nur auf intellektueller Ebene; ich spreche darüber aus der direkten Erkenntnis.
Ein kleiner Flecken Bewusstsein, der wie ein Same ist, beinhaltet all die Worte. Der körperliche Rahmen ist notwendig, damit es sich selbst offenbaren kann.
Alle Ambitionen, Hoffnungen und Wünsche sind mit einer Identität

verbunden, und solange es eine Identität gibt, kann Wahrheit nicht bewusst wahrgenommen werden.

BESUCHER: Gibt es für die gesamte Manifestation oder die Phänomene als Ganzes eine Vorsehung?

MAHARAJ:, Da es keine einzige Identität gibt, wohin soll es führen? Der Brennstoff ist die Vorsehung der Flamme; ebenso ist der Nahrungsessenzkörper die Vorsehung für das Bewusstsein. Das Bewusstsein allein bietet Vorsehung an und Vorsehung bietet Leid an. Aufgrund der irrtümlichen Identität denken wir, dass wir personalisiertes Bewusstsein sind, aber tatsächlich ist es unermesslich und grenzenlos.
Die Quelle des Bewusstseins liegt vor Raum und Zeit. Manifestation braucht Zeit und Raum, aber die Quelle des Bewusstseins war da, bevor sich die Manifestation ereignete. Die Manifestation beinhaltet die fünf Elemente, drei *gunas* und, über allem, Bewusstsein, die „Ichheit". Wie kann jetzt etwas ohne meine bewusste Gegenwart sein? Selbst die Elemente können nicht ohne mich existieren – ich tue nichts, ich erschaffe nichts – die Elemente ereignen sich aufgrund meiner bewussten Gegenwart. Meine Präsenz ist überall, das sage ich mit Überzeugung.
Einige mögen diese Worte lesen, einige mögen diese Worte hören, einige mögen die Aufnahmen hören, einige werden sie hören wollen, wobei sie von den Aufnahmen aufgrund der Umstände so aus der Spur geworfen werden, dass es nicht möglich sein wird. Es gibt Millionen Variationen der Form in der gesamten Manifestation, aber die Quelle von allen ist Bewusstsein. Was ist dieses Bewusstsein? Denkt irgendjemand entlang dieser Linien?
In Träumen sieht man Monde, Sterne, etc., aber da ist keine Identität. Das Bewusstsein muss während des Wachzustandes verstanden werden. Leute kommen und gehen, Elemente kommen und gehen, aber ich verbleibe. Ich bin mir meines Bewusstseins bewusst, und nur dann ist die ganze Show da.
Angenommen, in zwei Monaten kommt eine V.I.P. zu Besuch. Die Häuser werden geschmückt, die Plätze hergerichtet, die Straßen dekoriert, da ist jede Menge Show. Warum? Aufgrund der V.I.P.

Einige Menschen fasten einen Monat lang und nehmen viele Entbehrungen auf sich, aber sie erwarten, mehr zurückzubekommen, als sie geben.

Die Leute schauen überall hin, nur nicht zur Quelle. Schließen Sie die Geburtsenergie aus und schauen Sie, ob irgendwas von irgendjemandem getan werden kann. Wir begrenzen die grenzenlose Energie auf ein einfaches Phänomen, auf einen Körper. Untersuchen Sie die Worte aufmerksam: Wenn meine bewusste Anwesenheit nicht da ist, was wird dann hier sein? Ich genieße die Worte, die spontan aufkommen und sehe, wie wahr und vorbehaltlos sie sind.

Ein Mörder ist frei; er hat viele Morde begangen und die Polizei ist auf der ganzen Welt hinter ihm her, aber sie ist nicht in der Lage, ihn zu fassen. Das ist wie mit den traditionellen Schriften, die nicht in der Lage sind, das Absolute zu finden. Es (das Absolute) geht über das Fassungsvermögen der *Veden* hinaus, weil es nicht begrifflich ist. Der Mörder ist sehr stolz, der Polizei trotz aller Anstrengungen zu entkommen; er ist so frei von Angst, dass er sich da befindet, wo die Pläne diskutiert werden, wie er zu fassen ist. Daher kann er nicht gefangen genommen werden.

Jeder muss sterben, also sterben Sie als Ihre wahre Natur. Warum als Körper sterben? Vergessen Sie niemals Ihre wahre Natur. Es mag für viele nicht akzeptabel sein, aber das ist eine Tatsache. Wenn Sie schon Ambitionen haben müssen, haben Sie die höchste, so dass Sie wenigstens beim Sterben das Absolute sein werden. Entscheiden Sie das jetzt, nachdrücklich, mit Sicherheit und Überzeugung.

Ein Tiger kommt auf Sie zu; Sie wissen, wenn er Sie attackieren wird, ist Ihr Tod beschlossene Sache. Also, warum wie ein Feigling sterben? Greifen Sie ihn an, vielleicht wird er wegrennen. Aber wenn der Tiger vorübergeht, greifen Sie ihn nicht unnötigerweise an! Springen Sie nur auf ihn, wenn es absolut notwendig ist.

Gott ist großartig und *maya* ist unermesslich, aber was sind Sie letzten Endes? Die mentalen Modifikationen entfernen Sie vom Selbst. Niemand möchte das Selbst tief und vollkommen ergründen; alle untersuchen es auf einer oberflächlichen Ebene.

BESUCHER: Mein Verstand steht nicht still, er wendet sich hier- und dorthin.

MAHARAJ: Durch all das Gerede werden Sie unterhalten, aber Sie werden dadurch kein Wissen erlangen. Das alles ist spirituelle Unterhaltung. Denn tatsächlich ist es so, dass Sie sind, was Sie sind, ohne Abänderungen.

BESUCHER: Verlangen ist vorhanden; es wird weiterhin fordern.

MAHARAJ: Was sind Sie letzten Endes?

BESUCHER: Ich bin nichts; der Verstand, etc. macht weiter.

MAHARAJ: Warum lernen Sie dann das alles?

BESUCHER: Um den Menschen zu dienen.

MAHARAJ: So viele große Menschen haben so viele große Dienste erbracht, aber wo sind sie heute?

BESUCHER: So viele Wellen kommen und gehen. Ich möchte meine Zeit damit verbringen, anderen ohne eigene Begierden zu dienen.

MAHARAJ: Machen Sie, was Sie wollen. Der Regen fällt und erweist den Wesen einen Dienst. Er leidet nicht, während er seinen Dienst erbringt. Alle Wesen, die auftauchen, werden durch den Regen erhalten, sind sie glücklich?

BESUCHER: Sie leiden alle. Ich habe auch keinen Frieden. Wie sieht uns Maharaj?

MAHARAJ: Ich sehe jeden wie Ich bin. Dieses Wesen ist eine Vereinigung der Eltern. Alle sind in Konzepte vertieft, sie genießen die Konzepte.

BESUCHER: Wenn ich eins mit Musik bin, ist alles Freude, aber wenn ich einen Konflikt habe, ist alles Elend. Manchmal fühle ich mich ärgerlich. Warum?

MAHARAJ: Körper und Verstand und ihre Aktionen und Reaktionen sind nicht mein Thema. Ich beschäftige mich nicht mit diesen Problemen. Es gibt eine Vielzahl anderer Leute, die sich mit solchen Problemen beschäftigen.

BESUCHER: Aber fast alle Menschen sind auf der Seite des Körper-Verstands. Einer in einer Million ist offen für Sie.

MAHARAJ: Fragen Sie sich selbst und beschäftigen Sie sich nicht mit anderen.

BESUCHER: Einerseits fühle ich mich von der Stille angezogen und trotzdem spüre ich, dass Millionen leiden und die Weisen nichts dagegen tun.

MAHARAJ: Weil ihr Leiden eingebildet ist.

BESUCHER: Ich weiß, dass es vier Zustände gibt, Wachen, Träumen, Tiefschlaf und den Zustand jenseits von den dreien. Ich kann das intellektuell verstehen, aber trotzdem ist Leid vorhanden.

MAHARAJ: Werden Sie alle vier Zustände los und befreien Sie die Menschen außerdem von ihren Leiden. Lassen Sie sich die illusionäre Welt um sich selbst kümmern. Sie müssen herausfinden, wer Sie sind.

BESUCHER: Ich möchte andere Naturheilkunde lehren und für mich selbst Weisheit erlangen.

MAHARAJ: Indem Sie solche Konzepte entwickeln, werden Sie aus alldem nicht herauskommen. Erkennen Sie erst, was von untergeordneter Bedeutung ist und was real. Sie sind das Ergebnis der Konzepte Ihrer Eltern oder nicht?

BESUCHER: Ja, auf einer konzeptionellen Ebene.

MAHARAJ: Verstand und alle Konzepte bestehen aufgrund des ersten Konzepts „Ich bin". Ihre Eltern und Sie sind gleichzeitige Konzepte. Jetzt, ohne die Absicht etwas zu erfahren, welche Erfahrung haben Sie?

BESUCHER: Ich bin.

MAHARAJ: Ist das kein Konzept? Es sind Konzepte, die durch Konzepte geformt werden. Es ist eine riesige Welt der Konzepte.

BESUCHER: Ich möchte frei davon sein.

MAHARAJ: Das muss vom eigenen Selbst erkannt werden; es kann nicht durch Worte weitergegeben werden. Wer erreicht das Wissen um das Selbst direkt? Wann bin ich passiert? Das muss ich selbst wissen, aus erster Hand, nicht von anderen.
Sie sind, Sie wissen, dass Sie sind – das ist der große Herr (Lord Krishna), der plötzliche, explosive Glanz. Geben Sie sich dem hin und Sie werden alles wissen. Es ist ohne Namen und Form. Es geht darum, darin mit unerschütterlicher Überzeugung zu verbleiben.
Sie könnten Licht nicht sehen und beurteilen, wenn Sie nicht selbst Licht wären. Sie sind dieses subtile Wissen und nur wenn das vorhanden ist, ist alles andere möglich.

31. DEZEMBER 1980

BESUCHER: Wenn man eins mit dem Bewusstsein aller wird, gibt es eine emotionale Belastung, weil man ihre Sorgen und alles andere spürt. Ist das der richtige Zustand, in dem es gilt zu sein?

MAHARAJ: Es ist einer der vorausgehenden Zustände, aber er ist ausgezeichnet. Da ist immer noch Trennung, aber allmählich wird sie ins vollständige Einssein hinein reifen.

BESUCHER: Ich verspüre kein Verlangen mehr, nach irgendetwas in der Welt zu streben.

MAHARAJ: Damit ist nichts verkehrt. Ihr Hunger und Durst nach Glück und Freude haben sich vollkommen erfüllt und deshalb sind Sie nicht mehr hinter Dingen her.

BESUCHER: Bleibt da trotzdem noch eine Individualität übrig, die sich um die Pflichten kümmert?

MAHARAJ: Diese Individualität erzeugt keinerlei Unzufriedenheit oder Angst. So geschieht es, dass es überhaupt keine Erinnerung mehr an das individuelle „Ich“ gibt, es macht aus sich selbst heraus weiter. Da ist die Erinnerung, dass das die vollkommene Manifestation ist, aber keine Erinnerung an ein handelndes Individuum.

BESUCHER: Ich spüre, dass ich eins mit dem Bewusstsein bin, aber es schwankt.

MAHARAJ: Sie bekommen ein paar flüchtige Einblicke, haben sich aber noch nicht im Bewusstsein stabilisiert. Mit dem Bewusstsein eins zu sein, geht über die Zustände des Wachens und Schlafens hinaus. Sie wissen um den Himmel, Sie wissen um den Raum, aber können Sie eins mit dem Raum werden? Noch nicht, es ist nicht möglich. Wenn Sie eins mit dem Bewusstsein werden, werden Sie eins mit dem Raum.

BESUCHER: Gibt es etwas, das ich tun kann, um mir zu helfen, Fortschritte zu machen und zu wachsen?

MAHARAJ: Das Bewusstsein unterliegt keinem Vorwärtskommen. Selbst der Raum kann keinen Fortschritt machen und der Raum ist Nummer drei.
Eins ist das Absolute, zwei das Bewusstsein, drei der Raum. Wo es kein Wissen „Ich bin" gab, das ist Nummer eins; später gibt es ein Empfinden von „Ich bin", das ist Nummer zwei; dann ist da Raum – Nummer drei. Hat Ihnen die Untersuchung der *Upanishaden* das Wissen des Selbst gebracht?

BESUCHER: Nein. Aber trotzdem hat es etwas bewirkt.

MAHARAJ: In meinem Fall war alles spontan – das ist mein *dharma*. Wenn die gescheiten Leute kommen und mir sagen, dass ich dumm bin, sage ich: „Diese Dummheit ist mein Reichtum, meine Freiheit. Das Wissen, das über mich gekommen ist, ist selbst die Dummheit."
Sie sind eine sehr sanfte Frau; wenn Sie von jemandem beleidigt werden, der denkt, dass Sie ein Mann sind, werden Sie über das Missverständnis sehr ärgerlich sein. Sich mit irgendetwas zu identifizieren – „ich bin wie das", bedeutet, Ihre wahre Natur zu beleidigen.

BESUCHER: Wie die Identifikation mit dem Körper loswerden?

MAHARAJ: Stärken Sie die Überzeugung, dass Sie das formlose Bewusstsein sind. Entwickeln Sie Ihre unerschütterliche Überzeugung, dass Sie die vollkommene Manifestation sind, universelles Bewusstsein. Da ist niemand, der das Wissen der Wahrheit, des

Ewigen, haben kann. Es ist der eigene ewige Zustand, aber es ist kein Zustand des Wissens – er kann nicht gewusst werden. Im Zustand von „Ich bin", im Zustand der Eigenschaften, ist sogenanntes Wissen überfließend und grenzenlos vorhanden. In diesem Körper befindet sich das Wissen „Ich bin". Wenn der Körper abfällt, wird sich darin das Wissen „Ich bin" legen – was bleibt, ist das Absolute.

1. JANUAR 1981

BESUCHER: Existiert das Universum ohne mich?

MAHARAJ: Waren Sie mit der Welt beschäftigt, als Sie kein Bewusstsein hatten? Die Welt wird existieren, solange das Bewusstsein ist. Verstricken Sie sich nicht in zu viele Fragen und Antworten. Meditieren Sie, damit das Wissen eins mit dem Wissen werden kann. Dann werden sich alle Antworten spontan zeigen. Ich habe Ihnen den Schlüssel gegeben. Mein Zustand ist der, in dem es keine Ängste gibt, kein Verlangen, keine Ambitionen.

BESUCHER: Werde ich den Zustand durch Meditation erreichen?

MAHARAJ: Sie müssen meditieren, aber es gibt nichts zu erreichen – Sie *sind* der Zustand.

BESUCHER: Wenn man sehr aktiv in der Welt ist, ist es sehr einfach, sich mit dem Körper zu identifizieren.

MAHARAJ: Sie identifizieren sich nicht aufgrund der Aktivitäten mit dem Körper, aufgrund der Identifikation mit dem Körper wird auf die Handlungen Anspruch erhoben.

BESUCHER: Wenn man nicht involviert ist, ist es einfacher, nicht identifiziert zu sein.

MAHARAJ: Das ist ein Konzept. In Ihnen kann es keinerlei Veränderung geben; es ist Ihre Vermutung, dass es in Ihnen zu Veränderungen kommen wird. Sie sprechen vom Standpunkt der Körperidentifikation zu mir.

Sie versuchen, etwas zu erreichen – ein spirituelles Objekt. Vergessen Sie das. Sehen Sie nur, was es ist, womit Sie sich identifiziert haben, der Körper. Finden Sie den Ursprung des Körpers. Wenn Sie das verstehen, wird es keine Notwendigkeit für irgendeine spirituelle Suche geben.

BESUCHER: Es gibt keine Möglichkeit das herauszufinden, weil man seine Arbeit machen muss.

MAHARAJ: Das hat nichts miteinander zu tun. Sie können das sogar im Schlachtgetümmel herausfinden. Wie ist der Körper erschienen, was ist die Quelle?
Wenn von Ihnen verlangt wird, dieses oder jenes in Ihrem täglichen Leben aufzugeben, ist das nicht richtig. Vergessen Sie das Aufgeben von irgendwas – erledigen Sie Ihre gewöhnlichen Angelegenheiten so gut Sie können, aber all das kann nur so lange vor sich gehen, wie Bewusstsein vorhanden ist. Denken Sie nur daran, andere nicht zu verletzen.
„Do's und don'ts“ werden gegeben, damit die Angelegenheiten in der Welt möglichst glatt über die Bühne gehen.
Egal, was Sie gesagt bekommen oder gelesen haben, es wird Sie nirgendwohin bringen. Finden Sie zuerst heraus, woher ich weiß, dass ich existiere – das ist das Bewusstsein. Das ganze Universum fußt auf dem Konzept „Ich bin“. Es ist illusionär, eingebildet und es hat keine Substanz.

2. JANUAR 1981

BESUCHER: Es scheint so, als ob ich immer beschäftigter bin, und ich habe nicht mehr viel Zeit, um zu meditieren. Ich möchte von Maharaj eine Anleitung haben, die zur Selbsterkenntnis führt.

MAHARAJ: Machen Sie mit Ihrer Arbeit in der Welt weiter, aber Ihre Arbeit kann nur stattfinden, wenn Sie da sind – das Empfinden des Seins muss da sein. Das ist genug.

BESUCHER: Ist es nötig, mich ständig daran zu erinnern, mir

dessen bewusst zu sein?

MAHARAJ: Wer kann sich des Bewusstseins bewusst sein, außer das Bewusstsein selbst? Gibt es da irgendein anderes Wesen? Es ist da, das Bewusstsein ist sich dessen ständig bewusst. Die Schwierigkeit ist, dass sich das Bewusstsein mit dem Körper identifiziert hat. Tun Sie nichts anderes als das: identifizieren Sie das Bewusstsein nicht mit einem Körper.
Gibt es dadurch eine Veränderung im Bewusstsein, dass Sie etwas tun oder nicht tun? Es besteht kein Bedarf an *sadhana*, außer, sich der Tatsache bewusst zu sein, dass alles nur in diesem Bewusstsein stattfindet.
Relativ gesehen sind Sie das Bewusstsein und das Bewusstsein hat keine Form. Sie können das Bewusstsein nur wahrnehmen, sie können es nicht sehen. Sie wissen es; Sie wissen, dass Sie sind. Wer weist den Körper an, zu tun, was er tut? Das kann nur das Bewusstsein, da ist kein Wesen. Das Bewusstsein tut, was auch immer durch die verschiedenen Körper getan werden muss. Sie sind das Bewusstsein und die Liebe, die das Bewusstsein für sich selbst hat.

BESUCHER: Dann gibt es wirklich nichts im Besonderen, was man tun kann, um das zu realisieren und man kann auch nicht versuchen, nichts zu tun. Es ist einfach. So ist das eben und das ist alles.

MAHARAJ: Ja. Verstehen Sie einfach. Sein Sie einfach Ihr Selbst.

BESUCHER: Sollte man Vertrauen ins Selbst setzen?

MAHARAJ: Wo stellt sich die Frage nach Vertrauen, wenn Sie Ihr Selbst sind? Sein Sie einfach Ihr Selbst. Das Unternehmen ist zum Stillstand gebracht. Wenn Sie das sind, ist es beendet – der Kreis ist geschlossen, Sie sind das Selbst.
Diese Selbstrealisation ist Gott, das Selbst ist selbst Gott. Die Religion lehrt, dass ein Gott in die Form eines Körpers gebracht wurde, weil sich die Menschen selbst mit einem Körper identifizieren; das Bild Gottes wurde auch in den Körper gebracht. Was ich Sie lehre, ist, dass Sie Gott sind; im Selbst zu verbleiben ist göttlich. Gegenwärtig verstehen Sie einen Krishna, Christus, Buddha oder einen Propheten als Gott, aber als Persönlichkeiten sind sie keine Götter.

Gott bedeutet das Bewusstsein „Ich bin“ – es hat keine Form, keinen Namen. Weil Christus oder Buddha oder Krishna sich selbst erkannt haben – ihr Bewusstsein – wurden Sie göttlich. Damit es die Leute verstehen, wurden sie als Götter beschrieben, aber Gott kann nicht benannt werden, kann nicht auf einen Körper beschränkt werden. Um im Selbst zu verbleiben, stabilisieren Sie sich im Selbst, das ist Gott. Mein Guru lieferte mich an die Göttlichkeit aus.

BESUCHER: Trotz des offensichtlichen Leids, das eine Person haben mag, ist das, was Maharaj sagt, jemals nicht wahr? Ich meine, man ist immer das Selbst, ob man sich dessen bewusst ist oder nicht.

MAHARAJ: Jetzt ein bisschen höher. Bewusstsein ist da, aber es ist nicht einfach nur Bewusstsein sondern ein Prinzip, dass das Bewusstsein er(kennt). Dieses Prinzip ist zusammen mit dem Bewusstsein da.
Christus lebte als Person vor ungefähr 2000 Jahren; haben Sie davor existiert oder nicht?

BESUCHER: Das muss ich.

MAHARAJ: Sie haben auch vor Christus existiert – das müssen Sie verstehen. Das Eine, das das Bewusstsein bezeugt, weiß, dass das Bewusstsein nicht da war.

BESUCHER: Das Bezeugen des Bewusstseins ist keine gewöhnliche Art von Erfahrung, richtig?

MAHARAJ: Wenn Erfahrungen vorhanden sind, dann aufgrund des Auftauchens von Bewusstsein. Wenn das Bewusstsein nicht da ist, keine Erfahrung.

BESUCHER: Aber Maharaj sagt, dass es etwas vor dem Bewusstsein gibt, das erfahren werden kann.

MAHARAJ: Nein. Es wird nicht erfahren. Das Prinzip kennt oder bezeugt das Bewusstsein; wenn das Bewusstsein nicht da ist, endet das Bezeugen. Sie können es konzeptionell nicht erfassen, Sie allein müssen DAS werden.

Das ultimative Prinzip ist vorhanden. Bewusstsein in der Form eines Christus oder eines Krishna tauchte auf, die Persönlichkeiten waren da, und diese wurden als Götter identifiziert, weil Sie sich im Bewusstsein gefestigt hatten. Das Bewusstsein ist nur aufgrund des ultimativen Prinzips erschienen. Als das Bewusstsein nicht da war, wo waren da Christus oder Krishna? Sie waren einzig das Absolute. Bevor die Manifestation stattfinden kann, muss es etwas geben, das sich selbst manifestiert hat, das ist das Absolute.

BESUCHER: Ich verstehe, dass das, was Maharaj sagt, der Fall sein muss, aber woher weiß er das?

MAHARAJ: Dass Sie sind und die Welt ist, woher wissen Sie das? Muss Ihnen das irgendjemand sagen? Wenn Sie der einzige Mensch auf Erden wären, wüssten Sie es trotzdem.

BESUCHER: Ich weiß es einfach.

MAHARAJ: Sie wissen es spontan; alles ist so. Solange Sie in Begriffen einer Entität denken, intellektuell, kann es davon niemals ein Verstehen geben. Wirklich, die Wahrheit ist wie ein Fleck, alles ist in dem Fleck Bewusstsein enthalten.
Ich weiß wie die Lage war, bevor Christus oder Buddha Ihre Körper erhielten. Egal, wie die Form ist und das Bewusstsein darin, es ist zeitgebunden. Ich bin zeitlos.

BESUCHER: Jesus sagte: „Bevor Abraham war, bin ich“, Abraham war der Vater der Juden.

MAHARAJ: Ah-h-h, das ist es! Das kenne ich.

5. JANUAR 1981

BESUCHER: Obwohl der individuelle Körper eine begrenzte Zeitspanne hat, ist Bewusstsein in einem anderen Sinne unbegrenzt, da es unzählig viele Körper gibt und sie immer wechseln, richtig?

MAHARAJ: Das stimmt. Bewusstsein ist der Stoff der Erschaffung.

BESUCHER: Wenn man völlig im Bewusstsein versunken ist, bis zu einem Grad wo es kein getrenntes Wesen mehr gibt, bedeutet das, dass alles, Vergangenheit, Zukunft und Gegenwart darin enthalten ist, darin gegenwärtig ist, dass es so etwas wie Zeit wirklich nicht gibt?

MAHARAJ: Das ist richtig.

BESUCHER: Alles, was existiert, ist Bewusstsein und befindet sich nur im Bewusstsein; und obwohl sich der menschliche Körper von einer Blume unterscheidet, stimmt es, dass beide lediglich Bewusstsein sind? Der Unterschied besteht nur in der Erscheinung, aber sie sind substantiell genau dasselbe?

MAHARAJ: Alles unterscheidet sich im Aussehen. Was dasselbe ist, ist das alles durchdringende Bewusstsein. Was ist schwer zu verstehen? Die fünf Elemete, alles, was man sieht, ist daraus gemacht.

BESUCHER: Kann man sagen, dass das nicht manifestierte Bewusstsein das Absolute ist und das manifestierte Absolute Bewusstsein?

MAHARAJ: Durch intellektuelle Akrobatik kann man das Ultimative nicht realisieren. Sie versuchen das, was unbegrenzt ist, auf das, was begrenzt ist – den Intellekt – zu beschränken.
Ich bin beinahe Analphabet; warum kommen die Leute hierher, um mich zu sehen? Welchen intellektuellen Status hat diese Dame? Sie ist ein Doktor der Philosophie. Warum kommt sie her? Wenn ich sie sehe, worauf schaue ich dann? Schauen Sie aufs Geburtsprinzip, diesen Punkt, den Punkt, der geboren wurde. Sie sind ein Erzeugnis des gegenständlichen Stoffs, dieses Tropfens. Hat jemand den Körper erschaffen?

BESUCHER: Nein, er ist aus dem Tropfen hervorgegangen.

MAHARAJ: Warum kategorisieren Sie dann alle diese Ereignisse? Richten Sie Ihre Aufmerksamkeit genau auf diesen Punkt. Was Sie gerade sind, ist ein Erzeugnis des Geburtstropfens. Richten Sie Ihre Aufmerksamkeit darauf und alles wird sich Ihnen eröffnen. Wenn Sie, als Wesen, daraus eine intellektuelle Studie machen wollen,

kommen Sie nicht wieder. Hier gibt es nur Sie; kommen Sie ins Reagenzglas.
Warum verfangen Sie sich in den Ästen und Zweigen; warum gehen Sie nicht zum Samen? Ohne den Samen wäre der Baum nicht da. Finden Sie heraus, woher der Same kommt. Das ist, wohin ich Sie wieder und wieder zurückführe. Was immer ich erleiden muss, physisch oder anderswie, ist infolge von was? Es beginnt mit Selbstliebe, dem Bedürfnis, da zu sein. Dieses Bewusstsein ist der Grund für alles Leiden. Diese Liebe des Seins, die Liebe des Selbst, Liebe des Bewusstseins, ist die Eigenschaft wovon? Es ist die Eigenschaft des Samens, des Spermas. Das Bewusstsein war latent in etwas vorhanden, dem der Name Geburt gegeben worden ist. Wo ist derjenige, der das versteht?
Nachdem Sie das spirituelle Wissen erhalten haben, warum wollen Sie es auf Papier und Stift reduzieren?
Die Leute hören, was ich sage, aber äußerst selten wird es jemand in die Praxis umsetzen. Ich war nicht lange mit meinem Guru verbunden. Mein Guru sagte mir lediglich: „Sie sind nicht dies (oder das), Sie sind DAS." Das ist alles. Ich nahm es mit einer solchen Überzeugung an, dass die Erkenntnis in dem aufgegangen ist, was gekommen ist.
Aus der Nahrungsessenz entspringt der Geschmack „Ich bin". Das Absolute hat keinen Geschmack. Sie können nicht von sich selbst bezeugt werden, nur das, was sich von Ihnen unterscheidet, kann von Ihnen bezeugt werden.

6. JANUAR 1981

BESUCHER: Kann ich nach dem Tod anderen Menschen helfen, das Licht zu erreichen?

MAHARAJ: Nach dem Tod werden Sie sich nicht daran erinnern, dass Sie sind. Sie müssen wissen, was der Tod ist. Sie sprechen über die Existenz nach diesem Leben; erinnern Sie vergangene Leben?

BESUCHER: In meinem letzten Leben war ich auf einer Insel und half anderen Menschen.

MAHARAJ: Erinnern Sie sich an Ihre Eltern?

BESUCHER: Nein.

MAHARAJ: Welchen Beweis gibt es, dass Sie dort geboren wurden?

BESUCHER: Ich weiß es nicht.

MAHARAJ: Das ist lediglich Einbildung, eine Fantasie, ein Konzept, das Ihnen erscheint. Wenn das Bewusstsein zum Zeitpunkt des Todes ein sehr starkes Konzept unterhält, dann kann das Bewusstsein dieses bestimmte Konzept hervorbringen. Angenommen, die Person bildet sich zum Zeitpunkt des Todes ein, sonst wo zu leben – dann wird das Bewusstsein eine entsprechende Situation erschaffen. Das Reich des Bewusstseins ist nicht ewig. Das Bewusstsein ist ein Schwindel. All diese Dinge sind Illusionen im Reich des Bewusstseins.

BESUCHER: Das Bewusstsein ist immer manifestiert, oder?

MAHARAJ: Bewusstsein wird vorhanden sein, solange ein Partikel Raum vorhanden ist.

BESUCHER: Ist es hilfreich, in die Abgeschiedenheit zu gehen, um das zu realisieren?

MAHARAJ: Ja.

BESUCHER: Aus dem alltäglichen Leben herauszugehen?

MAHARAJ: Nicht so. Sie müssen Ihr familiäres Leben nicht hinter sich lassen.

BESUCHER: Welche Art von Abgeschiedenheit?

MAHARAJ: Sein Sie selbst in der Menge allein, verbleiben Sie im eigenen Selbst. Richten Sie Ihre Aufmerksamkeit auf Ihr Selbst.

BESUCHER: Spielt es eine Rolle, wenn man intellektuell nicht versteht, aber einfach Hingabe hat?

MAHARAJ: Wenn Sie Hingabe haben, wird das Wissen um sich greifen. Wenn gesagt wird, dass jemand aus Hingabe einen Gott trifft, dann ist das kein persönlicher Gott. Es ist der Devotee, der selbst in das Wissen hineinwächst, in die Tiefgründigkeit – er wird göttlich. Dieser Gott wird so lange da sein, wie sich der Devotee selbst kennt; wenn der Devotee ins Nichts absinkt, sinkt der Gott auch ins Nichts ab. Sie müssen zum Schluss kommen, dass Ihre Bilanz in letzter Konsequenz Null ist.
Aufgrund der Essenz der verdauten Nahrung im Körper ist die „Ichheit" da. Was Sie gegenwärtig sind, ist das Resultat der Nahrung. Wo sind Sie, wenn keine Nahrung zur Verfügung steht? Was ist dann mit dem ganzen profunden Wissen, dass Sie gesammelt haben?
Nehmen Sie für sich selbst keine Autorschaft für irgendwas in Anspruch – alles passiert. Wenn Sie nicht sind, wozu sind dann all die Übungen gut, einschließlich Gott? Selbst wenn Sie davon völlig überzeugt sind, werden Sie auf Nichts reduziert; nichtsdestotrotz, auf dem Totenbett werden Sie den letzten Tropfen Medizin zu sich nehmen, um zu überleben.
Das ist wahre Befreiung: Zu wissen, dass Sie nichts sind. All Ihr Wissen und Sie selbst werden liquidiert – dann sind Sie befreit.
Wenn Sie glauben, einige große Taten vollbracht zu haben, werden Sie sich vornehmen, in den Himmel zu kommen. Sie sind von Konzepten besessen, Sie sind nicht befreit. Dieses Wissen ist für denjenigen geeignet, der Hingabe an den Guru hat; nur eine solche Person ist geeignet, das Wissen zu erhalten.

BESUCHER: Obwohl wir diesen Worten viele Jahre zugehört haben, fühlen wir uns niemals erschöpft.

MAHARAJ: Es gibt die Faszination, das wieder und wieder zu hören. Sie sammeln die Worte nicht, um sie zu verstauen, Sie erfahren die Wirkung der Worte und lassen sie dann gehen.

10. JANUAR 1981

BESUCHER: Arbeitet das Bewusstsein durch den Verstand?

MAHARAJ: Alles findet im Bewusstsein statt. Ich habe vor langer Zeit meine unabhängige Identität aufgegeben, die Frage nach einer unabhängigen Entität stellt sich nicht. Alles ist nur eine Erscheinung im Bewusstsein.

So, wie der Hauptbestandteil jedes Kleidungsstücks der Faden ist, so ist die Essenz jeder Erscheinung Bewusstsein. Das muss zutiefst bewusst wahrgenommen werden und das kann nicht passieren, solange die Identifikation mit dem Körper vorhanden ist. Solange die Identifikation vorhanden ist, werden Sie nur daran denken, die Pseudopersönlichkeit zu begünstigen.

Solange Sie dieses Bewusstsein haben, ist das gesamte Universum lebendig, wenn es von Ihnen gegangen ist, ist nichts vorhanden. Verstehen Sie, es gibt einen Unterschied zwischen jemandem, der aufgrund von Bücherwissen spricht und jemandem, der aus der direkten Erfahrung spricht.

Ein *jnani* identifiziert sich mit dem universellen Bewusstsein, daher ist da eine perfekte Anpassung an alles und an jeden Ort. Nur das Bezeugen ereignet sich. Dieser psychosomatische Apparat ist für beide da, für den *jnani* wie für den Unwissenden, aber der Unwissende, der sich mit dem Körper identifiziert, ist je nach Situation glücklich oder unglücklich. Der *jnani* bezeugt nur, er ist nicht persönlich damit beschäftigt, was passiert.

Ich wiederhole es wieder und wieder, bitte hören Sie zu: Verstehen Sie, aufgrund von was wir uns lebendig fühlen, verstehen Sie die Natur dessen, verstehen Sie den Geschmack dessen, dann wird die Identifikation mit dem Körper verschwinden.

Atman prem (Selbstliebe), das Seiende hat sich ohne Anstrengung Ihrerseits zugetragen. Was ist ihre Natur, ihr Geschmack, was ist die Selbstliebe? Das müssen Sie herausfinden.

Machen Sie Ihre Identität am Seienden fest, geben Sie ihm keine Glieder, keine Kontur, keine Form. Sobald Sie ihm eine Form geben, haben Sie es begrenzt.

Verstehen Sie die Energie, die hinter der gesamten Manifestation des Universums steht.
Sie stellen viele Fragen und suchen Antworten in Büchern und Worten und nicht in der intuitiven Erfahrung. Das ist kein Wissen. Wissen kommt anstrengungslos aus dem Bewusstsein, von selbst.
Der Energie, die die Quelle aller Manifestation ist, sind verschiedene Namen gegeben worden. Menschen beten die Namen und Formen an, Sie beten nicht das Seiende an, diese Substanz, die durch die Namen repräsentiert wird. Beten Sie nur dieses Seiende an.
So, wie es zwischen zwei echten Freunden keine Trennung gibt, da der echte Freund die Bedürfnisse des anderen ohne Worte kennt und sich von selbst um ihn kümmert, sollten Sie eine tiefe Freundschaft mit dieser Substanz entwickeln, nicht mit der Absicht um Gefälligkeiten zu bitten, sondern so wie ein Freund, der einen Freund sucht.
Sein Sie eins mit dem Wissen „Ich bin“, der Quelle des Empfindungsvermögens, dem Seienden selbst. Die Leute denken und sprechen über alles andere, nur nicht über die grundlegende Sache, von der ich Ihnen erzählt habe. Sie sind an wissenschaftlichen Wundern interessiert, sie machen aus der Wissenschaft einen Gott, sie beschäftigen sich selbst mit Formen, die bereits manifest sind. Sie sind nicht am ursächlichen Wunder interessiert, diesem Körper und seiner Lebenskraft.
Wir ignorieren dieses Wunder. Wenn kein Bewusstsein vorhanden ist, gibt es keinen Gott. Die Existenz und Essenz Gottes sind beide im Bewusstsein und daher in diesem Körper.
Wie ist es zu Tempeln und Kirchen gekommen? Aufgrund der Inspiration des Bewusstseins im Körper. Das Bewusstsein ist der Same von *brahman*, von Gott, von allem. Ereignisse passieren und offenbaren sich nur, wenn Bewusstsein vorhanden ist und das Bewusstsein ist im Körper.
Nichts von dem, was ich sage, wird Ihnen in der Welt von Vorteil sein. Ich sage Ihnen nur, was Sie sind. Wenn Sie die Art Frieden suchen, der von unschätzbarem Wert ist, kann er nur darin bestehen, sich selbst mit unerschütterlicher Überzeugung im Bewusstsein zu gründen. Mit Überzeugung meine ich niemals anzweifelnd, fest,

unerschütterlich, niemals wankend – haben Sie diese Art von Überzeugung in Ihr Sein. Denken Sie an nichts anderes, beten Sie zu nichts anderem. Aufgrund der Selbstliebe (*atman prem*) ist alles.
Was passiert in dem Augenblick, der Tod genannt wird? Alles, was er bedeutet, ist, dass ein Flecken Bewusstsein aufgegeben wird. Dieser Fleck wird für ein Konzept aufgegeben, das Sie als Zeit übernommen haben. Widerwillig händigen Sie ihn (den Flecken Bewusstsein) der Zeit aus. Der *jnani* übergibt ihn seiner eigenen wahren Natur.
An wen sollen wir *atman prem*, diese Existenz, die wir für so viele Jahre geschützt haben, übergeben? Als Unwissender, an unser Konzept von Zeit. Als unwissender *bhakti* (Devotee), an ein Konzept von Gott. Als *jnani*, an die eigene wahre Natur.
Welche Identität Sie auch glauben zu haben, haben Sie sie durch Anstrengung oder Absicht erworben? Gibt es da irgendetwas, das wirklich Ihnen gehört? Nein. Dieser Körper, dieses Bewusstsein, sie sind spontan gekommen, so wie der Schlaf kommt, wenn er will. Selbst Wachen und Schlafen unterliegen nicht Ihrer Kontrolle. Was gehört Ihnen? Wer hat aus eigenem Bemühen das Wissen des Selbst?
Dieses Pseudowesen denkt, dass es selbst tätig ist. Ich spreche jetzt zu Ihnen als Bewusstsein. Kann mir einer von Ihnen einen Hinweis auf das Wissen geben, auf das Seiende, das Sie sind?

BESUCHER: Bewusstsein dankt Bewusstsein wieder und wieder.

MAHARAJ: Das, worüber nichts gesagt werden kann, habe ich gesagt. Akzeptieren Sie diesen Tropfen, schmecken und schlucken Sie ihn.
Hören Sie das: Gott kann nur im Herzen des Menschen existieren, nirgendwo sonst. Sie identifizieren sich mit dem Körper und begrenzen sich selbst und dennoch – vernachlässigen Sie den Körper nicht, er ist das Haus Gottes, sorgen Sie dafür. Nur in diesem Körper kann Gott realisiert werden.
Nur einer analytischen Art des Verstehens nach ist Gott, Ihr Körper, Ihr Selbst, geteilt worden, aber es ist ein Selbst, alles hängt aufs Engste zusammen.

19. JANUAR 1981

MAHARAJ: Ist das Gefühl von Anwesenheit, soweit es Sie betrifft, nicht überaus willkommen – lieben Sie es nicht am meisten?
Warum sitzen Sie hier? Sie sitzen hier für sich selbst, weil Sie etwas für sich selbst wollen. Was ist es, das Sie sind? Gehen Sie da hinein. Sie haben keinen Zweifel, dass Sie da sind, also was ist es, das Sie ständig weitermachen lassen will?
Äonen Zeit sind gekommen und gegangen. Während dieser Zeit sind Millionen Formen erschaffen und zerstört worden. Haben sie (die Formen) das Empfinden, da zu sein? Machen sie sich über sich selbst Sorgen? Ohne das Empfinden von Gegenwärtigkeit gibt es nichts, was Sie tun können, und Sie können nichts tun, um es fortzuführen.

BESUCHER: Warum möchte es weitermachen?

MAHARAJ: Das ist seine Natur. Bewusstsein und Liebe sind dieselbe Sache. Fragen Sie sich, was Sie wollen, hinter was Sie her sind? Sie halten sich selbst für ein Wesen und möchten etwas. Würden Sie etwas brauchen, wenn Bewusstsein nicht da wäre?
Was Sie hier hören, unterscheidet sich stark von dem, was Sie erwartet haben zu hören.

BESUCHER: Muss ich mich mit dem Bewusstsein identifizieren?

MAHARAJ: Was ist dieses „Du“ anderes als Bewusstsein? Sind sie zwei? Es gibt kein Wesen, das irgendetwas in der Welt tun kann; es gibt kein Wesen, das auf einer spirituellen Suche sein kann. Wenn es kein Wesen gibt, gibt es keine Gefangenschaft und keine Befreiung. Verstehen Sie einfach: Es gibt nichts zu tun. Was ich Ihnen auch erzähle, hören Sie es und sortieren Sie es aus. Bevor Sie diesen Körper erhielten und Anwesenheit empfanden, sagen Sie mir, was haben Sie da getan? Nachdem das Gefühl der Anwesenheit aufgetaucht ist, kam das Wissen „Ich bin“, dann ist Ihnen eine Art Film gezeigt worden: „Das ist Ihre Familie, das sind Ihre Eltern.“ Haben Sie persönlich irgendwelche Erfahrungen davon?
Verstehen Sie, was erschaffen worden ist und zerstört wird; verstehen Sie, was Sie sind, das, was an nichts leiden kann.

Ich bin zu dem Schluss gekommen, dass das Bewusstsein und alles, was in ihm auftaucht, ein gewaltiger Schwindel ist. Da ist niemand, der den Schwindel begangen hat – es ist ein spontanes Ereignis. Es gibt keinen Verursacher des Schwindels. Dieser Flecken Bewusstsein erschafft Gott aus Matsch und Erde. Wenn er (Gott) angenommen worden ist, gibt er uns, worum wir beten. Wenn Sie den Schwindel erkennen, verstehen Sie auch, dass nichts dagegen getan werden kann, und so ist alles, was passieren kann, dazu da, dass sich Verstehen einstellen kann.
Dieser Körper und der Geschmack des Körpers – das ist das Verstehen. Ist der Körper nicht die Essenz der Nahrung und ist Bewusstsein nicht die Eigenschaft der Nahrungsessenz?
Es gibt eine sehr einfache Frage, die man im Kopf behalten muss: Welche Autorität oder Kontrolle habe ich über mein eigenes Leben? Was kann man also aus eigener Anstrengung tun?
Verstehen Sie, dass die gesamte Manifestation das Kind einer unfruchtbaren Frau ist. Aber nachdem Sie das verstanden haben, geben Sie Ihrer Arbeit volle Aufmerksamkeit und lassen Sie die Arbeit so effizient wie möglich geschehen. Kümmern Sie sich gut um die Arbeit, die Sie in der Welt tun, weil sie (die Welt) ein Waisenkind ist.

20. JANUAR 1981

MAHARAJ: Das Absolute ist … um Ihnen eine Idee zu geben: Es gibt in Indien einen Ort, an dem Sie nie gewesen sind; wenn eine Beschreibung gegeben würde, bliebe es für Sie immer noch eine Beschreibung. Das universelle Bewusstsein, das Seiende, ist alles, was gesehen wird. Wenn sich das universelle Bewusstsein selbst als Phänomen offenbart, ist das Phänomen die begrenzte Form, die denkt, dass sie unabhängig ist, es aber nicht ist. Das Phänomen ist die Manifestation des Bewusstseins, wenn es nicht manifestiert ist, ist es allem innewohnend. Wenn Sie denken, dass Sie verstanden haben, ist das nicht so. Nichts, was Sie wissen, entspricht der Wahrheit.

Der Körper besteht aus den fünf Elementen und jeder Körper verhält sich entsprechend dem Verhältnis der fünf Elemente zueinander. Solange man mit der Essenz der fünf Elemente identifiziert ist, ist es unmöglich, zu verstehen, weil das, was zu verstehen versucht, ein Pseudowesen ist. Das größte Hindernis beim Verstehen ist die Vorstellung, dass ich ein Wesen bin und zweitens, dass irgendein Konzept, das ich habe, Wahrheit ist.
Nur wenn mit größter Überzeugung verstanden wird, dass es kein Wesen gibt und dass das, was passiert, lediglich das Programm zum Funktionieren des Bewusstseins ist – da ist nur die Funktion und kein Wesen, das sie verursacht und keines, das leidet – nur dann kann Desidentifikation stattfinden. Anderenfalls ereignen sich alle möglichen Missverständnisse.
Sie haben nicht verstanden, solange Sie das Rätsel desjenigen nicht gelöst haben, der glaubt, verstanden zu haben.
Identifiziere ich mich mit dem Schmutz, den ich mir aus der Nase putze? Ist das Zeug, aus dem der Körper gemacht ist, irgendwie anders?
Ich bin weder der Stoff, aus dem der Körper gemacht ist, noch das Bewusstsein, das dem Stoff innewohnt.

27. JANUAR 1981

MAHARAJ: Woher kommen Sie und wer hat Sie hierhergebracht?

BESUCHER: Ich habe in einem Kloster in Thailand studiert und der Abt schlug mir vor, die Bücher von Maharaj zu lesen. Als ich mich entschied, nach Indien zu kommen, haben mir verschiedene Freunde, die schon bei Maharaj waren, geraten, hierherzukommen.

MAHARAJ: Haben Sie Fragen?

BESUCHER: Würden Sie mir erklären, welche Übungsmethode Sie empfehlen?

MAHARAJ: Es gibt keine Disziplin oder Praxis, der zu folgen ist.

Hören Sie mir einfach nur zu und akzeptieren Sie mit unerschütterlicher Überzeugung, was ich Ihnen sage.

BESUCHER: Welche Bedeutung hat Meditation?

MAHARAJ: Das einzige, was jedem eigen ist, ist die Überzeugung zu existieren, die bewusste Anwesenheit. Es wird nur auf die Wahrnehmung der Anwesenheit meditiert, nichts weiter.

BESUCHER: Während der Meditation sitzt man einfach und denkt an seine Präsenz.

MAHARAJ: Es geht nicht darum, als Individuum zu sitzen, sondern um das Wahrnehmen der Präsenz ohne Worte. Meditieren Sie auf das, das weiß, dass Sie hier sitzen. Ihr Empfinden, dass Ihr Körper hier ist, bedeutet Identifikation mit dem Körper, aber das, was weiß, dass der Körper hier sitzt, ist Ausdruck des Absoluten.

BESUCHER: Wird das vom Verstand erkannt?

MAHARAJ: Verstand ist die Eigenschaft des Materials, Sie sind nicht das Material, Sie sind, was das Material versteht. Das Empfinden von Präsenz wird Ihnen alles erklären, was nötig ist, damit Sie verstehen. Ihr Bemühen wird das nicht bewerkstelligen, aber das Empfinden der Anwesenheit, mit dem Sie eins werden, wird es.

BESUCHER: Sollte ich das Empfinden von Gegenwärtigkeit den ganzen Tag über entwickeln, bei all meinem Tun?

MAHARAJ: Es ist nicht notwendig, sich darauf zu konzentrieren, es ist immer da. Was Sie auch tun, die Essenz dessen ist der Körper-Verstand. Lassen Sie den Körper-Verstand seine Arbeit tun, aber verstehen Sie, dass das, was die Arbeit tut, nicht ist, wer Sie sind. Sie sind die Wahrnehmung der Präsenz.
Egal, welche Anstrengungen Sie unternehmen, ob körperliche oder intellektuelle, essentiell ist es die Leistung des Körper-Verstandes. Für Sie gibt es nichts zu tun. Mit Ihrer Überzeugung, vollkommen abseits vom Körper und Verstand zu sein, wird von selbst passieren, was auch immer passiert.

BESUCHER: Das klingt einfach, aber es muss sehr schwer sein.

MAHARAJ: Egal, was Sie denken, ob einfach oder schwer, halten Sie sich an die Überzeugung, dass Sie die Wahrnehmung der Präsenz und nicht der Körper-Verstand sind. Das, was Sie sind, hat keine Kontur und keine Farbe.

BESUCHER: Hält die Wahrnehmung der Präsenz an, wenn der Körper und der Verstand nicht mehr sind?

MAHARAJ: Wenn der Körper geht, wird die Wahrnehmung der Anwesenheit verschwinden und das Bewusstsein wird sich seiner selbst nicht länger bewusst sein.

BESUCHER: Wenn der Körper geht, geht alles?

MAHARAJ: Richtig. Da ist keine Erfahrung von Glück oder Unglück, und da ist auch kein Bedürfnis nach Erfahrungen.

BESUCHER: Gibt es nichts, was weitergeht – nichts?

MAHARAJ: Sie denken auf einer konzeptionellen Ebene. Auf dieser Ebene, wer ist es, der wissen möchte? Vergessen Sie DEN Zustand.

BESUCHER: Ich würde DAS gerne verstehen.

MAHARAJ: Was verstanden und wahrgenommen werden kann, kann niemals ewige Wahrheit sein. Das Unbekannte ist die Wahrheit.
Ich brauche keine Erfahrung, daher muss ich mich mit niemandem streiten. Während ihrer natürlichen Verweildauer werden Körper und Verstand weiterhin tun, was sie wollen.

BESUCHER: Ist es besser, das eine als das andere zu tun? Zum Beispiel könnte ich mit diesem Körper und Verstand einfach herumsitzen und nichts tun, oder ich kann Leuten helfen, Gutes tun. Was wäre besser?

MAHARAJ: Der Körper und Verstand werden tun, was für diese Verbindung natürlich ist.

BESUCHER: Sie können Dinge kontrollieren. Z.B. kann man zu viel essen oder trinken, solche Sachen – man kann aber auch Gutes tun, Leuten helfen, etc.

MAHARAJ: Das sind „do's und don'ts", die sich auf den Körper-Verstand beziehen, der Sie nicht sind; das ist die Voraussetzung, von der Sie ausgegangen sind. Verstehen Sie, dass sich das Bewusstsein seiner selbst nicht bewusst ist, wenn kein Körper vorhanden ist. Solange der Körper da ist, muss er auf natürliche Weise funktionieren.

BESUCHER: Dann lasse ich ihn einfach tun, was natürlich ist?

MAHARAJ: Die Frage, ob Sie es erlauben, stellt sich nicht. Es wird passieren, Sie haben keine Kontrolle darüber.

BESUCHER: Aber einige Dinge kann ich kontrollieren. Ob ich hierherkomme oder draußen bleibe – das kann ich kontrollieren.

MAHARAJ: Das ist ein Missverständnis. Was geschieht, geschieht von selbst. Das alles ist die Show oder der Ausdruck des Bewusstseins – seine Natur ist Veränderung. Es ist der Tanz der bewussten Präsenz. Es gibt so viele Arten, auf die sich das Bewusstsein selbst unterhält, viele verschiedene Formen, Fähigkeiten, Eigenschaften des Funktionierens. Aber es funktioniert nur, um sich selbst zu unterhalten. Wenn es müde ist, ruht es sich im Schlaf aus, wenn es wach ist, braucht es Unterhaltung, Bewegung, etwas zu tun.
Das sind alles Erscheinungen im Bewusstsein; jede wird entsprechend ihrer eigenen Dauer bestehen bleiben, aber im Grunde hat nichts, das passiert, Gültigkeit oder Wichtigkeit. Bis zum Erwachen oder Verstehen denken Sie, dass Sie der Handelnde sind, aber sobald sich bewusste Wahrnehmung einstellt, wissen Sie, dass da kein Wesen ist, das arbeitet.

BESUCHER: Ich denke einfach, dass es das Beste wäre, gute Dinge zu tun, statt schlechter.

MAHARAJ: Was meinen Sie mit guten und schlechten Dingen? Gute Dinge unter diesen Umständen können schlechte Dinge unter anderen Umständen sein. Selbst die Dinge, die Sie für gut halten, können nur so lange so sein, wie der Körper andauert. Nur äußerst selten erkennt jemand, dass es nichts zu tun gibt – er ist bereits DAS.

BESUCHER: Maharaj hilft uns, ist das ein willentlicher Zustand?

MAHARAJ: Es ist Teil des gesamten Ablaufs. Was stattfindet, ist eine Art Traumzustand, und alles was passiert, ist Teil des Traumes. Egal, was aus mir heraus passiert, ob spirituell oder weltlich, wird sich nicht in Verstandesmodifikationen vervielfältigen, weil alle Handlungen sowohl universell wie auch spirituell sind. Die Spiritualität ist perfekt, weil sie im Unbekannten stabilisiert ist.
Oftmals geschieht mir das Bezeugen von körperlichem Schmerz, weil der Körper und das Bewusstsein noch da sind, Instrumente, die Freude und Schmerz registrieren; aufgrund meiner Krankheit wird der Schmerz stärker wahrgenommen. Ich habe diesen Schmerz vorhin wahrgenommen, aber seit sie gekommen sind, ist er verschwunden. Wenn Sie im Bewusstsein gegründet sind, ist es voller Freude. Ich war in diesem Bewusstsein gegründet und voll der Freude, aber plötzlich ist diese Krankheit erschienen und der Schmerz ist gekommen. Solange Sie im Bewusstsein gegründet sind und keine körperliche Fehlfunktion haben, werden Sie keinen Schmerz erfahren. Das ist die Eigenschaft dieses Bewusstseins selbst.
Sie sind vor dem Bewusstsein. In diesem Zustand gibt es keine Freude und keinen Schmerz. Die Verbindung von Körper und Bewusstsein ist in etwa so: Sie sind Junggeselle und führen cin glückliches, freies Leben; mit der Verbindung zu einer Frau fangen Freude und Schmerz an. Es ist einfach so.

BESUCHER: Wie kann ich den Zustand erreichen?

MAHARAJ: ER setzt sich immer durch, aber ER befindet sich jenseits des Wissens. Dieser Zustand kann nicht ans Licht gebracht werden, das sind nur Fingerzeige, „Dort ist ES“ – Worte können in diesen Zustand nicht eindringen.

1. FEBRUAR 1981

BESUCHER: Maharaj sagt, dass die Welt nur dann existiert, wenn Bewusstsein in mir aufsteigt. Heißt das, dass die Welt, was mich anbelangt, nur so lange existiert, wie es Bewusstsein gibt?

MAHARAJ: Die Welt existiert, solange das Gefühl von Gegenwart da ist. Die Empfindung der Gegenwärtigkeit befindet sich im Bewusstsein – nicht in meinem oder Ihrem, sondern im universellen Bewusstsein. Die gesamte Manifestation des Universums hängt von der Wahrnehmung der Anwesenheit ab, dem generellen Empfinden von Präsenz. Wenn das Gefühl der Anwesenheit verschwindet, wo ist dann Ihr Universum?
Ich habe außer der drei Zustände Wachen, Schlafen und „Ichheit" keine Erfahrung, aber ich kann diese drei Zustände auch nicht aufgeben. Ich bin mit ihnen beladen, ich kann sie nicht loswerden. Sie sind ohne mein Wissen gekommen. Niemand hat mich gefragt, ob ich die drei Zustände will.
Ich betrachte niemanden von Ihnen als von mir verschieden; zur selben Zeit habe ich, was mich anbelangt, die gesamte Existenz ausradiert. Da es hier keine Individualität gibt, gibt es keine Bindung an die Worte, die aus mir herauskommen. Mit der Aufgabe der Individualität verschwindet die ganze Haltung – dieser da ist ein *sannyasi,* ein *jnani* oder sonstwas. Mit einer Haltung gehen Beschränkungen einher: „Ich bin so und so, ich darf das und das nicht sagen." Das Ganze ist eine Illusion, bloße Unterhaltung.
Prüfen Sie es aus Ihrer eigenen Erfahrung, gibt es da irgendetwas Konstantes? Selbst Ihr Bild von sich selbst ändert sich ständig.
Meine eigene Erfahrung ist, dass in der Welt nichts wirklich passiert ist. Der Sucher, das Suchen und das Gesuchte – nichts von den dreien ist wahr. Nichts passiert – alles, was in der Welt vor sich geht, ist ein Schwindel. Wann werden Sie verstehen oder Frieden finden? Nur wenn Sie diese Tatsache und die spirituelle Wahrheit verstehen, wird es in Frieden übergehen.

BESUCHER: Was ist die ultimative Wahrheit?

MAHARAJ: Sie. Sie können so frustriert und ärgerlich sein, wie Sie wollen, das stört mich überhaupt nicht. Mein Zustand ist ohne Wechsel.

BESUCHER: Sind meine Erfahrungen, die ich während der Meditation habe, die Wahrheit?

MAHARAJ: Alle Erfahrungen sind in der Zeit, an die Zeit gebunden. Wahrheit ist nicht an die Zeit gebunden.

2. FEBRUAR 1981

BESUCHER: Wie kann ich die Hingabe an den Guru zu etwas Dauerhaftem machen?

MAHARAJ: Ist Ihnen nicht gesagt worden, dass nichts in der Welt permanent ist? Das genau ist die Suche – was bin ich, wenn dieser vorübergehende Zustand vorüber ist und was, bevor er kam?
Sie haben eine Uhr, die gemacht ist, um 100 Jahre zu funktionieren. Nach 100 Jahren hält die Uhr an – sie hat ihren Zweck erfüllt. Wenn die Uhr des Körpers anhält, geschieht dasselbe – der Körper hat der Absicht des Bewusstseins gedient.

BESUCHER: Völlige Hingabe bedeutet zwei, etwas Verbindendes, einer gibt sich dem anderen hin.

MAHARAJ: Während des vorübergehenden Zustands im Bewusstsein ist alles richtig. Egal, wie die Handlung der Geschichte ist, sie stimmt, aber die Geschichte ist Fiktion.
Was ich Ihnen erzähle, ist vollkommen offen – ein offenes Geheimnis. Es gibt nichts, was ich vor Ihnen verheimliche. Versuchen Sie zu verstehen. Es ist lediglich eine Frage des Verstehens.

BESUCHER: Die Gnade des Gurus ist ständig da.

MAHARAJ: Guru ist kein Individuum. Sie denken in Begriffen der Form. Das Bewusstsein ist alldurchdringend. Finden Sie heraus, was dieses „Ich" ist, das die Gnade sucht. Im Körper tickt das „Ich bin" – das ist der Guru. Ehren Sie das „Ich bin" Prinzip und geben Sie sich dem Guru hin und der Guru wird Ihnen alle Gnade zuteilwerden lassen.
Im Bewusstsein kann nichts ohne das in Beziehung stehende Gegenstück existieren. In dem Augenblick, in dem Sie „Wissen" sagen, kann Wissen nur in Unwissenheit sein, also ist auch das Wissen, das man über den Guru hat, Unwissenheit. Wann wird das Wissen Guru

sein? Wenn sich das Wissen und die Unwissenheit zusammen in *vijnana* auflösen. *Jnana* ist Wissen, *ajnana* ist Unwissenheit und beide lösen sich in *vijnana* auf.

BESUCHER: Ich bin im Prozess gefangen, den Körper-Verstand zu beobachten.

MAHARAJ: Träume erscheinen in der objektiven, materiellen Manifestation, im Bewusstsein. Das sind nicht Sie – es ist etwas anderes – objektiv, materiell. Was Sie „Ich bin" und Geburt nennen, ist materiell. Das sind Sie nicht. Angenommen, da ist ein muslimischer Junge, den ich adoptiert habe. Ich habe den Jungen nicht gezeugt, aber ich beanspruche ihn jetzt als „meinen" Jungen. Auf ähnliche Weise ist auch diese „Ichheit" nicht unmittelbar ich, sie ist etwas anderes, etwas materielles, etwas muslimisches, ich bin das nicht. Ich, das Absolute, habe damit nichts zu tun.
Manchmal sind die Leute verwirrt, weil Sie eine Antwort auf Grundlage ihrer Konzepte erwarten. Sie bitten jemanden, Ihnen einen Löffel zu bringen und stattdessen bringt er Ihnen eine Nadel. Beides sind Worte, beides ist Wissen, aber es ist nicht, was Sie wollen. Was Sie hier erhalten werden, ist wahres Wissen, selbst wenn das, wonach Sie gefragt haben, kein wahres Wissen ist.

BESUCHER: Ich muss dieses Niveau erreichen, damit ich in der Lage bin zu verstehen.

MAHRAJ: Es gibt Millionen Körner, aus denen Millionen Formen hervorgehen, aber er ist nur ein Same. All die Millionen Formen sind aufgrund eines bestimmten Samens da, aber ich bin nicht dieser Same.
Das ultimative Wissen enthält kein Wissen. Dieses Wissen „Ich bin" ist spontan erschienen, als Ergebnis des Körpers. Sehen Sie es, wie es ist, verstehen Sie es, wie es ist.
Wenn der Wachzustand vorbei ist, beginnt der Schlaf, wenn der Schlaf geht, fängt der Wachzustand an. Wenn beide gegangen sind, bin ich zu Hause. Warum haben sie (die Zustände) mich verlassen? Weil es alles fremd war, es war nicht ich.

Hier ein Rat: Es ist besser, dem spirituellen Wissensbusiness nicht in die Falle zu gehen; haben Sie eine gute Zeit, ein gutes Leben, sein Sie anderen zu Diensten, und zu gegebener Zeit, wenn die Zeit reif ist, werden Sie sterben.

BESUCHER: Ohne Ihren Rat befolgen bereits Millionen von Menschen Ihren Rat.

3. FEBRUAR 1981

MAHARAJ: Das Wissen, das ich darlege, wird Ihre Identität als Persönlichkeit auflösen und Sie in das offenbare Wissen transformieren. Das offenbare Wissen, das Bewusstsein, ist frei und nicht konditioniert. Es ist weder möglich, das Wissen festzuhalten noch es loszulassen, weil Sie das Wissen sind, subtiler als Raum.
Das Wissen, dass Sie das Offenbare sind, muss durch Meditation geöffnet werden; Sie erhalten es nicht durchs Hören von Worten.
Ist das Bewusstsein nicht vor jeder Erfahrung und gibt es da nicht etwas, über das das Bewusstsein gekommen ist? Der Wachzustand, Tiefschlaf und das Gefühl der Anwesenheit, wer anderes hat diese Erfahrung als DAS, was vor diesen Erfahrungen lag?
Zu Ihnen spricht der Zustand, der an die Zeit gebunden ist, er ist vorübergehend über meinen ursprünglichen Zustand gekommen. Deshalb können Sie und ich keine Angst haben; es ist lediglich der veränderliche Zustand, der sich mit dem Körper identifiziert hat, der Angst hat.
Die Angst vor dem Tod ist die Strafe für die Identifikation mit dem Körper als einem getrennten Wesen im vollkommenen Ablauf.
Anwesenheit und Abwesenheit sind eine in Beziehung stehende Dualität, das wurde erst erkannt, nachdem das Empfinden der Anwesenheit entstand, früher gab es weder das Empfinden von Abwesenheit noch von Anwesenheit.

BESUCHER: Was, wenn wir nur intellektuell verstehen und noch nicht erkannt haben?

MAHARAJ: Selbst wenn Sie nur intellektuell verstanden haben, ist

der große Vorteil, dass Sie nicht durch die Angst vor dem Tod gefesselt sein werden. Die Geburt hat Ihnen nichts gegeben und der Tod kann Ihnen nichts nehmen.
Laut der Welt habe ich diese furchtbare Krankheit; ich spreche weiter, genauso, wie ich es früher getan habe, es hat keine Wirkung auf mich. Nur das, was die Geburt angenommen hat, wird verschwinden, was betrifft das mich?
Sie können sich glücklich schätzen, das zu hören. Hören Sie zu, aber unternehmen Sie keine Anstrengung, das zu verstehen, weil nur Ihr Intellekt versuchen kann, es zu verstehen. Aber der Intellekt kann DAS nicht erreichen. Was Sie gehört haben, wird seine eigenen Ergebnisse hervorbringen; mischen Sie sich nicht ein. Selbst wenn Sie Gefühle der Angst, etc. haben, verstehen Sie, dass sie aus der Chemikalie bestehen, aus der Körper und Verstand gemacht sind. Sie haben mit dem vorübergehenden Zustand nichts zu tun.
Viele Menschen begehen im Namen der Spiritualität Grausamkeiten an Ihren Körpern und denken, dadurch überragendes Wissen zu erlangen. Welches und woher? Was glauben Sie zu gewinnen?
Das Wissen ist – vorausgesetzt ich bin.

17. FEBRUAR 1981

MAHARAJ: Ich bin weder Schüler noch Guru. Das alles ist das Spiel der fünf Elemente. Der Körper ist lediglich eine biologische Entwicklung, eine Vegetation und wir sind stolz darauf und behaupten, jemand zu sein. Aber es ist einfach nur natürliches Wachstum, wie bei Pflanzen

BESUCHER: Ist der Erfahrende ewig?

MAHARAJ: Wenn der Erfahrende ewig wäre, hätte er keine Erkundigungen angestellt und nicht gefragt, was das ist und was dies. Wenn er ewig gewesen wäre, hätte er bereits alles Wissen der objektiven Welt gehabt.

BESUCHER: Wie können wir den Weg finden, der für uns gedacht ist?

MAHARAJ: Wenn Ihr Drang, das Selbst zu realisieren, sehr groß ist, werden Ihr Drang und das Bewusstsein Sie auf die richtige Bahn lenken.

BESUCHER: Manchmal, wenn ich verstehe, passiert mir etwas. Entweder werde ich nervös oder ich fange an, meinen Kopf oder Nacken zu schütteln und manchmal ist Lärm in meinem Kopf. Ich verstehe das nicht. Sollte ich es ignorieren oder was?

MAHARAJ: Ignorieren Sie es einfach. Das sind gute Anzeichen.

BESUCHER: Manchmal ist da körperliche Übelkeit.

MAHARAJ: Das ist keine Übelkeit, es ist der Ausdruck des fünf-Elemente-Körpers.

BESUCHER: Kann man durch *nama-mantra* erkennen?

MAHARAJ: So viele Weise haben sich nur durch *nama-mantra* ins höchste Licht hinein entwickelt. Was Sie auch immer rezitieren, es sollte mit Ihnen verschmelzen, vor dem Verstand.

BESUCHER: Manche Leute erzählen von Gurus, die Kraft und Energie geben.

MAHARAJ: Das ist möglich. Ich habe nur über mein Selbst nachgedacht.

BESUCHER: Trancen, Visionen, *samadhi* – ist Maharaj durch all diese Erfahrungen gegangen?

MAHARAJ: Durch jede Menge davon. Ich habe keine dieser Erfahrungen angenommen.

BESUCHER: Warum gehen manche da durch und andere nicht?

MAHARAJ: Die Gestaltung jedes Suchers ist anders. Entsprechend der Eigenschaften des Suchers wird er Erfahrungen machen. Es hat so viele Weise gegeben, die das Selbst realisiert haben, aber die Erfahrung aller ist verschieden gewesen, weil sich ihre Eigenschaften unterschieden haben. Die Erfahrungen von Rama und Krishna waren verschieden. Jeder *jnani* verwirft die Erfahrungen; er verbindet sich nicht mit ihnen. Er hängt sich nicht daran und versucht nicht, sie wieder heraufzubeschwören.

18. FEBRUAR 1981

BESUCHER: Diese Identität mit dem Körper, als Entität, ist vorhanden. Hätte jemand in irgendeiner Phase etwas tun können, um die Identifikation zu verhindern?

MAHARAJ: Es ist die Natur des Seienden, sich mit der Form zu verbinden. Wie kann sich ein eingebildetes Wesen selbst trennen?

BESUCHER: Ist der Wunsch, getrennt zu sein, auch natürlich, Teil der Natur?

MAHARAJ: Ja. Es ist alles Teil des natürlichen Ablaufs – Teil der Show. Das ganze Ding ist ein Konzept. Alles, was getan werden kann, ist, zu verstehen.
Schauen Sie auf den offensichtlichen Widerspruch: Meine eigene Form leidet, wenn das bekannt ist, kommen mehr Leute hierher, mehr Leute erhalten Vorteile. Diese Vorteile ergeben sich automatisch, spontan – ich arbeite nicht für die Vorteile, die Sie erhalten.
Mein Sprechen und Ihr Zuhören sind Teil des totalen Ablaufs. Sie betrachten es so, als ob ein Individuum einem anderen Individuum zuhört, aber das ist nicht der Fall. Was Sie hören, ist universelles Bewusstsein. Dieses Wissen kann einem Menschen, der ein spirituelles Kleinkind ist, nicht vermittelt werden. Der Mensch versucht, Vorteile für sich als Einzelnen zu kassieren. Wenn diese Identifikation aufgegeben wird, wird die Empfänglichkeit für diese Worte geschaffen. Aus einem enormen Wasserspeicher schöpfen Sie ein winziges Gläschen Wasser und sagen: „Das bin ich."
Der Status und das, was man erreicht hat, werden nur so lange da sein, wie der Name und die Form; wenn sie verschwunden sind, wo ist dann das Wesen, das denkt, etwas erreicht zu haben? Wie kann Sie etwas in der Welt stören, wenn das zutiefst erkannt worden ist?
Ich spreche über das ursprüngliche Konzept, das Bewusstsein, vor dem nichts war. Was sich im ursprünglichen Konzept befindet, wird

nur so lange bleiben, wie Bewusstsein vorhanden ist – dann kehren wir in unsere ursprüngliche Natur zurück. Wenn sich Ihnen das Bewusstsein von selbst darlegt und Ihnen Ihre wahre Natur zeigt, dann werden Sie keine Form haben. Kann es ohne Form ein Bildnis geben?
Die gesamte Manifestation ist eine Halluzination, ihrer Beschaffenheit nach unbeständig.

22. FEBRUAR 1981

BESUCHER: Was soll ich während des Tages tun? Welche Art von Gedanken sollte ich haben und was tun, um meine wahre Natur zu erkennen und inneren Frieden zu haben?

MAHARAJ: Alle Gedanken und Handlungen werden sich auf den Körper-Verstand beziehen. Um Ihre wahre Natur zu erkennen, muss auf die Identität mit dem phänomenalen Zentrum verzichtet werden. Das kann durch keine willentliche Handlung geschehen – es passiert ohne besondere Anstrengung. Die Frage, was zu tun ist, stellt sich nicht, weil es niemanden gibt, der etwas tut.
Der Verstand kann nur mit Namen, Formen und Eindrücken arbeiten. Wenn Sie diese aufgeben, wird der Verstand hilflos sein. Was ich über Ihre wahre Natur sage, ist so einfach, dass es der Verstand nicht fassen kann.
Was ist, ist immer dagewesen. Geben Sie das begriffliche Denken auf, dann verbleibt, was ist. Die Leute machen nur Halt, wenn sie das Manifeste sehen. Wer wird sich hinter das Offenbare begeben und erkennen, dass das Manifeste und das Nichtmanifeste nicht zwei sind – sie sind eins.
Das Offenbare wird als Licht gesehen, das Nichtoffenbare als Dunkelheit, aber was *ist*, ist DASSELBE – DAS, was beides erkennt.
Für denjenigen, der die Identifikation aufgegeben hat, ist es einfach. Worte können nur auf etwas hinweisen. DAS, was ist, ist weder wie ich oder wie Sie, es ist sich nicht einmal bewusst, was es ist. Nur wenn sich das Bewusstsein seiner selbst bewusst ist, kann es Erkenntnis von irgendetwas geben. ES ist vor aller Erkenntnis. Es ist

sehr einfach. Leute, die man für sehr gebildet hält kommen hierher, wie sehe ich sie? Ich sehe, dass Sie sich in vollkommener Unwissenheit befinden.

BESUCHER: Warum gibt es Angst vor der Dunkelheit?

MAHARAJ: Ihre Frage ist völlig irrelevant. Gehen Sie zur Quelle, ohne die weder Licht noch Dunkelheit wahrgenommen werden könnten. Welchen Sinn hat es, über etwas Objektives zu sprechen, wo ich Ihnen gesagt habe, zum Subjekt zu gehen?

BESUCHER: Ich halte mich zu unterschiedlichen Zeiten für gut oder schlecht.

MAHARAJ: Das kann nur durch die Identifikation mit dem Körper passieren; geben Sie das auf. Von jetzt an werde ich nur noch sagen, wie die Lage ist, danach müssen Sie erkennen. Ich habe keine körperlichen Ressourcen für ein Gespräch. Egal, was Sie hören, es kann und wird nicht vergeudet sein.

23. FEBRUAR 1981

MAHARAJ: Wenn Sie den Kern der Sache wirklich verstanden haben, können keine Fragen auftauchen. Fragen kommen nur in einer Entität auf. Die Frage ist für gewöhnlich – „Was kann ich tun?" Wo das „Ich" selbst nicht ist, wer will da etwas wissen? Jede Manifestation ist eine Erscheinung im Bewusstsein, empfangen und wahrgenommen vom Bewusstsein. Es gibt nur die arbeitende Manifestation und die Wahrnehmung davon.

BESUCHER: Mein Verstand ist zu aufgewühlt, damit das Bewusstsein im Bewusstsein sein kann.

MAHARAJ: Sie haben dem, was ich gesagt habe, nicht sorgfältig zugehört. Die Worte haben Sie nicht erreicht. Ich habe Ihnen gesagt, dass Bewusstsein ständig da ist und dass alles, was passiert, im Bewusstsein stattfindet, also lassen Sie Bewusstsein im Bewusstsein verbleiben.

Warum versuchen Sie, sich da einzumischen, indem Sie sich selbst für ein getrenntes Wesen halten? Alles, was ist, ist Bewusstsein.

BESUCHER: Darf ich eine Frage über die Bedeutung von Leiden stellen?

MAHARAJ: Jetzt entwickeln Sie ein neues Konzept – dass hinter dem Leiden etwas Bedeutungsvolles oder Tiefsinniges steckt. Diese Vorstellung wird Sie erwürgen. Jedes Konzept, das aus Ihnen herausbricht – wie kann es Ihnen Wissen vermitteln? Sie sind nicht die Vorstellungen, Sie sind vor den Vorstellungen. Davon müssen Sie völlig überzeugt sein.

BESUCHER: Soll ich die Konzepte unterdrücken?

MAHARAJ: Lassen Sie sie allein. Sie sehen, wie die Vorstellungen zum Vorschein kommen und verschwinden. Sie stehen abseits der Konzepte, identifizieren Sie sich nicht damit.

BESUCHER: Ich habe nicht die Fähigkeit, das zu tun.

MAHARAJ: Wenn Sie nicht sind, wo sind dann die Konzepte? Wo stellt sich die Frage nach Wissen und Unwissenheit, wenn Sie nicht da sind? Das zugrundeliegende Konzept „Ich bin“ hängt an der Identität mit dem Körper, daher die ganzen Schwierigkeiten. Werden Sie jemals zum Schluss kommen, dass Sie nicht das Konzept sind?

28. FEBRUAR 1981

MAHARAJ: Als der Körper in die Form gebracht wurde, brachten Sie keinerlei Informationen mit. Später dann haben Sie im Außen Informationen gesammelt und auf dieser Grundlage sind Sie voller Stolz und führen Ihre Geschäfte aus. Haben Sie irgendwelche Informationen mitgebracht, gleich von Anfang an?

BESUCHER: Nein, ich hatte keine Informationen.

MAHARAJ: Wenn Sie keine Informationen hatten, wer ist jetzt der

Abnehmer für das alles? Sie haben die zugrundeliegende Information, dass Sie sind. Sie keimte spontan in Ihnen auf – das war Ihr anfängliches Kapital und aller weitere Unfug besteht aufgrund der ersten Information. Ist es nicht so?

BESUCHER: Ja, das stimmt.

MAHARAJ: Verstehen Sie, was es bedeutet, ein eigenes Sein zu haben, zu sein?

BESUCHER: Ich verstehe es nicht wirklich.

MAHARAJ: Es kann durch Worte nicht verstanden werden. Egal, welches Wissen Sie aus Worten ziehen, es ist nichts als Unwissenheit. Zu sein kann nicht verstanden werden, es ist.

BESUCHER: Es ist einfach ein Gefühl.

MAHARAJ: Wer weiß um das Bewusstsein?

BESUCHER: Bewusstsein kennt sich selbst.

MAHARAJ: Bewusstsein das Bewusstsein versteht – durch diese Methode werden Sie keine Freiheit erlangen. Sie müssen sich fragen: „Wer kennt dieses Seiende?“ Wenn ich an einem bestimmten Punkt weiß, dass ich bin, bedeutet das, dass ich vor diesem Punkt nicht wusste, dass ich bin. Das, was sich SEINER Existenz nicht bewusst war, wurde sich seiner Existenz bewusst, als das Bewusstsein aufkam. Dieses Bewusstsein ist lediglich die Eigenschaft des physischen Körpers – es ist stofflich und daher vorübergehender Natur.

BESUCHER: Im Absoluten gibt es kein Wissen?

MAHARAJ: Alles Wissen befindet sich lediglich in der Reichweite der fünf Sinne und der Worte. Angenommen, die drei Zustände, Wachen, Tiefschlaf und das Wissen „Ich bin“ sind nicht vorhanden – was sind Sie dann?

BEWUSSTEIN: Nur Wissen, Bewusstsein?

MAHARAJ: Ist das Wissen, dieses Bewusstsein, ständig mit Ihnen vereinigt, für immer?

BESUCHER: Nein.

MAHARAJ: Dann geben Sie es auf. Warum lehnen Sie sich an etwas, mit dem Sie nicht ständig verbunden sein werden?
All unsere Schriften sagen, dass nur *parabrahman* Wahrheit ist, nichts anderes, und Sie sind DAS in alle Ewigkeit.

BESUCHER: Warum habe ich mich selbst davon getrennt?

MAHARAJ: Wenn nichts anderes als DAS vorherrscht, wie können Sie dann davon getrennt sein?

BESUCHER: Es gibt ein Gedicht von Jnanaswara an einen 1400 Jahre alten Weisen, eine Zeile besagt: „Die Vision des Wissens wird schwächer und schwächer." Was bedeutet das?

MAHARAJ: Die Vision des Bewusstseins wird bei der letztgültigen Untersuchung auch wegfallen, da sich Wissen und Unwissenheit im Reich des Bewusstseins befinden.

BESUCHER: Ich möchte kein einziges Ihrer Worte gehen lassen.

MAHARAJ: Wie lange werden Sie an den Worten und ihrer Bedeutung hängen? Wie lange?

BESUCHER: Solange das „Ich bin" vorhanden ist, erfüllen sie ihren Zweck.

MAHARAJ: Dieses „Ich bin" ist auch ein Konzept, oder? Und Sie möchten auch an diesem Konzept hängen. Diese „Ichheit" wird nicht mit Ihnen in Verbindung bleiben, und wenn sie geht, geht alles, was sich auf die „Ichheit" bezieht. Wenn die Sachlage so ist, welchen Sinn macht es dann, zu versuchen, Wissen zu gewinnen oder aufzunehmen?
Worte sind nicht wirklich zutreffend; ich habe genau erkannt, wie ich nicht bin. Ich habe gesehen oder sehe, wie der Zustand in der Abwesenheit des „Ich bin" ist, aber der Verständigung zuliebe müssen wir uns diese Worte leihen.
Das sind große Menschen, voller Weisheit, tiefgründig, aber wie schaue ich auf sie? Sie sind einfach wie ich. Dieser hier ist eine wahre Leuchte und ein Sanskrit Gelehrter; alles in allem versucht er,

parabrahman in seinen Worten zu fassen. Darin ist er sehr gut, aber was soll das?

BESUCHER: Zu realisieren, dass mein Zustand konzeptfrei ist, ist selbst der Gewinn.

MAHARAJ: Sie (be)stehen auf einem Konzept – „Ich bin" und Sie versuchen, es mit einem anderen Konzept zu übermalen.

BESUCHER: Das ist eine andere Art von Gericht, der Anwalt wird auf die Anklagebank verschleppt.

1. MÄRZ 1981

BESUCHER: Ist die „Ichheit", die jeder hat, dasselbe wie Bewusstsein?

MAHARAJ: Was ist da, um „ich bin" für sich in Anspruch zu nehmen, außer dieses Bewusstsein und „Ichheit"?
Verstehen Sie, dass das „Ich" auf unterschiedlichen Ebenen nicht unterschiedlich ist. Als das Absolute ist es das „Ich", das in der Manifestation eine Form braucht. Dasselbe Absolute „Ich" wird zum manifestierten „Ich", und im manifestierten „Ich" ist es das Bewusstsein, das die Quelle von allem ist. Im manifestierten Zustand ist es das Absolute mit Bewusstsein.
Sie könnten denken, dass Sie sich selbst für Bewusstsein halten, aber im Großen und Ganzen machen Sie damit weiter, etwas als Wesen zu wollen, selbst wenn es spirituelles Wissen ist. Der Körper ist nur ein Instrument durch das sich das Bewusstsein selbst offenbart; er hat keine getrennte, eigene Identität.
Dieser Körper, den Sie so sehr lieben, ist an die Zeit gebunden und dieses Bewusstsein, das vom stofflichen Körper abhängt, ist auch zeitgebunden.
Der belebende Atem ist das aktive Element, das den Körper in Bewegung hält. Bewusstsein ist das passive Element. Der belebende Atem wird den Körper nach einer gewissen Zeit verlassen und totes Material zurücklassen; das Bewusstsein wird den Körper auch

verlassen und mit dem universellen Bewusstsein verschmelzen. Das ist der normale Ablauf – was daran halten Sie für sich selbst? Das ist lediglich ein Funktionieren, es gibt kein getrenntes Wesen. Tatsächlich ist unsere wahre Natur jedem bekannt, darüber gibt es keinen Zweifel. Aber aufgrund der Identifikation mit dem Körper als einem Wesen ist das, was uns auf jeden Fall bekannt ist, vergessen worden. Dem, was ich sage, zuzuhören, mag Ihnen ein vorübergehendes Gefühl von Frieden und Freude verschaffen, aber solange Sie sich selbst für ein getrenntes Wesen halten, das spirituelle Rettung erwartet, ist das alles nutzlos.

Es gibt kein Wesen, dass einen Vorteil vom Zuhören haben kann, das stattfindet. Nach allem – was ist Geburt? Geburt ist nur der Wachzustand, Tiefschlaf und Sex. Angenommen, der Sex wird entfernt, dann wird es kein Interesse geben. Sex kann nicht den Magen füllen, er kann Sie nicht mit Nahrung versorgen, aber er ist notwendig. Es ist einfacher zu verstehen, dass die gesamte Manifestation seiner Natur nach ein Traum ist oder eine Fata Morgana, aber Sie deuten den Rest der Manifestation als Fata Morgana und lassen den Sehenden der Phänomene nicht los. Der Wahrnehmende ist auch Teil der Fata Morgana.

6. MÄRZ 1981

MAHARAJ: Wenn Sie Fragen haben, werde ich versuchen, sie zu beantworten. Dieser Augenblick, jetzt, ist ein sehr merkwürdiger, diese besondere Situation. Sie müssen nicht sprechen, wenn Sie nicht wollen, Sie können einfach nur sitzen. Nur hier zu sitzen, zu dieser besonderen Zeit, wird von großem Vorteil sein. Dieser Augenblick … das vielversprechende Anzeichen und es wird die erstaunlichsten Resultate bringen … unglaublich … der Moment selbst, dieser Anflug von „Ichheit“ ist nur ein Nadelstich, nur eine Berührung. Wenn Sie sich dessen bewusst sind, was ich gesagt habe, gibt es keinen Grund, mich wieder zu besuchen. Was ich Ihnen gesagt habe, ist nichts, worüber man sich für längere Zeit wundern

oder nachgrübeln müsste – es ist etwas, das sofort bewusst wahrgenommen werden kann.
Haben Sie diese Art der Erläuterung irgendwo sonst erlebt, in Stille?

BESUCHER: Im Ramanasram. Dort waren auch alle still.

MAHARAJ: Wie lange waren Sie bei Ramana?

BESUCHER: Nur kurze Zeit. Was hat mich so begünstigt, Maharaj jetzt zu finden?

MAHARAJ: Sie haben etwas Gutes in Ihrem vergangenen Leben getan. Wenn Sie Ihre Hausaufgaben nicht gemacht hätten, hätten Sie diesen Ort nicht besucht. Die Seltenen, die Glücklichen besuchen diesen Platz und hören die Worte.

BESUCHER: Ich habe verschiedene Erfahrungen der Wärme, ich sehe Licht und habe Angst.

MAHARAJ: Machen Sie sich über keine Erfahrung Sorgen, versuchen Sie, im Erfahrenden zu verbleiben. Die Erfahrungen sind gute Anzeichen Ihrer Entwicklung, aber bleiben Sie nicht auf der Ebene von Erfahrungen stehen.

BESUCHER: Normalerweise empfinde ich, dass ich dieses oder jenes bin, aber ich verliere das. Ich fühle mich mehr losgelöst, nicht an der Welt interessiert. Während der Erfahrung, dass die Konzepte wegfallen, spüre ich etwas wie Tod und Angst.

MAHARAJ: Ja, so wird es in etwa weitergehen. Solange Sie sind, müssen solche Dinge stattfinden. Sie müssen das „Ich bin" transzendieren. Wenn Sie wachsam sind und Ihre Aufmerksamkeit auf den Augenblick richten, dann ist das „Ich bin" ein kontinuierlicher Augenblick. So transzendieren Sie das „Ich bin".

8. MÄRZ 1981

BESUCHER: Können wir unsere wahre Natur durch das Bewusstsein verstehen? Können wir sie erfassen?

MAHARAJ: Gibt es irgendein anderes Instrument, durch das Sie Ihre wahre Natur verstehen können? Alles, was ist, kann von allen wahrgenommen werden, *wird* von allen wahrgenommen. Wer will es erfassen? Sie, als getrenntes Wesen, wollen DAS, was ist, als das Absolute kennen. Das kann nicht passieren, weil Sie das Absolute sind. Wohin geht derjenige, der *samadhi* erlangt hat? Der Suchende selbst ist verschwunden.

BESUCHER: Wenn der Suchende ein Konzept ist, dann ist der Guru auch ein Konzept.

MAHARAJ: Ja, aber dieser Guru ist die Unterstützung für die ganze Suche. Solange es Worte gibt, gibt es den Sucher, wenn das Wort verschwindet, ist nichts da.
Ich habe alle vier Arten der Sprache erfahren und sie transzendiert. Nur selten wird jemand dieser Hierarchie folgen, um sich im Bewusstsein zu stabilisieren und das Bewusstsein zu transzendieren. Es beginnt mit *vaikhara* (Wort), gewöhnlich hören wir auf Worte, von *vaikhari* gehen wir zu *madhyama* (Verstand-Denken); indem wir den Verstand beobachten, kommen wir zu *pashayanti*, wo die Entstehung der Konzepte stattfindet und von dort kommen wir zu *para* (Ich bin – ohne Worte), und letzten Endes kommen wir von *para* vor das Bewusstsein. Dieser Linie gilt es zu folgen, aber nur selten folgt ihr jemand – zurückweichen, umkehren.

BESUCHER: Sind der Tiefschlaf und der Zustand vor dem „Ich bin" dasselbe?

MAHARAJ: Als Konzept sind sie dasselbe; bis Sie DAS werden, dann wird da niemand mehr sein, um es zu wissen. Nicht nur das, egal, welche Handlungen ausgeführt werden – ob durch Sie oder mich – ursprünglich werden sie im Zustand des Tiefschlafs ausgeführt. Im Schlaf träumen Sie; der Zustand des Wachseins ist der Haupttraum; der Traum im Schlafzustand ist der sekundäre Traum – er ist eine Transformation des Haupttraums. In diesem Zustand des Bewusstseins, im Haupttraum, wird das gesamte Universum erschaffen und wenn realisiert wird, dass es ein Traum ist – dann sind Sie wach. Beide Träume sind Bewusstsein.

BESUCHER: Dann kann der Schauspieler nicht wissen, dass er träumt?

MAHARAJ: Das genau ist die Schönheit von *maya,* das Herz davon. Verstehen Sie, dass die Grundlage, egal von welchem Traum, Bewusstsein ist.

9. MÄRZ 1981

MAHARAJ: Das wesenhafte Gefühl, das man hat und durch den Verstand gebildet worden ist – was passiert mit dem wesenhaften Gefühl, wenn sich das Bewusstsein selbst auflöst? Gibt es jemanden, der weiß, dass er tot ist? Nur die anderen sagen, dass er tot ist.
Wenn Körper und Bewusstsein die ultimative Wahrheit wären, dann hätten all die Millionen von Formen, die geschaffen und zerstört worden sind, das Wissen um ihre Existenz.
In diesem Land, in diesem Leben, erwerben Sie etwas, aber der Grund und Boden schreibt vor, dass nichts von dem, was erworben worden ist, aus dem Land gebracht werden kann. Alles, was Sie erreichen, erreichen Sie aufgrund des Bewusstseins, aber das Landrecht dieses Lebens besagt, dass nichts mitgenommen werden kann. Sobald sich das Bewusstsein auflöst, ist alles verschwunden.
Wie verhält sich der Mensch in der Welt? Er vergisst das, was wirklich tätig ist. Er vergisst, dass die Formen nur Instrumente für das Funktionieren des Bewusstseins sind. Er sieht sich selbst als ein Wesen und verbringt sein ganzes Leben damit hart zu arbeiten, um etwas zu erreichen. Die Motivation für das alles, ist das Gefühl von „ich" und „mein". Alle möglichen Formen werden ständig erschaffen und zerstört – das ist Teil des Funktionierens.

BESUCHER: Welchen Zweck hat die spirituelle Suche, wenn es für das Wesen nichts zu erreichen gibt?

MAHARAJ: Was verstanden werden muss ist – nur das Bewusstsein wirkt – kein Wesen ist dahinein verwickelt.

BESUCHER: Was nützt es dann, zu verstehen?

MAHARAJ: Es gibt keinen Vorteil für irgendein mutmaßliches Wesen. Aus diesem Verstehen heraus sollte es nicht einmal die Idee eines Vorteils geben. Sie sind das Verstehen. Wer sollte einen Vorteil haben? Das, was versteht, hat keine Kontur oder Gestalt.

Formen werden von den fünf Elementen erschaffen – am Ende ihrer Zeit werden sie zerstört. Wenn Sie hunderte von Jahren leben, hat das für Sie keinen Vorteil.

Ich habe das alles offensichtlich erkannt und habe dennoch genügend Vorsorge betrieben, damit meine neue Wohnung gebaut werden kann. Verstehen Sie, was als widersprüchlich erscheint. Es gibt keinen Widerspruch, solange man alle Teile der gesamten Funktionsweise sieht. Wird das einer gewöhnlichen Person vernünftig erscheinen?

BESUCHER: Kann Maharaj uns sagen, wie die verschiedenen Fallen unterschieden und vermieden werden können?

MAHARAJ: Sie hätten sich besser ein paar kräftige Leute besorgt, um die fünf Elemente in kleine Stücke zu schneiden – dann werden Sie diese Trennung hinbekommen. Es ist nur eins. Bewusstsein selbst ist die Falle.

Vergessen Sie alle anderen Fragen, konzentrieren Sie sich nur auf den Ursprung des Bewusstseins, aufgrund dessen alles andere ist. Wie kam es zu diesem Körper und dem in ihm latent vorhandenen Bewusstsein? Finden Sie den Ursprung davon.

BESUCHER: Maharaj hat uns zurück zur Wurzel geführt.

MAHARAJ: Ich habe Sie auf die Wurzel zurückgeworfen und Sie verbrannt, und in diesem Zustand, in dem ich Sie verbrannt habe, gibt es nichts zu wissen, weil es in dem Zustand kein Bewusstsein gibt. Wenn das klar erkannt worden ist, geht das Leben so lange weiter, wie der Körper vorhanden ist, aber dann erscheint das Leben als fortlaufende Unterhaltung.

Sie sollten erkennen, von welchem Standpunkt aus ich spreche; wenn Sie verstehen, nehmen Sie es, anderenfalls lassen Sie es. Niemand in der Welt wird Ihnen das so freiheraus sagen. Wenn Sie wirklich und intuitiv verstehen, was ich meine, werden Sie ans Ende der Spiritualität kommen.

10. MÄRZ 1981

BESUCHER: Warum scheint sich die Identifikation ständig zu verändern?

MAHARAJ: Im Bewusstsein wird sich die Identifikation mit dem Einzelnen weiterhin verändern, aber sobald die Identität verloren ist, ist es möglich, in der vollkommenen Offenbarung zu verbleiben.

BESUCHER: Kann ich den Absoluten Zustand erreichen, während Bewusstsein vorhanden ist?

MAHARAJ: In diesem Zustand gibt es niemanden, der bewusst ist, daher stellt sich die Frage, diesen Zustand zu erreichen nicht, solange Bewusstsein gegenwärtig ist.

BESUCHER: Aber ich dachte, Maharaj hätte gesagt …

MAHARAJ: In diesem Zustand wird das Wissen vom Wissen absorbiert, und Wissen ist sich seiner selbst nicht bewusst. Das Instrument muss vorhanden sein, und Bewusstsein ist das Instrument. Im Bewusstsein ist sich das Bewusstsein seiner selbst bewusst, aber wer ist im Zustand vor dem Auftauchen des Bewusstseins, und durch welches Instrument sollte er bewusst sein?

Im Zustand, der durch nichts verunreinigt ist, gibt es keine Bedingungen. Nehmen Sie das Beispiel des Raums. Im Raum gibt es Dunkelheit und Licht, der Raum ist da, egal ob Licht ist oder Dunkelheit. Auf dieselbe Weise ist der Zustand immer da, der sich vor dem Bewusstsein befindet. Gerade jetzt ist er da. Es ist das Substrat von allem. Ein *jnani* ist jemand, der im Zustand des Raums verbleibt, statt im Körper und Verstand.

BESUCHER: Wie ist die Vorgehensweise, ist es nur Meditation?

MAHARAJ: Sie müssen die unerschütterliche Überzeugung haben, dass Sie formlos sind, nicht gestaltet; verlassen Sie sich nicht nur auf

Meditation. Bestehen Sie darauf, dass Sie formlos sind, frei, nicht konditioniert, immer. Sie müssen ständig darauf hinarbeiten, das ist die Praxis.

BESUCHER: Es gibt längere Zeiten, in denen ich nicht mit dem Körper-Verstand verbunden bin. Ich verstehe nicht, was mir passiert, wenn ich den Körper handeln sehe und mich außerhalb von ihm fühle.

MAHARAJ: Was ist daran falsch? Sie müssen eine starke Überzeugung haben: diese Überzeugung bedeutet praktizieren. Diese Überzeugung heißt nicht nur „Ich bin“, sie bedeutet auch, dass ich frei vom „Ich bin“ bin.
Sie wissen, dass Sie sind, ohne Worte. Sein Sie das einfach. Sie müssen nichts denken oder sich etwas ausmalen. Bevor Ihnen in den Sinn kommt, dass etwas ist, müssen Sie da sein. Um zu meditieren, müssen Sie da sein. Das erste am Morgen, wenn Sie aufwachen, in diesem Augenblick wissen Sie nur, dass Sie sind, aus dem Tiefschlaf in den Wachzustand hinein auftauchend. Später denken Sie dann, ich bin so und so.

BESUCHER: In Meditation höre ich Geräusche und habe Visionen.

MAHARAJ: Um etwas zu hören, müssen Sie da sein. Dieser Zustand ist ein überaus göttlicher Zustand, aber es ist wichtiger, Ihr Selbst zu sein.

BESUCHER: Da ist immer Angst.

MAHARAJ: Die Angst ist aufgrund von Unwissenheit. Es ist kein äußerer Ton, es ist die Manifestation Ihres Bewusstseins. Das göttliche Licht ist da, wenn der Glanz des Selbst vorhanden ist. Um Gott zu sehen, müssen Sie da sein. Den Wissenden kennenzulernen ist schwierig; es ist in etwa, wie eine Gemeinde zu kennen; es ist nicht individualistisch, es ist Manifestation.
Wenn Sie der Zustand des offenbaren Bewusstseins sind … ist es so etwas, wie der tief dunkelblaue Zustand; Sie sind in diesem homogenen, tief dunkelblauen Zustand. Das ist der erste Schritt des Seins. Aus diesem tief dunkelblauen, selbststrahlenden, homogenen Zu-

stand in den Zustand des Nichtwissens – das ist Ihre wahre Identität. Es ist ein Zustand des Nichtwissens, ein vollkommener, vollständiger, perfekter Zustand. Im Zustand des Wissens ist nichts perfekt, da ist es niemals vollständig – darum wollen Sie immer mehr. Trotz Überflusses ist der wissende Zustand unvollkommen.

BESUCHER: Welchen Effekt hat der Tod?

MAHARAJ: Die Auswirkung betrifft diejenigen, die wissen, dass die Person tot und damit gegangen ist. Es gibt keine Auswirkung auf denjenigen, der tot ist und gegangen ist – er weiß nicht, dass er tot ist und gegangen. Der Körper besteht aus Nahrung. Das wahre Ich ist nicht dieser Körper.
Es kann viel gesagt werden, aber Sie werden nicht in der Lage sein, das, was ich sage, zu empfangen. Nehmen wir an, ich sage, dass wenn Sie nicht sind, *brahman* nicht ist – verstehen Sie das? Sie sind aufgrund Ihrer Identifikation mit dem Körper so sehr vom Tod besessen. Weil Sie über den Tod nachdenken, ist der Tod Ihnen sicher, aber wenn Sie das Selbst sind, stellt sich Ihnen die Frage nach dem Tod nicht.

11. MÄRZ 1981

BESUCHER: Durch das Lesen von Maharajs Büchern empfinde ich große Freiheit und Freude, ich glaube, ich erfahre das lebendige Wort.

MAHARAJ: Was ist es, das es so erfahren hat? Es war das Empfinden von Präsenz.

BESUCHER: Ich habe so viele Bücher gelesen, aber das war eine neue Enthüllung, eine neue Erfahrung. Warum bekomme ich durch andere Bücher nicht denselben Eindruck vermittelt?

MAHARAJ: Ich werde keines Ihrer Komplimente annehmen. Ihre Fragen kommen aus dem Körper-Verstand und Sie nehmen die Antworten auf derselben Ebene an. Sie reiten auf dem Pferd der Identifikation mit dem Körper.

BESUCHER: Ich wollte wissen, warum ich solche Erfahrungen beim Lesen Ihrer Bücher und nicht durch andere Bücher erfuhr.

MAHARAJ: Ich bin an Ihren Erfahrungen nicht interessiert; ich bin nur an Ihnen interessiert. Der Sprechende und der Zuhörende sind eins. Über die meisten anderen, die hierhergekommen sind, könnte man sagen, dass sie in einem Zustand sind, der dem ähnlich ist, wo man ein wirklich gutes Abendessen gehabt hat; sie sind abgefüllt und käuen jetzt wieder, wie eine Kuh – sie sind an weiterer Nahrung nicht interessiert. Aus diesem Grund sind hier keine Fragen. Wenn jemand wie Sie nicht hierher kommt, um Fragen zu stellen, sind da keine Fragen. Sie sind gekommen, um Wissen zu suchen und Sie sind Wissen.

BESUCHER: Dakshinamurti lehrte seine Schüler in Stille.

MAHARAJ: Hängt Dakshinamurti! Das ist Hörensagen, etwas, das Sie gelesen oder gehört haben. Wie ist Ihre Erfahrung? Sie sind hier und ich bin hier: Fragen Sie.

BESUCHER: Warum sterben einige jung, während andere ein langes Leben haben?

MAHARAJ: Wird es Geburt und Tod ohne Bewusstsein oder Selbst geben? Wenn Sie sagen, sie sterben jung oder leben lange, welche Logik kennt das Selbst eigentlich? Weiß die Sonne, wann sie auf- und untergeht? Verstehen Sie zunächst das, was geboren worden ist, dann wird das Mysterium gelöst sein.

BESUCHER: Der Körper ist geboren, das Selbst ist nicht geboren.

MAHARAJ: Kann der Körper geboren werden, wenn das Selbst nicht da ist? Was verstehen Sie unter dem Wort „Geburt"? Sind Sie geboren?

BESUCHER: Solange wir mit dem Körper identifiziert sind, sind wir geboren.

MAHARAJ: Ich spreche nur zum Bewusstsein über Bewusstsein, der gewöhnliche Mensch wird das nicht verstehen.

BESUCHER: Auf welchem Weg kann man verstehen? Was kann man tun? Der schnellste Weg?

MAHARAJ: Die Aufgabe ist, die wahre Natur zu verstehen und in ihr zu sein. Es gibt keinen anderen Gott als das Empfinden von Gegenwart und ich bin dieses Empfinden von Gegenwart. Das mit Überzeugung zu verstehen, ist der schnellste Weg. Verstehen Sie den ursprünglichen Zustand, als es keinen anderen gab. Das ist wahres Wissen, meine wahre Natur. Jede Menge *avatare* sind gekommen und gegangen, aber der Raum ist die ganze Zeit über da.

BESUCHER: Wie überwindet man die grundlegende Unwissenheit?

MAHARAJ: Wer ist es, der erkennt, dass da etwas wie Unwissenheit ist?

BESUCHER: Wissen versteht.

MAHARAJ: Verstehen Sie, dass Sie das Wissen sind und vergessen Sie die Unwissenheit. Wunderbare Musik, wenn sie gehört wird, ein tanzendes Mädchen, wenn es tanzt – wenn davon niemand bewegt wird, ist er entweder ein *jnani* oder ein Esel. Hier ist ein Raum voll solcher Menschen, die von der Schönheit der Dinge nicht bewegt werden. Ich bin in dem Zustand, in dem alle Konzepte von Anwesenheit und Abwesenheit abwesend sind. Sie sind ebenfalls in diesem Zustand, aber Sie wissen es nicht. Mein Bewusstsein ist nicht besonders effektiv; es registriert jetzt niemanden mehr als Individuum, als Person. Wenn Ihnen danach ist, hier zu sitzen, sind Sie willkommen, wenn Sie gehen wollen, gehen Sie.

14. MÄRZ 1981

BESUCHER: Durch die Gnade von Maharaj sind meine Augen jetzt in der Lage zu sehen und meine Ohren sind jetzt fähig zu hören.

MAHARAJ: Was diese Augen sehen und diese Ohren hören ist nur das Falsche. Beide werden sich auflösen. Sie sind DAS, was bezeugt.

Was von einem gewöhnlichen Hindu unter Spiritualität verstanden und praktiziert wird, ist, Wasser in einem Gefäß aus dem Fluss zu holen und es über ein Abbild von Gott zu gießen. Manche dieser Abbilder sind so aufgestellt worden, dass man 500 Stufen steigen muss, um sie zu erreichen. Man glaubt, dass das große Verdienste bringt. In Benares schöpfen sie in Blechbechern Wasser aus dem Ganges. Sie laufen mit dem Wasser den ganzen Weg nach Südindien, nach Rameshwara und gießen es dort über einen Götzen und dann nehmen sie das Meerwasser von Rameshwara mit zurück nach Benares und gießen es dort über den Kopf von einem Abgott. Das ist ihr Begriff von Befreiung – Wasser wird von einem Ort zum anderen getragen – was für ein ermüdendes Konzept!

BESUCHER: Was wir zu Füßen von Maharaj hören ist etwas, das immer neu ist.

MAHARAJ: Wovon ich Ihnen erzähle, kann nicht alt oder neu sein – es ist unveränderlich, immerwährend.
Das Bewusstsein, in dem Konzepte erscheinen, ist selbst eine Vorstellung, und solange das Bewusstsein fortbesteht, werden weiterhin alle anderen Konzepte auftauchen.
Das Absolute nichtmanifestierte IST. Egal, was wir über diesen Absoluten Zustand denken, es kann nur Vorstellung sein, bis das Bewusstsein endet und wir im Absoluten Zustand sind.
Man erreicht etwas und wacht darüber, aber wie lange können Sie es bewachen? Nur bis Sie im Tiefschlaf sind. Sie haben ein Lieblingskonzept, an dem Sie den ganzen Tag hängen; wo ist das Konzept im Tiefschlaf?

BESUCHER: Wie kann Maharaj zu uns sprechen, wenn er Individualität nicht akzeptiert?

MAHARAJ: Die Sonne scheint nicht für Individuen. Die Worte kommen aus dem Bewusstsein, spontan, als Teil des gesamten Funktionierens. Es gibt unzählige Erfahrungen, manche davon mögen Sie, Sie behalten sie in Erinnerung und pflegen sie – das allein ist Leiden. All Ihre Erfahrungen sollten lediglich Teil des totalen Funktionierens sein und sich spontan ereignen.

15. MÄRZ 1981

MAHARAJ: Ich bin nicht geneigt, mehr Leute zu versammeln und Wissen darzulegen, weil es mir nicht möglich ist, mich selbst als etwas Greifbares zu überbringen. Krishnamurti spricht, ich spreche auch – darin liegt nichts Wesentliches. Sie nehmen die Gespräche auf und schreiben Sie nieder – letzten Endes hat das keine Substanz. Wenn erst einmal erkannt ist, dass es nur das vollkommene Funktionieren des offenbaren Bewusstseins ist und es keine individuelle Entität gibt, wird es keine Frage mehr nach Befreiung geben, nach Geburt oder Tod oder nach einem Tuenden, der irgendetwas tut.

Für gewöhnlich wird Wissen im Namen der Spiritualität dargelegt. Wissen befindet sich im Reich der fünf Elemente und solange es das Wissen „Ich bin" gibt, wird darüber als wahr oder unwahr gesprochen. Wissen ist ein Produkt des Wissens „Ich bin".

Ein *jnani* ist dieser Zustand, aus dem heraus das Bezeugen des Wissens „Ich bin" stattfindet. Im *jnani* Zustand gibt es kein Gefühl von „Ichheit" (es ist ein Zustand ohne Eigenschaften) und kein Wissen – Wissen bedeutet „Ichheit". Angenommen, da sind keine Gedanken, die Zeit hat angehalten aber Raum ist vorhanden. Der gedankenfreie Zustand ist so etwas wie Raum, raumartig. Ich bin Zeuge, dass der gedankenfreie Zustand hier ist, das ist das Selbst, „Ich bin", das Sein. Weil das Sein da ist, das alle Verschmutzung beseitigt hat, einschließlich des Denkens, ist die Zeit auch verschwunden, nur Raum und Seiendes sind da. Wenn dieser Zustand endet, ist es der Absolute Zustand, ein irgendwie süßartiger Zustand. Sie spielen nur mit Worten und ihrer Bedeutung – Sie gehen nicht an die Wurzel, von der die Worte ausgehen. Niemand geht an die Wurzel; alle sind von der Darstellung fasziniert. Wenn die Unterstützung des Körper-Verstandes nicht zur Verfügung steht, was sind Sie dann ähnlich?

Ich bin der Zustand jenseits des Leidens und des Vergnügens. Es wird gesagt, dass die Hingabe bestehen bleibt, wenn Wissen realisiert wird, aber eigentlich bleibt keine Persönlichkeit zurück. Die Frage nach Hingabe stellt sich nicht; Hingabe an wen? Wie auch immer, sie (die „Weisen") sagen, dass da Hingabe ist – das mag als Orientierungshilfe für andere Sucher dienen.

16. MÄRZ 1981

MAHARAJ: Selbst in den höchsten Weisen ist immer ein gewisser Zweifel über die Klarheit des „Ich bin“. In die Untersuchung dessen, was bin ich, muss auf allen Ebenen hineingegangen werden. Die Wichtigkeit und Tragweite dieser Untersuchung besteht darin, dass Ihnen darauf niemand eine Antwort geben kann, nur Sie selbst. Jeder einzelne, als „Ich“, muss herausfinden, was dieses „Ich“ ist. Die notdürftigste Beschreibung, die dem Bewusstsein gegeben werden kann, ist, dass es so fein und subtil ist wie Raum. Im ausgereiften Zustand ist Ihr Bewusstsein Gott.
Dieser ursprüngliche Zustand, vor dem Auftauchen des Bewusstseins, kann nicht beschrieben werden, man kann DAS nur sein.
Ich wiederhole immer wieder, dass egal worauf man auch immer hört, letzten Endes nichts bedeutet – weil das, was ich bin, genau das ist, was Sie sind.
Jede Handlung, die man tut, hängt von einem bestimmten Bild ab, das man von sich selbst hat und dieses Bild bleibt nur, solange Bewusstsein vorhanden ist. Ist das klar verstanden?
Die Leute kommen mit bestimmten Konzepten hierher. Ich halte ihnen den Spiegel vor, davor, was sie als Phänomene sind und letzten Endes realisieren sie, dass sie als Phänomene nichts sind. Wenn das Bewusstsein geht, werden sie ihren ursprünglichen Zustand erreichen – der da war, bevor der Körper zusammen mit dem Bewusstsein erschienen ist. In diesem ursprünglichen Zustand gab es keine Erfahrung, selbst jetzt ist jede Erfahrung, die man zu haben glaubt, nichts als eine Vorstellung.
In diesem Zustand, bevor das Bewusstsein auftauchte, gab es die Frage „Wer bin ich?“ nicht, weil es niemanden gab, der die Antwort wissen wollte. Diese Frage entsteht nur im Bewusstsein; alles im Bewusstsein ist lediglich konzeptionell und muss daher falsch sein.
Warum kommen von Millionen Menschen nur einige her? Offensichtlich bringt es Leute hierher, wenn Bewusstsein Erkundigungen über Bewusstsein einholt.

BESUCHER: Ist das „Ich bin“ ein Konzept oder die einzige Realität?

MAHARAJ: „Ich bin“ ist nichts als ein paar Buchstaben. Ist es irgendjemandem möglich gewesen, dieses „Ich bin“ für alle Zeit in seine Tasche zu stecken?

BESUCHER: Ich bin – aber ohne Worte?

MAHARAJ: Ja. Wenn derjenige, der das „Ich bin“ spürt, Wissen gehabt hätte, hätte er sich dann darum gekümmert, dieses „Ich bin“ zu werden? Nein, er hätte gesagt: „Ich möchte dieses Bewusstsein nicht haben.“

BESUCHER: Ich verstehe.

MAHARAJ: Sie sind unwirklich – Sie wissen, dass Sie sind – das ist auch unwirklich. Das Empfinden von Anwesenheit ist eine Unwahrheit; es ist wie ein Traum.

BESUCHER: Wie kann diese „Ichheit“ die Quelle des Elends sein?

MAHARAJ: Versuchen Sie herauszufinden, wann das Konzept von Glück und Unglück entstand. Es war nicht da, bevor ich dieses Bewusstsein hatte.
Alle lieben das Gefühl von Anwesenheit und möchten es für alle Zeit fortführen, aber niemand geht weiter in die Vergangenheit um herauszufinden, wessen Ekstase das Gefühl der Anwesenheit erzeugt hat. Aufgrund einer körperlichen Ekstase, die nur einen Augenblick andauerte, ist dieses Bewusstsein, in dem das gesamte Universum enthalten ist, in die Existenz getreten.

BESUCHER: Ich spüre das Elend der „Ichheit“ nicht. Ich spüre, dass alles richtig ist. Heißt das, dass ich nicht auf das Elend schauen möchte?

MAHARAJ: Sie können nichts tun – Sie haben zu genießen, was ist – ist es nicht so? Zu erleiden oder zu genießen, Sie haben keine Wahl.
Nichtsdestotrotz, Erfahrungen werden da sein. Es könnte sein, dass Sie nicht in die Erfahrungen verwickelt sind, aber solange das „Ich bin“ da ist, werden Erfahrungen gemacht. Die Zauberei, die Kunst dieses Bewusstseins ist es, dass es nicht nur die Tatsache verborgen

hat, dass es die Ursache allen Elends ist, sondern dass es sich selbst zur Quelle allen wahrnehmbaren Glücks gemacht hat.

17. MÄRZ 1981

BESUCHER: Was meint Maharaj mit *linga-deha*?

MAHARAJ: Es ist der Same, die Chemikalie, das Produkt der Essenz der fünf Elemente, das zum Bewusstsein „Ich bin“ führt und es aufrecht erhält. Gerade so, wie der Same eines Baumes. Dieser Same enthält in latenter Form alle zukünftigen Manifestationen und Ausdrucksformen des Baumes, der aus dem Samen hervorgehen wird. Nehmen Sie einen Füller und machen Sie damit einen Tropfen Tinte aufs Papier, dieser Tropfen ist der *linga-deha.* Der Tropfen ist der Augenblick der Konzeption; sein Ausdruck ist der gedankenfreie Zustand, dem Raum gleich, in den Zustand des Wissens hinein. Das ist die Eigenschaft des Wissens, raumartig; da ist keine Vorstellung, aber sein Ausdruck ist körperlich, greifbar. Denken Sie nur, er ist verschwindend klein, aber sein Ausdruck ist die offenbare Unendlichkeit.
Ausländer verstehen, aber wenn die Inder kommen, hören sie den Gesprächen zu und hängen trotzdem noch an all Ihren Verwandten. Wenn Sie den Guru auf der *linga-deha* Ebene ehren, sind Sie der Ausdruck des Gurus, auf so viele Weisen. Auf einer solchen Ebene werden Sie so vieles erfahren, aber das alles ist von Ihnen ausgegangen, aus Ihrer Liebe und Hingabe an den Guru und zum Schluss, während Sie sich entwickeln, vereinen sich all diese Erfahrungen in Ihnen. Das ist sehr wichtig, das ist die Erfüllung der Hingabe oder *saguna bhakti.*
Dieser *linga-deha,* der kleine Tropfen, und das Wissen „Ich bin“ sind ein und dasselbe. Wir sehen die offenbare Welt, die in diesem Flecken Bewusstsein erscheint. So wie Süße die Eigenschaft von Zucker ist, so ist der Flecken Bewusstsein die Eigenschaft des Tropfens *lingha-deha*. Die Eltern, die die Quelle von *linga-deha* sind, dienen bloß als Ausrede für die Zubereitung dessen, was empfangen worden ist. Ihre wahre Natur war da, bevor der Körper und das Bewusstsein

entstanden, sie ist jetzt vorhanden und sie wird da sein, nachdem Körper und Bewusstsein gegangen sind. Jemand könnte herausfordern, was ich sage.
Ich habe niemals einen Zweifel darüber gehabt, was Sie sind oder wer Sie sind, weil ich meine wahre Natur verstanden habe – ich weiß, dass Sie das sind, was ich bin.
Einige werden diese Erhellung verbreiten, aber es werden die Ausländer sein, nicht die Inder. Zu einem späteren Zeitpunkt werden die Leute fragen: „Gab es wirklich eine solche Person, die das Wissen auf diese Weise dargelegt hat?"

18. MÄRZ 1981

MAHARAJ: Zwischen Guru und *bhakta* gibt es keine Dualität. In DEM was IST, gibt es keine Dualität, hat es niemals eine Form von Dualität gegeben. Das Wort *bhaka* bedeutet Hingabe, aber tatsächlich weist es auf Zusammensein hin, nur eines, Einheit.

BESUCHER: Die Flamme der Hingabe beleuchtet meinen Weg.

MAHARAJ: Wer spricht von der Flamme? Wenn wir sprechen, sprechen wir nicht über Personen, sondern über die dynamische, offenbare Flamme „Ich bin".

BESUCHER: Sie ist nicht auslöschbar.

MAHARAJ: Wer sagt das?

BESUCHER: Ich glaube es.

MAHARAJ: Weil es Ihr Glaube ist, ist es richtig?

BESUCHER: Ich habe keinen Beweis.

MAHARAJ: Sie laufen fort. Wer spricht von einem Beweis? Sie werden bekommen, was Sie verehren, egal, woran Sie hingegeben sind. Die Schwierigkeit mit Ihrer Spiritualität ist, dass Sie nur auf das Wissen über *ishwara* hören, das nützlich für die Entität ist, Sie sammeln nur solches Wissen. Als Mensch, als Entität, ist das eine vorüberge-

hende Phase Ihrer Gefühle oder Ansichten. Keine Person ist in der Lage, seine Persönlichkeit oder seine Identität für immer beizubehalten. Das leitende Prinzip ist keine Person. Ich erläutere keine spirituellen Themen mehr. Ich spreche nicht einmal, aber dennoch, woher kommt die Anziehungskraft, die Sie hierherbringt? Dadurch entstehen meine Belastungen. Bei diesem Handel habe ich nichts zu gewinnen, außer diesen Belastungen.
Kennen Sie die Zutaten dieser Persönlichkeit? Solange Sie diese nicht vollständig kennenlernen, werden Sie nicht darüber hinausgehen.

BESUCHER: Was ist mit meinen Wünschen, mit meinen Bedürfnissen?

MAHARAJ: Sie bedürfen Ihres Selbst.

BESUCHER: Gibt es zwischen meinen Sehnsüchten und dem Ausgangsstoff irgendwelche Verwicklungen?

MAHARAJ: Viele Verwicklungen. Aufgrund des Wechselspiels der fünf Elemente steht der Nahrungskörper zur Verfügung, in dem sich der Duft und Geschmack des Wissens „Ich bin" befinden. Jetzt finden Sie heraus, welchen Hinweis es darauf gibt, dass Sie im Nahrungskörper sind.

BESUCHER: Würde mir Fasten helfen, das Selbst zu finden?

MAHARAJ: In keiner Weise. Diese „Ichheit" ist ebender Ausdruck der Nahrung. Angenommen Sie wollen Süße finden, Süße ist die Eigenschaft des Zuckers, wenn Sie den Zucker zurückweisen, wo ist dann die Süße?

BESUCHER: Dann habe ich mich für Nahrung immer nach außen zu wenden, um diesen Geschmack zu bekommen?

MAHARAJ: Können Sie die Nahrung von innen beziehen? Die Versorgung kommt von außen.

BESUCHER: Ich bin immer dazu angehalten worden zu glauben, dass das Empfinden von Präsenz, das die Essenz der Spiritualität ist, nicht vom Körper abhängt, und jetzt erzählen Sie mir das Gegenteil!

MAHARAJ: Deshalb – verstehen Sie das Mysterium selbst. Wo existiert die Welt? Sie existiert in dem Flecken Bewusstsein und dieses Bewusstsein kann nur da sein, wenn Nahrung vorhanden ist.
Welches Leben Sie auch immer leben, Sie unterhalten lediglich ein Konzept. Finden Sie heraus, ob es so etwas wie ein Individuum überhaupt gibt. Denken Sie darüber nach.
Wenn das Entertainment, das von dieser Erfahrung ausgeht, leicht und einfach ist, wenn es Ihnen gefällt, nennen Sie das Glück.
Was hat das Empfinden verursacht, das Gefühl, dass Sie sind – das Gefühl von Anwesenheit? Denken Sie darüber nach.

BESUCHER: Alles passiert, weil ich bin.

MAHARAJ: Werden Sie in der Lage sein, dieses Verstehen immer beizubehalten?

BESUCHER: Nur für einen Augenblick. Dann kommt die Identifikation zurück.

MAHARAJ: Das Verstehen zu festigen, dass alles passiert, weil ich bin, bis dahin ist es ein weiter Weg. Wie viele Tage werden Sie in Indien sein?

BESUCHER: Mir bleiben noch ein paar Tage.

MAHARAJ: Wenn Sie erst im „Ich bin" gegründet sind, ist es nicht wichtig, wo Sie sind. Es ist wie Raum – weder kommt es noch geht es; so, wie nichts als Raum bleibt, wenn Sie die Wände eines Gebäudes einreißen

20. MÄRZ 1981

MAHARAJ: Meine Persönlichkeit oder Individualität ist in den Wind geschlagen, sie ist nicht länger da. Sie besuchen hier lediglich *Duhkha Bhagavan*, den Gott des Leids. *Bhagavan* ist diese Manifestation, aber nur Leid. Er ist nicht ins Denken und Handeln verwickelt – er ist einfach die Manifestation. Ich bin das gesamte Wirken und was darin gerade eine bestimmte Bedeutung hat, bin

ich. Nur indem ich die Hilfe des Bewusstseins, das leidet, in Anspruch nehme, kann ich sprechen. Diese Art Erfahrung geschieht nur ganz wenigen. Fragen Sie nichts, hören Sie einfach zu.
Dieses Bewusstsein, diese Manifestation, dieses Wirken hat keine Gestalt, Form oder Farbe.

BESUCHER: Würde Maharaj mehr über *Duhkha Bhagavan* sagen?

MAHARAJ: *Duhkha* bedeutet Schmerz, Leiden, Qual. *Bhagavan* bedeutet nicht nur Gott, es lässt auf eine Explosivität schließen, ein Aufblitzen … einen explosiven Blitz … Wahrnehmung der Welt – mit dem Auftauchen der „Ichheit“.
Wenn Feuerwerkskörper explodieren, gibt es ein krachendes Geräusch, aufblitzendes Licht und eine Erhellung des umliegenden Bereichs. Auf ähnliche Weise explodiert das „Ich bin“ ins Sein und dadurch wird die ganze wahrnehmbare Welt heraufbeschworen. Aber das Bewusstsein, die „Ichheit“ ruft Unzulänglichkeit, Unvollkommenheit und damit den Anfang von Elend und Leid hervor und nistet sich in den Sinnen des Körper-Verstands ein. Aus dem Vollkommenen ins Unvollkommene – vom Nichtsein ins Sein. In umgekehrter Richtung – vom Körper-Verstand ins Seiende, ins Absolute – dann ist der Zustand des Bewusstseins der göttliche Zustand.

BESUCHER: Warum gibt es in der Welt so viel Schmerz und Unglück?

MAHARAJ: Weil Sie immer auf der Suche nach Glück sind. Glück und Unglück stehen in Beziehung zueinander. Wie würden Sie Glück erkennen, wenn Sie Unglück nicht kennen würden?

23. MÄRZ 1981

MAHARAJ: Ich bin DAS, was die Abwesenheit des Sichtbaren repräsentiert. Wenn Sie das, was ich sage, innerhalb des Konzepts, dass Sie ein Mensch sind, unterzubringen versuchen, ist es nicht möglich. Obwohl Sie allem, was ich gesagt habe, zugehört haben, werden sich die meisten von Ihnen weiterhin als ein Körper identi-

fizieren, und Sie werden auf mich als ein Individuum schauen, aber das bin ich nicht. Meine wahre Anwesenheit ist die Abwesenheit des Phänomens, das Sie sehen.
Mein Schlaf ist nicht der Art, den Sie haben, er ist reines Bewusstsein. Wenn ich schlafe, ist Bewusstheit der gesamten Manifestation vorhanden und auch des Nichtmanifesten. Da gibt es keine Unterscheidung zwischen dem Einzelnen und dem gesamten Universum.
Sie denken, dass ich krank bin und das, weil Sie mich mit dem Körper identifizieren.
Ich betrachte die Krankheit als einen außergewöhnlichen Zustand, der über den seltenen Einen kommt, solange die Individualität in Form eines Körpers existiert – aber die Bedeutung dessen kann unmöglich beschrieben werden. Der Zustand ist voller Leid; nichtsdestoweniger ist er voller Bedeutung und kommt zu einem der Seltenen.
Die Frage danach, was man ist, stellt sich nur in der Manifestation, im Vergleich zu anderen Phänomenen; meine Existenz liegt vor jeder Manifestation. Die Frage, wer oder was ich bin, stellt sich nicht.

BESUCHER: Würden Sie wiederholen, was Sie über den Zustand gesagt haben, in dem es keine Phänomene gibt?

MAHARAJ: Sobald es gesagt ist, ist es verschwunden. Die richtige Art zuzuhören besteht darin, sich auf die Worte zu konzentrieren, die Ihre eigene Identität aufdecken, vergessen Sie alles andere. Ihre Identität finden Sie im Zustand, der vor den Worten liegt. Worte können DAS nicht befriedigen.
Dieses Bewusstsein, aufgrund dessen alles andere ist, ist selbst lediglich das Licht von DEM, was ist, eine Reflektion DESSEN, was IST. Die durchschnittliche Person, die sich selbst für einen Suchenden hält, betet die verschiedenen Konzepte an und nicht ihr wahres Sein.

BESUCHER: Würden Sie etwas mehr über den Zustand sagen, der vor dem Bewusstsein liegt?

MAHARAJ: Wozu? Alles, was Sie über diesen Zustand denken kön-

nen, ist nichts als Konzept und dieses Konzept wird nur andauern, solange Bewusstsein vorhanden ist.
Der Erfahrende allein verbleibt – nicht von Erfahrungen verblendet – selbst nicht von der Erfahrung, zu verbleiben.
Ich bin nichts, aber wie kann ich wagen, so zu sprechen? Weil ich weiß, ist keine der Erfahrungen bei mir geblieben.
Sie werden niemanden finden, der so unverblümt ist wie ich. Alle haben mit den Erfahrungen zwischen Geburt und Tod zu tun, aber niemand verschwendet einen Gedanken an den Zustand, der war, bevor die Erfahrung begann. Jemand, der ein klares Verständnis von diesem Bewusstsein hat, kann an keiner Erfahrung irgendeine Wichtigkeit hängen.

BESUCHER: Ich möchte die Identität mit dem Körper aufgeben. Ich möchte herausfinden, wer ich bin. Wie mache ich das?

MAHARAJ: Wer wird suchen, wenn Sie das Wissen „Ich bin" nicht haben? Die Suche kann nur anfangen, wenn Sie sind. Erinnern Sie das Wissen „Ich bin" – das allein erfüllt alles – sein Sie nur das, geben Sie alles andere auf.

BESUCHER: Wenn ich „Ich bin" denke, dann kommen sofort Gedanken darüber, was ich bin. Ich weiß, dass das vom Verstand herkommt.

MAHARAJ: Bevor Sie denken – sind Sie. Alle Bewegungen ereignen sich im Raum. Für jede Erscheinung oder Bewegung muss es Raum geben.
Auf die Frage „Wer bin ich?" gibt es keine Antwort, aber Sie können ganz nach Belieben antworten, Sie können es benennen, wie Sie wollen.
Die Leute gehen nicht zur Wurzelbedeutung dessen, was sie hören oder lesen, sie wiederholen es nur, papageienhaft. Ich habe ernste Einwände gegen Leute, die *bhajans* lediglich hersagen, papageienhaft. Wie viele Leute haben die Bedeutung bestimmter Paarreime, die als *bhajans* gesungen werden, verstanden? Sonne und Mond sind Reflektion ebendieses Prinzips „Ich bin".
Spiritualität ist offen und zur selben Zeit ist sie ein Mysterium. Weil

Sie sind, sind alle Welten, das Universum; es ist Ihre Reflektion.
Wenn Sie wissen wollen, was Sie sind – all das wird durch die *bhajans* vermittelt. Wenn Sie Ihre Augen schließen und sich selbst fast vergessen, halb schlafend, das ist genau, was Sie sind. Aber wenn Sie einen Blick darauf werfen wollen, bekommen Sie als erstes die Vision des tiefblauen Raumes vermittelt, der ebendieses Schönheitsidol ist, das Bildnis der Schönheit. Sehr oft habe ich diesen Punkt beleuchtet, aber nur selten ist jemand fähig gewesen, zu erfassen, worauf ich hinweise.
Während der *bhajans* habe ich bestimmte Paarreime immer wieder besonders laut hervorgehoben, aber niemand verstand, was ich da machte. Ich betonte bestimmte Paarreime, damit sich die Leute in ihre Bedeutung vertiefen, aber sie schrien nur lauter! Ich habe die jeweils betreffende Zeile nicht nur laut hervorgehoben, sondern ich habe sie für gewöhnlich wiederholt. Ich war angefeuert, diese Zeilen lauthals zu schreien: „Du bist der Fleck Bewusstsein und daraus ist das ganze Universum gemacht!" Ich habe mich zutiefst dem Singen der *bhajans* hingegeben, weil sie alle spirituelle Nahrung bereithielten.
Wann immer ich auf die tiefgründige Bedeutung eines bestimmten *bhajans* stieß, tanzte ich durch den Raum. Ich habe die Überschwänglichkeit jetzt zu tanzen und zu singen, aber da ist keine Energie.
Nach alledem habe ich niemals einen Weisen oder Heiligen aufgesucht. Allerdings haben mich viele Weise und Heilige besucht, aber unglücklicherweise traf ich auf niemanden, der die Sonne und den Mond und das Universum als seinen Ausdruck angesehen hat – so ein Weiser ist mir nicht über den Weg gelaufen.

BESUCHER: Obwohl ich Marati nicht verstehe, habe ich die tiefere Bedeutung der *bhajans* intuitiv erspürt.

MAHARAJ: Viele der Leute hier singen *bhajans*, aber sie sind nicht in der Lage, ihre tiefere Bedeutung zu erfassen. Viele der Ausländer sind fähig, die tiefere Bedeutung zu erfassen. Sie (die Ausländer) haben diesen Vorteil, weil alle, die daran interessiert sind, in einer früheren Inkarnation die Armee der großen Inkarnation Ramas waren, Anhänger Ramas, und so waren Sie schon damals gesegnet.

In weiteren Inkarnationen wanderten Sie nach Osten; Sie sind hier an diesem Platz mehr zuhause, als die Inder.
Ausländer erkennen mich, weil der große Rama damals seine ganze Armee gesegnet hat, alle seine Anhänger, aber die Leute von der Straße (er)kennen mich nicht.
Ich bewundere die Ausländer – sie kommen nicht nur tausende von Kilometern weit her, um hier zu sein, sie geben auch viel Geld aus, um in Mumbai zu sein.

BESUCHER: Wenn da nicht der tiefe Drang wäre, würden wir nicht kommen.

MAHARAJ: Das ist Ihr Schicksal. Der Drang ist bereits in die Chemikalie gepflanzt, die Sie sind.
Sie kommen hierher und sitzen hier mit Entschlossenheit, um zu bekommen, was Sie wollen. Deshalb habe ich großen Respekt und tiefe Achtung vor Ihnen.

25. MÄRZ 1981

MAHARAJ: Behandeln Sie diesen Körper wie einen Besucher oder Gast, der gekommen ist und gehen wird. Sie müssen Ihre Stellung als Gastgeber sehr klar erkennen, während der Gast noch da ist. Von welcher Beschaffenheit der Gastgeber ist, nachdem der Gast gegangen ist, muss genau erkannt werden, während der Gast anwesend ist. Haben Sie verstanden? Geben Sie mir eine Idee davon, in welcher Position Sie sich befinden werden, wenn der Körper-Gast gegangen ist.

BESUCHER: Da ist keine Identität.

MAHARAJ: Gut. Ist das Ihre sichere Überzeugung?

BESUCHER: Ja, während der Meditation.

MAHARAJ: Welche Bedeutung hat der Gast, der Hinweis?

BESUCHER: Sobald der Gast erscheint, ist das Empfinden einer Identität zu Gast.

MAHARAJ: Das Gefühl der Anwesenheit, „Ichheit", ist ein Zeichen des Gastes. Kommen Ihre Antworten aus tiefer Überzeugung?

BESUCHER: Ja.

MAHARAJ: Dann gibt es keine Notwendigkeit, morgen wiederzukommen.

BESUCHER: Nur in tiefer Meditation weiß ich das.

MAHARAJ: Akzeptieren Sie vollständig die Erkenntnis, dass Sie nicht existieren?

BESUCHER: In der Meditation gibt es Augenblicke, in denen ich diese Überzeugung wirklich spüre.

MAHARAJ: Wenn es nicht die ganze Zeit über da ist, ist es keine unerschütterliche Überzeugung. Wenn man sehr müde ist – genau an dem Punkt, an dem es in den Tiefschlaf geht – an diesem Punkt möchte man nichts anderes als einschlafen. Auf ähnliche Weise, im letzten Augenblick, wenn der Atem geht, ist da auch ein Augenblick der Ekstase. An diesem Punkt, wenn sich die Lebenskraft und das Bewusstsein zurückziehen, gibt es diesen Augenblick der Ekstase, den letzten Augenblick des Wissens. Derjenige, der das vollkommen verstanden hat, ist ein *jnani*, dem sich die Frage nach Geburt und Tod nicht stellt.
Das Konzeptualisieren wird selbst dann nicht aufhören, wenn Sie das hören und denken, dass es wahr ist. Was ich Ihnen gerade erzählt habe, betrifft nur den Flecken der „Ichheit".

BESUCHER: Würden Sie uns mehr über den Moment des Todes sagen?

MAHARAJ: Darüber kann nicht mehr gesagt werden. Es ist der Höhepunkt oder das Erlöschen der Erfahrung des Selbst. Nach der Beendigung der „Ichheit" gibt es keine Erfahrung von Wissen oder Nichtwissen; das Wissen ist die Eigenschaft der Stofflichkeit. Was wussten Sie vor Ihrer Geburt? Ebenso fehlt das Werkzeug nach dem Tod; ohne den Körper gibt es keine Erfahrung. Ewigkeit hat

keine Geburt und keinen Tod, aber ein vorübergehender Zustand hat einen Anfang und ein Ende.
Selbst wenn das Bewusstsein geht, herrschen Sie vor – Sie sind immer – als das Absolute. Als Bewusstsein sind Sie alles; was ist, sind Sie. Das ganze Wissen ist über mich gekommen. Ich bin nicht dieses Wissen. Das Wissen „Ich bin" und seine gesamte Manifestation sind verstanden. Indem ich das verstehe, bin ich das nicht.

26. MÄRZ 1981

MAHARAJ: Das einzige Wissen, das Sie hier erhalten werden, ist Wissen über das Selbst; es wird Ihnen nicht helfen, Ihr Leben in der Welt zu leben. Haben Sie eine Idee davon, was Ihre wahre Natur ist? Da Sie erkannt haben, was Sie nicht sind, sollten Sie sich nicht länger mit dem beschäftigen, was Sie nicht sind. Ist das klar?

BESUCHER: Ja.

MAHARAJ: Sie haben immer noch eine Vorstellung davon, was Sie sind, aber selbst dieses Bild muss vollständig ausradiert werden, so dass es keine Idee mehr von einer Entität oder Identifikation gibt. Wie werden Sie das Bewusstsein verwenden, jetzt, wo Sie glauben verstanden zu haben wer Sie sind? Jeglicher Gebrauch des Bewusstseins wird für andere sein.

BESUCHER: Um zu verstehen, ist die Gnade des Gurus notwendig.

MAHARAJ: Die Gnade ist immer da, aber es muss eine Empfänglichkeit geben, die Gnade anzunehmen. Man muss der unerschütterlichen Überzeugung sein, dass das, was hier gesagt wird, die vollkommene Wahrheit ist.
Statt sich von dem, was ich Ihnen gebe, so durchtränken zu lassen, dass Sie eins damit werden, akzeptieren Sie es nur, stecken es sich in die Tasche und verwenden weiterhin die Konzepte, die Sie bereits angehäuft haben. Niemand von Ihnen wird wirklich verstehen, was ich bin. Sie haben Ihre eigenen Konzepte über mich.

BESUCHER: Ich habe es intellektuell verstanden. Was kann ich tun, um es zu realisieren?

MAHARAJ: Es gibt nichts, was Sie, als Wesen, tun können. Das, was Wurzeln geschlagen hat, wird von selbst im intuitiven Verstehen erblühen.

BESUCHER: Das Verstehen wird einige Zeit in Anspruch nehmen.

MAHARAJ: Ist das kein Konzept? Ebendieses Konzept ist eine Gefahr. Als mein Guru mir sagte, wie die Situation ist, habe ich zugehört und gesagt: „Oh, das ist, wie es ist." Und das war's – das Ende davon.
Wenn da keine weiteren Fragen sind, werde ich die Session beenden. Ich bin nicht hier, um über Sie zu wachen. Wenn Sie wirklich verstehen, was gesagt worden ist, gibt es keinen Grund wiederzukommen, und wenn Sie nicht verstehen können, was hat es dann für einen Sinn weiterzumachen?

BESUCHER: Bei Gelegenheit stellt sich das spontane Gefühl universeller Liebe ein; beruht das auf dem Körper-Verstand, oder ist es etwas anderes?

MAHARAJ: Vollkommene Liebe ist die Natur des Bewusstseins. Wenn dieses Gefühl erscheint, gibt es nichts, was Sie tun können – wie kann man den ganzen Ozean umarmen?

28. MÄRZ 1981

BESUCHER: Welche Beziehung besteht zwischen dem Bewusstsein und dem Intellekt?

MAHARAJ: Der Intellekt ist der Ausdruck des Bewusstseins.

BESUCHER: Wir verstehen und nehmen alles nur durch den Intellekt wahr.

MAHARAJ: Dinge, die getan werden müssen, müssen getan werden. Dinge, die verstanden werden müssen, müssen verstanden werden. Dinge, die getan werden müssen, bestimmen im Normalfall Ihr derzeitiges weltliches Leben und Sie müssen diese ausführen. In der Spiritualität müssen Sie verstehen, dass sich die Frage des Tuns nicht stellt. Im Spirituellen gibt es keinen Namen und keine Form. Name und Form sind für Ihr praktisches, weltliches Leben notwendig. Derjenige, der erkennt, dass Name und Form nicht seine Identität sind, befindet sich im Spirituellen. Derzeit werden Sie noch zum Namen und zur Form hingezogen. Ihre Identität in der phänomenalen Welt als Name und Form ist befristet, eine vorüberziehende Show, und alles, was sich auf Name und Form bezieht, wird nicht für immer bleiben.

Jemand, der Spiritualität durch verschiedene Konzepte versteht, wird in einem Teufelskreis gefangen sein. Wenn Sie in Konzepte hineingezogen sind, werden Sie sich in den Konzepten verfangen … Wiedergeburt, Reinkarnation, das alles sind Konzepte. Wenn Sie sich in diesen Konzepten verfangen haben, müssen Sie sie haben. Aufgrund von Konzepten werden Formen erschaffen, wie Gebäude, etc. Zunächst machen Sie einen Plan, Sie haben ein Konzept, das Konzept ist aus Ihnen geboren und Sie geben ihm eine konkrete Gestalt, aber es bleibt ein Konzept.

Mit der Erfahrung der sogenannten Geburt haben Sie sich im Kreislauf verfangen, wie das Bild auf dem Bildschirm. Das ganze Lebensgeschehen ist dem Kino ähnlich. Sie müssen tagtäglich beobachtet haben, dass sich Situationen ständig ändern – das ist die Eigenschaft bzw. der Ausdruck Ihrer Identität mit dem Körper-Verstand.

Es ist das Bewusstsein, dass herumspielt. Im manifesten Bewusstsein spielen all die verschiedenen Gesichter und Körper herum. Sie sind nicht die Gesichter und Körper, Sie sind das Bewusstsein, aus dem die Worte jetzt strömen.

So, wie das Spiel, das Sie auf einem Bildschirm sehen, nicht wirklich ist, so ist auch dieses Spiel nicht wirklich. Für einen *jnani* ist das ganze Spiel unwirklich.

Ich werde Ihnen keine Lösungen für Ihre familiären Probleme geben, ich sage Ihnen, wie das weltliche Leben nicht ist. Obwohl Sie diese Worte gehört haben, wollen Sie trotzdem noch einen Vorteil für sich, das ist das Traurige. Wie erstaunlich es ist …. obwohl ich

Sie davon abhalten will, hierherzukommen, kommen Sie trotzdem, wie kommt das?
Ohne danach zu verlangen, sehen wir den Traum. Warum sehen wir den Traum? Weil das Bewusstsein im Tiefschlaf aufwacht, spontan, und weil es aufwacht, offenbart es sich in bestimmten Traumbildern.
Einfach so, auch das, Ihr Besuch dieses Platzes.
Ich spreche nicht für meinen Vorteil zu Ihnen, und Sie hören mir nicht für Ihren Vorteil zu – die Sprache keimt spontan, in einem traumartigen Zustand.
Ich versuche, Sie immer in Richtung der Wahrheit zu lenken, aber Sie kommen mit einem Haufen konzeptioneller Stöcke und Steine, und statt darauf zu hören, was ich sage, spielen Sie mit den Stöcken und Zweigen – auf mir.
Denken Sie gerade jetzt an den letzten Augenblick, wenn der Körper gehen wird – welche Identität werden Sie zu dieser Zeit aufgeben?
Es ist ein Schwindel, alles ist trügerisch, einfach wie eine Traumwelt.

BESUCHER: Was ist die Ursache? Was war das Verbrechen?

MAHARAJ: Das Verbrechen war, dass dieses Bewusstsein anfing, sich bewusst zu fühlen, da fing der Unfug an.
Ob Sie es mögen oder nicht, ich konfrontiere Sie mit den tatsächlichen Umständen. Sie wissen, dass Sie sind – aber das ist alles imaginär. Sie denken, dass Sie sind – aber es ist ein Schwindel. Egal, wie die Beschaffenheit des Seienden ist und sein Benehmen, es ist nicht Ihr Benehmen.
Wenn Sie in Ihrer wahren Natur verbleiben, sind Sie aus dieser unsinnigen Traumwelt raus. Ich habe vor Sie hingestellt, was Sie sind.
Sie alle haben Angst, dass Sie sterben werden, dass dieses Bewusstsein gehen wird – all die Äußerungen sind Äußerungen des Nahrungsessenzkörpers und nicht Ihre. Süße oder Schärfe sind die Äußerungen der Nahrung, Sie können sie nicht konservieren oder bewahren. Auf dieselbe Weise ist diese „Ichheit" eine Eigenschaft oder ein Ausdruck des Nahrungsessenzkörpers, und Sie können sie nicht für immer bewahren.

30. MÄRZ 1981

MAHARAJ: Ich bin erstaunt und überrascht, dass Sie hier sitzen. Das Sprechen geht von einem Zustand aus, in dem es keine Worte gibt. Welche Identität glauben Sie zu haben?

BESUCHER: Wie kann man sich selbst fest in der Bewusstheit „Ich bin" gründen? Denkt man „Ich bin, ich bin"?

MAHARAJ: Ist es notwendig zu denken, dass Sie hier sitzen? Sie wissen, dass Sie hier sitzen. Egal, wie laut und oft ich Sie dränge, nicht in Begriffen eines Wesens, das mit dem Körper identifiziert ist, zu denken und zu handeln, Sie machen es trotzdem. Namen und Formen beziehen sich auf das Stoffliche, aber das Stoffliche ist nicht, wer Sie sind. Analysieren Sie das Problem und entscheiden dann mit unerschütterlicher Überzeugung, dass Sie nicht das Stoffliche sind? Worauf bezieht sich der Name, wenn sich das Materielle auflöst? Hat er irgendeine Bedeutung?
Nur einer von zehn Millionen dringt zum Kern der Sache vor, analysiert, was ist, kommt zu einem Schluss und wird befreit, alles durch sich selbst. Das, was befreit wird, ist das Bewusstsein, es gibt kein Wesen.
Das letztendliche Verstehen ist das, was es dem Verstehen ermöglicht stattzufinden, und dieses Wissen wird selbst so subtil, so fein, dass es verschwindet. Und wenn dieses Bewusstsein wieder erscheint, dann ist *samadhi* durchbrochen und diese „Ichheit" beginnt erneut.
Die Worte kommen aus dem Bewusstsein und das Bewusstsein braucht die Kraft des Körpers. Die Kraft des Körpers verringert sich allmählich und deshalb kommen die Worte nicht so bereitwillig heraus, wie ich es gerne hätte. Große Energie verbrauchend, wiederhole ich immer wieder – aber wie viele haben verstanden? Im Grunde ist die Sache so einfach, dass es mich frustriert, wenn Sie immer wieder kommen und dem zuhören, was ich sage und keine Anzeichen zeigen, dass die Worte nach Hause gefunden haben.
Was ist das Geburtsprinzip? Sie haben verstanden oder Sie haben nicht verstanden. Wenn Sie verstanden haben, warum kommen Sie

dann noch? Wenn Sie nicht verstanden haben, warum kommen Sie dann weiterhin?

BESUCHER: Maharaj, ich mag es einfach, hier mit Ihnen zu sein.

MAHARAJ: Das ist etwas anderes – aber haben Sie wirklich aufgenommen, was ich Sie verstehen lassen möchte?

BESUCHER: Wir kommen hier mit so vielen Vorstellungen her und was Sie lehren ist so erstaunlich, es kommt einer Schocktherapie gleich. Wie können Sie da von uns erwarten, Fragen zu stellen? Geben Sie uns ein bisschen Zeit, den Schock zu absorbieren, dann werden Fragen kommen. Wir sind überwältigt von der Stille.

MAHARAJ: Diejenigen, die hierher kommen und meine Worte hören und verstehen, werden Gurus sein, wenn sie in ihre Länder zurückkehren.
Es ist so einfach zu verstehen, warum verstehen Sie nicht? Im gegenwärtigen Augenblick, in der Manifestation, sind Sie, was das Bewusstsein ist und das Bewusstsein kann nicht bleiben, wenn kein Nahrungskörper vorhanden ist; daher hängt das Bewusstsein vom Nahrungskörper ab – der im Grunde von kurzlebiger Natur ist – und ich kann das nicht sein. So einfach ist das, warum verstehen Sie nicht?
Es muss dazu kommen, dass sich das Bewusstsein seiner selbst nicht länger bewusst ist. Die Süße ist im Zucker und ich bin derjenige, der die Süße schmeckt und begreift. All die spirituellen Konzepte sind auf konventionelle Weise eingetreten. Der letzte Schritt ist – Wissen ist in seinem ultimativen Zustand Unwissenheit. Transzendiertes Bewusstsein ist Bewusstsein, dass sich selbst erkennt und begreift.

BESUCHER: Heute Morgen, zwischen Tiefschlaf und Aufwachen, war da für den Bruchteil eines Augenblicks diese Stille, als es ein vollständiges Wissen gab, ein Stillsein, bloßes Sein.

MAHARAJ: Es ist ein überaus erhobener Zustand, aber lassen Sie sich davon bloß nicht einwickeln. Tiefschlaf ist etwas wie ein Eisblock; nichts ist da, jetzt formt es sich wieder neu, die Wärme greift

Raum, und mit der Wärme fühlen Sie, dass Sie sind.
Die ganze Welt ist vom Spiel der Flöte fasziniert. Das Bewusstsein hat Sie durch das Spiel der Welt immer wieder hingerissen. Erkundigen Sie sich nach der Flöte und danach, wer sie spielt. Gehen Sie zur Quelle.

BESUCHER: Wenn man dieses Leben lebt, tauchen einige Fragen auf und wir müssen uns ständig des Bewusstseins bewusst sein, aber der Verstand lässt uns nicht.

MAHARAJ: Der Verstand ist ein Werkzeug zur Kommunikation, für praktische Zwecke. Der Verstand kann die Wahrheit nicht fassen. Das Selbst bezeugt den Verstand, aber der Verstand kann das Selbst nicht erfassen.

31. MÄRZ 1981

MAHARAJ: Wenn es zu einem klaren Verstehen der Natur und der Funktionsweise des Bewusstseins kommt, braucht das Verstehen nicht länger Bewusstsein, weil das Verstehen zum Erkennenden des Bewusstseins wird.

BESUCHER: Ist es möglich, als die gesamte Manifestation zu funktionieren und nicht als Individuum?

MAHARAJ: Was verstehen Sie darunter, vollkommene Manifestation und Einzelner zu sein?

BESUCHER: Was ist Manifestation?

MAHARAJ: Ich bin die Manifestation. Ich, das nicht manifestierte Absolute, bin manifestiert dasselbe „Ich“. Bewusstsein ist der Ausdruck des Absoluten, da sind keine zwei.

BESUCHER: Wenn mir mein Leben große Befriedigung und Glück verschafft, warum sollte ich mich dann darum kümmern, wer oder was ich bin?

MAHARAJ: Dieses Bewusstsein wird nicht ruhen, bis es eine Antwort bekommt. Dieses Bewusstsein kann seine eigene Existenz nicht ertragen, es kann sein eigenes Bewusstsein nicht ertragen.

BESUCHER: Es will zurück an seinen eigenen Ort der Ruhe.

MAHARAJ: Ich bin nicht geneigt, es mit Worten zu erörtern.
Ihr Leute kommt hier mit Standhaftigkeit her, eifrig kommen Sie hierher und sitzen. Wenn Sie so eine Neigung haben, sind Sie willkommen.
Meine Lehre ist sehr einfach: Der Erfahrende und die Erfahrungen sind Einbildungen.
Wenn Sie jung sind, mögen Sie alles, was junge Menschen gerne tun, Sie involvieren sich sehr stark dahinein; wenn die Jugend geht, sind Sie an den Aktivitäten junger Leute nicht mehr interessiert. Genauso, solange Sie das Konzept „Ich bin" herumtragen, werden Sie in all die Konzepte verwickelt sein. Wenn das Konzept „Ich bin" geht, wird keine Erinnerung daran zurückbleiben, dass ich war und diese Erfahrungen hatte: Ebendiese Erinnerung wird ausgelöscht sein. Sie sollten besser den Platz räumen, während noch letzte Spuren von Ihnen vorhanden sind, bevor Sie (hier) vollständig liquidiert werden. Sie dürfen diesen Lehren nicht in dieser detaillierten Form und auf dieser Ebene über den Weg laufen.
Diese Dame hat eine Menge Wissen angehäuft, sie besitzt es stapelweise, aber zu gegebener Zeit wird sie nicht nur vergessen, was sie angehäuft hat, sondern sie wird sich auch selbst vergessen, dass sie war.

4. APRIL 1981

BESUCHER: Befindet sich eine realisierte Person immer im Zustand der Glückseligkeit?

MAHARAJ: Jemand, der die Idee des Körpers transzendiert hat, braucht *ananda* (Glückseligkeit) nicht. Als Sie keine Erfahrung des Körpers hatten, waren Sie in diesem glückseligen Zustand. Der Zustand, der sich vor Ihrer Geburt befindet, kann nicht als Tiefschlaf beschrieben werden. Er geht darüber hinaus. Die Erfahrung des *jnani* ist dem Zustand vor Ihrer Geburt gleich, es ist ein vollkommener Zustand.

BESUCHER: Wie kann ich DAS sein?

MAHARAJ: Sie sind die ganze Zeit in dem Zustand, der vor dem Körper liegt, aber Sie sind aufgrund des Körperbewusstseins verwirrt.

BESUCHER: Der Körper ist da.

MAHARAJ: Stellen Sie keine Fragen, hören Sie einfach zu. Um das zu verstehen, was ich sage, bedürfen Sie der Gesellschaft der Weisen. Dieses Wissen kann vom Intellekt nicht verstanden werden.

BESUCHER: Ist im ewigen Zustand *sat-chit-ananda*?

MAHARAJ: Die Nahrungsessenz ist *sattva,* die Eigenschaft davon ist Bewusstsein und darin liegt *sat-chit-ananda.* Der ewige Zustand geht darüber hinaus.

BESUCHER: Ich habe gelesen, dass der Hauptgrund für unser Geborenwerden im eigenen Wunsch liegt, geboren zu werden; wie passt das zum Zustand vor der Geburt?

MAHARAJ: Ihre Geburt ist Ergebnis des Verlangens Ihrer Eltern.

BESUCHER: Wie kann ich von der Gefangenschaft erlöst werden?

MAHARAJ: Es gibt überhaupt keine Gefangenschaft, Unfreiheit ist eingebildet. Wenn Sie sich an das Bewusstsein halten, werden all Ihre Fragen von Ihrem Selbst aufgelöst.

BESUCHER: Worin liegt für mich das Hindernis, das zu realisieren?

MAHARAJ: Die einzige Unfreiheit liegt in Ihrer ständigen Erinnerung, dass Sie der Körper sind.

BESUCHER: Ohne ganz zu verstehen, was Maharaj ist, kommen trotzdem Leute hierher. Warum ist das so?

MAHARAJ: Das ist die Vereinigung von Wissen mit jenem Prinzip, das das Wissen transzendiert. Zwischen diesen beiden besteht eine

Anziehung. Aus diesem Grund kommen Leute von überall auf der Welt hierher.
Ich bin unbestimmbar, Sie können zu mir nichts hinzuzählen oder etwas von mir wegnehmen. Ich bin ganz, in jeder Hinsicht vollständig. Was immer Sie mir antun, werden Sie selbst zu erleiden haben. Wenn Sie ärgerlich mit mir sind, müssen Sie leiden. Wenn Sie mir irgendwas tun, wird es auf Sie zurückfallen. Wenn Sie den Himmel anspucken, wird die Spucke auf Sie allein niedergehen.

BESUCHER: Woraus ist die stoffliche Welt gemacht?

MAHARAJ: Die stoffliche Welt ist aus dem offenbaren Bewusstsein erschaffen – der ewige *parabrahman,* der ewige *brahman*, in dem dieses Spiel ständig vor sich geht. In diesem Spiel sind Sie das Gesamte, es entsteht keine getrennte Identität. Im Körper ist der Geschmack von „Ich bin" – wenn der Körper geht, geht der Geschmack. Wenn Sie Probleme haben, schlagen Sie in einem Buch nach. Warum erforschen Sie sich nicht selbst – finden Sie heraus, was Sie sind.
In diesem Spiel der fünf Elemente ist alles, was gesehen oder erfahren wird, lediglich Vergnügen und für dieses Vergnügen, bzw. diese Unterhaltung ist der Verstand absolut erforderlich.

BESUCHER: Was sind Brahma, Vishnu und die anderen Götter?

MAHARAJ: Sie sind lediglich Erscheinungen im Bewusstsein. Jeder Auftritt hat seine eigene Dauer. Etwas mag Millionen von Jahren anhalten, aber alles sind Erscheinungen, die eine vorgesehene Zeit lang existieren.
Der Wissende des Wissens ist in keiner Weise von den individuellen Hoffnungen, Ängsten, etc. betroffen.

10. APRIL 1981

MAHARAJ: Das Nichtmanifestierte existiert immer, aber das manifestierte Wissen erscheint und geht. Gegenwärtig habe ich keinerlei Individualität – nur das Bewusstsein steht zur Verfügung, für dessen Ausdruck das materielle Instrument zur Verfügung steht. Dieses

Bewusstsein ist kein besonders wünschenswertes Ding, es ist ein unvollkommener Zustand.
Es gibt für das Funktionieren des universellen Bewusstseins keinen Grund und kein Gesetz von Ursache und Wirkung. Warum etwas zu gegebener Zeit passiert, kann im dualistischen Zustand nicht erklärt werden. Wir können das Funktionieren lediglich beobachten, aber wir können nicht nach dem Grund für das Funktionieren von irgendetwas fragen. Wenn wir die Wahl hätten, den Körper-mit-Bewusstsein anzunehmen, wer wäre dumm genug, ihn zu akzeptieren? Er ist nur deshalb, weil es keine Wahl gab, alles ist spontan gewesen. Auch das Leid muss angenommen werden, weil es ein Teil der gesamten Arbeitsweise ist, und es gibt keine Entität, die aussuchen und wählen kann.
Es ist keine Individualität übrig; nichtsdestotrotz muss alles, was in der Arbeitsweise erscheint, erduldet werden, solange der Körper Teil des alles umfassenden Funktionierens ist. Es gibt jede Menge Leiden im alles umfassenden Funktionieren – dieser Körper ist einer von Millionen Formen und der Anteil dieses Körpers am gesamten Leiden muss erfahren werden.

BESUCHER: Ich versuche, das zu verstehen.

MAHARAJ: Sie hängen an einem Wesen, das zu verstehen versucht. All das geschieht nur um der Kommunikation willen. Wer ist das Wesen, das zu verstehen versucht?
Aufgrund bestimmter Konzepte, die Sie unterhalten, führen Sie jede Menge Aktivitäten aus, um die Konzepte zu befriedigen, die Ihnen spontan erschienen sind. Der ganze Prozess der Kommunikation, der Erläuterung, etc. wird so lange weitergehen, wie bewusste Anwesenheit zur Verfügung steht und das alles nur, um das Konzept „Ich bin“ zufriedenzustellen, aber Sie, das Absolute, sind nicht das zugrundeliegende Konzept „Ich bin“.
Ich erzähle Ihnen das alles und wahrscheinlich gefällt es Ihnen, Sie genießen es – aber es ist Ihnen so gut wie unmöglich, das, was ich Ihnen sage, zu erkennen und aufzunehmen. Ich bin mir sicher, dass Sie nicht genau verstanden haben, was ich sage. Das hier sind zwei große Persönlichkeiten, rechtmäßige *pandits* (religiöse Gelehrte).

Wenn sie hierherkommen und meinen Worten zuhören, wie können sie da ihr rechtmäßiges Wissen anwenden?

13. APRIL 1981

BESUCHER: Der Schüler ist an den Guru hingegeben; ist das keine Dualität?

MAHARAJ: In der Welt besteht immer Dualität. Manifestation kann aufgrund der Identifikation mit dem Körper-Verstand nur in der Dualität stattfinden. Wo kommt die Frage nach Dualität auf, wenn Guru und Schüler nicht mit dem Körper-Verstand identifiziert sind? Der Schüler und der Guru sind nichts als Wissen und für das Wissen gibt es keine Form und keine Gestaltung.

BESUCHER: Wir haben akzeptiert, dass wir nicht der Körper sind, dass wir niemals geboren wurden und nicht sterben können, aber es sieht so aus, als ob etwas fehlt. Was?

MAHARAJ: Geben Sie mir ein Beispiel desjenigen, der gehört und akzeptiert hat. Ich gehe davon aus, dass diejenigen, die mir zuhören, Wissen sind.
Ein Tier existiert nur, um den Hunger zu besänftigen; ist das alles, warum Sie hier sind? Nachdem Sie mir all die Tage zugehört haben, muss es in Ihnen zu einer Veränderung gekommen sein. Man muss wissen, dass man nicht die Form sondern das Bewusstsein ist, das der Form die Empfindungsfähigkeit verleiht. Hat sich dieser Wechsel wirklich vollzogen?

BESUCHER: Der Guru erklärt, dass die Anhaftung an den Guru ebenfalls ein Konzept ist; wie kommt man davon los? Der *sadhaka* möchte dem Guru die ganze Zeit seinen Respekt erweisen.

MAHARAJ: So wird auf der ersten Stufe gesprochen – da ist Dualität. Der *sadhaka* betrachtet den Guru als etwas anderes als sich selbst, daher möchte er seinen Respekt erweisen. Der *sadhaka* ist auch ein Guru, ein *jnani*, da gibt es keinen Unterschied.
Ich mache immer noch *puja* für meinen Guru. Die Verehrung muss

als Orientierungshilfe für andere weitergehen; wenn Sie keine Liebe und keine Achtung für einen Guru haben, wird sich der Prozess der Freiheit von Konzepten nicht beschleunigen. Sie kommen nur her, wenn Sie verstehen, was ich sage. Wenn niemand kommt, werde ich nicht unglücklich sein; was auch passieren muss, ist bereits passiert.

15. APRIL 1981

BESUCHER: Ist Realisation durch das Hören der Wahrheit vom Guru möglich oder gibt es irgendeinen anderen Weg?

MAHARAJ: Nein, nur durch die Gnade und Führung des Gurus. Der Guru ist derjenige, der vollkommen weiß, was der qualitative und nichtqualitative *brahman* ist und was ohne Eigenschaften ist, was weltliche und was spirituelle Angelegenheiten sind. Sie halten an allem, was Sie hier gehört haben, nur auf der Ebene von Konzepten fest. Sie versuchen nicht, das zu sein. Sie schätzen Wissen als Konzept.

BESUCHER: Maharaj hat gesagt, dass der innere Guru wichtiger ist, als der äußere Guru.

MAHARAJ: Am Anfang müssen Sie einen äußeren Guru haben. Dieser Guru macht Sie mit dem inneren Guru vertraut.

BESUCHER: Wozu sind *mantras* gut?

MAHARAJ: Ein *mantra* weist auf die Absicht oder das Ziel in Ihnen hin.

BESUCHER: Ich bin Ärztin und werde manchmal von meinen Patienten berührt und in ihre Probleme verwickelt. Manchmal kann ich distanziert sein und mich nicht involviert fühlen, aber meine Patienten sind mit ihren Problemen wie Krieger und versuchen mich da reinzuziehen. Manchmal möchte ich wegrennen.

MAHARAJ: Das ist Wissen um Ihre Konzepte, es ist nicht Ihr Wissen. Zu spüren, dass Sie in die Welt verwickelt sind, ist eine Vorstellung, weglaufen zu wollen ebenfalls.

BESUCHER: Wenn eine Person sehr ernsthaft ist und die Selbstrealisation mehr als alles andere auf der Welt will, ist es für sie dann einfacher, wenn sie für sich allein weitergeht und an nichts anderes denkt als daran?

MAHARAJ: Auf keinen Fall. Es ist nicht so, dass Sie etwas außerhalb Befindliches erwerben. Das Wissen, dass Sie sind, ist bereits da, Sie müssen das nur verstehen.
Das alles ist ein Spiel der Konzepte. Selbst zu denken, dass ich das Wissen erlangen werde, oder dass ich das Wissen erworben habe, ist noch ein Konzept. Was ist, bevor man Wissen erwirbt, DAS ist die Wahrheit.

BESUCHER: Wenn jemand Maharaj eine sehr schwierige Frage stellt, woher kommt dann die Antwort?

MAHARAJ: Aus der Frage ergibt sich die Antwort; jeder Frage ist die Antwort beigefügt.

9. MAI 1981

BESUCHER: Erleidet ein *jnani* eine schmerzhafte Krankheit so, wie jeder andere?

MAHARAJ: Im Falle eines *jnanis* funktionieren Verstand und Intellekt nicht. Sie erfassen nicht, woran gelitten wird, aber das Leiden ist sogar noch intensiver, weil es im Fall des Individuums der Körper ist, der leidet. Im Fall des *jnanis* (er)leidet aber das Bewusstsein und alles, das im Bewusstsein erfahren wird, wird vielfach überzeichnet. Aber Sie müssen sich um dieses Stadium nicht kümmern, weil es selten ist. Im Fall des *jnani* ist der Zustand einer der vollkommenen Trennung vom Körper-Verstand.
Als Wesen ergibt sich durch die teilweise Trennung vom Körper ein erfreulicher Zustand. Das ist ein Zustand, auf den sich Leute freuen und den sie annehmen. Im Falle eines *jnani* ist die Trennung weitgehender und vollständig, daher stellt sich die Frage nach einer Auswirkung des Zustands nicht, egal, ob erfreulich oder anders. Das

Ergebnis ist, dass es keine Wünsche und Begierden gibt. Das ist die Art, wie ich es erfahre – von anderen weiß ich nichts.

BESUCHER: Kann mir Maharaj Erkenntnis geben?

MAHARAJ: Verstehen Sie das: Ein *jnani* kann niemandem Wissen geben. Alles, was er tun kann, ist, auf das hinzuweisen, was Ihre wahre Natur ist. Ich weiß nicht, warum sich Leute von diesem Platz angezogen fühlen, bei den Bedingungen, die hier angeboten werden. Es gibt nichts, was ich jemandem, der hierherkommt, geben kann. Sich von diesem Ort angezogen zu fühlen ergibt sich spontan und ist intellektuell nicht zu verstehen.
Wenn das, was ich gesagt habe, von jemandem eindeutig verstanden worden ist, wird sich daraus faktisch ergeben, dass es selbst in der täglichen Arbeit des Einzelnen keine bestimmte Intention mehr geben wird. Dinge werden ähnlich wie in einem Kugellager weitergehen – ohne bewusste Intention oder vorsätzliches Tun. In meinem Fall führt der Körper während des Tages seine normalen Funktionen aus; die Dinge gehen auf gewöhnliche Weise weiter und nichts wird abgewehrt. Den ganzen Tag hindurch gibt es kein Interesse, zu verstehen, was vor sich geht.
Bis gegen 8 Uhr funktioniert der Intellekt nicht; jetzt bin ich mir einer leichten Wahrnehmung meines Intellekts bewusst.
Im Leben eines *jnani* – kein *jnani* wird dieses Geheimnis preisgeben. Er wird nicht nur keine Wünsche oder Erwartungen haben, sondern auch nicht die Anziehung „zu sein“. Die Anziehung des Bewusstseins, sein zu wollen, ist nicht vorhanden. Um Hoffnungen und Erwartungen haben zu können, muss man einen Eindruck, eine Identität haben.

10. MAI 1981

MAHARAJ: Das, was Sie am meisten mögen – das selbst ist „Ich bin“, die bewusste Anwesenheit – aber die wird nicht für immer anhalten.

Welchen Gewinn oder Verlust hat die Flamme, wenn sie erloschen ist? Was stellt die Flamme dar?

BESUCHER: Das Wissen, das Bewusstsein.

MAHARAJ: Was passiert dem Bewusstsein? Nur um das zu realisieren, um es zu erkennen, haben wir die ganze Spiritualität. Wenn die Flamme erloschen ist, muss sie nichts mit sich anstellen. Genauso, verstehen Sie, wenn der Körper abfällt und das Bewusstsein erloschen ist, müssen Sie nichts tun. Mit diesem Verstehen, tun Sie in der Welt, was Sie wollen.
Gegenwärtig sind Sie an die Fessel des Körpers gebunden und die ist konzeptionell. Der Gedanke irgendeines Vor- oder Nachteils ist aufgehoben, wenn man das Wissen realisiert.
Um des Prinzips willen involvieren Sie sich selbst in viele Handlungen. Wenn sich ebendieses Prinzip in Nichts auflöst, was werden Sie dann tun?
Versuchen Sie nicht, sich die Rosinen rauszupicken, sagen Sie nicht: „Das muss ich tun und das nicht." Bürden Sie sich selbst nicht solche Bedingungen auf.
Eine Ameise krabbelt auf Ihren Körper und beißt Sie, durch diesen Biss oder Stich wissen Sie, dass die Ameise da ist. Ebenso ist das Gefühl der bewussten Anwesenheit „Ich bin" aufgrund des stofflichen Körpers vorhanden.
Wo ist die Person, die am weltlichen Leben festhalten oder es aufgeben sollte, wenn das verstanden worden ist? Die Frage stellt sich nicht. Wenn Sie ganz mit dem Wissen aufgeladen sind, werden Sie trotz der weltlichen Schwierigkeiten keine Schwierigkeiten berühren.
Diese abgründig unverblümten Worte gibt es nirgendwo sonst. Woanders werden Ihnen bestimmte Konzepte vermittelt, die aus dem Bewusstsein auftauchen. Aus diesen Konzepten werden weitere Konzepte entwickelt und Sie werden irregeführt. Im Reich des Bewusstseins ist jede Art von Konzept unwirklich. Wird die Welt auf solche Worte hören?
Was sind Sie? Sind Sie das Geburtsprinzip, dieser Körper, der aus den Sekreten der Eltern geboren ist? Derjenige, der dieses Wissen erhält, ist frei von weltlichen und familiären Problemen.

6. JUNI 1981

MAHARAJ: Das Material, aus dem der Körper gebildet ist, wird müde und schwach und zusammen damit wird auch das Wissen geschwächt. Das Empfinden von Gegenwart ist immer noch bei mir, weil das Material, aus dem der Körper gemacht ist, noch ein bisschen Kraft hat. Wenn dieses letzte bisschen Kraft geht, wird das Bewusstsein auch verschwinden. Dann wird es keine Wahrnehmung von Gegenwart geben – aber ich werde sehr viel sein, ohne das Gefühl von Gegenwart.

Jeder von Ihnen versucht, sich selbst zu schützen. Was versuchen Sie zu schützen? Wie sehr Sie (es) auch schützen, wie lange wird das anhalten? Gehen Sie zur Wuzel und finden Sie heraus, was Sie zu schützen und zu erhalten versuchen und wie lange das andauern wird.

Der einzige spirituelle Weg, Ihre wahre Natur zu verstehen, liegt darin, die Quelle des Konzepts „Ich bin" zu finden. Bevor die Wahrnehmung der Gegenwart aufkam, war ich in dem Zustand, in dem das Konzept der Zeit niemals existierte. Also, was ist geboren? Das Konzept der Zeit – und das Ereignis, das Geburt, Leben und Tod zusammen ist, bildete nichts als Zeit, Dauer.

Sobald Sie das verstehen, wird alles klar sein; bis Sie das verstehen, wird nichts klar sein. Ist das nicht einfach und leicht?

BESUCHER: Worte sind einfach, aber zu verstehen, was diese Worte bedeuten, ist schwer.

MAHARAJ: Was ist es, in dessen Abwesenheit Sie nicht einmal in der Lage wären, diese Worte zu verstehen? Gehen Sie zur Wurzel dieser Quelle.

Der Intellekt ist völlig unfähig das, was ich Ihnen heute Morgen gesagt habe, zu verstehen. Es muss intuitiv verstanden werden.

8. JUNI 1981

MAHARAJ: Die Leute verstehen nicht wirklich, was ich sage. Sie verstehen teilweise und ihren eigenen Konzepten entsprechend, aber das wahre Wissen um das Selbst ist nicht vorhanden.
Angenommen, da ist ein Same, der einen großen Baum hervorbringt. Wenn Sie den Samen zerschneiden, müssen Sie in der Lage sein, darin den Baum zu erkennen.
Der Baum, den ich erhielt, ist dieser Same, der „Same der Geburt" genannt wird. Als ich ihn aufbrach, erhielt ich das Wissen des Selbst. Welches Kapital habe ich, außer dem Wissen um das Selbst?
Ich habe so viele sogenannte *jnanis* getroffen, aber den Wahren, der den Baum im Samen gesehen hat, habe ich bisher nicht getroffen.
Was passiert in den fortgeschrittenen Phasen mit dem Intellekt? Für das Verschwinden des Intellekts im Alter gibt es einen Zeugen. Wie können Sie diesen Zeugen beschreiben?

BESUCHER: Ständig kommen Gedanken und Emotionen auf und lenken mich ab. Was kann ich tun?

MAHARAJ: Sie sind, bevor ein Gedanke auftauchen kann. Alle Gedanken, die auftauchen, sind lediglich Bewegungen im Bewusstsein.
Sobald das Bewusstsein aufkommt, entsteht alles – die Welt und alle Geschäftigkeit der Welt. Bezeugen Sie sie nur. Das passiert, es gibt keinen individuellen Zeugen. Das Bezeugen der gesamten Arbeitsweise des universellen Bewusstseins findet statt.
Weil ich den Einzelnen vollkommen verneine, wird das nur auf einen von einer Million wirken.

BESUCHER: Es gibt so viele Menschen, die vollkommen unzufrieden sind, die immer nach etwas suchen und niemals zufrieden sind. Warum ist das so?

MAHARAJ: Sie werden niemals zufrieden sein, bis Sie herausfinden, dass Sie sind, wonach Sie suchen. Wenn Sie als Einzelner Wissen haben wollen, werden Sie es hier nicht bekommen. Wenn Sie mit diesem Wissen zufrieden sind, können Sie kommen und hier still sitzen. Wenn Sie die Verneinung von sich selbst nicht annehmen

können, können Sie gehen. Ich werde es verstehen, es wird sich nicht auf mich auswirken.
Das, was niemals passiert ist, ist das Kind einer unfruchtbaren Frau – welche Befürchtung können Sie dafür haben? Es ist eingebildet, unwirklich. Wenn jemand aus dieser Halluzination heraus etwas will, ist es dann nicht das Suchen nach dem Wirklichen im vollkommen Unwirklichen?

BESUCHER: Wenn es wirklich wäre, könnten wir dagegen etwas tun.

MAHARAJ: Richtig. Sie sehen etwas, das ist wahr, aber was Sie sehen ist eine Einbildung, etwas wie ein Traum. Was wir in einem Traum sehen, erscheint überaus real, aber wir wissen, dass es unwirklich ist.
Trotz des Verstehens all dessen ist es schwer, die Identität der Form als Mann oder Frau aufzugeben.
Ohne die Form kann das Wissen nicht gegeben werden. Damit sich das Absolute selbst manifestieren kann, muss Materie vorhanden sein. Das Absolute Nichtmanifestierte und das Manifestierte sind nicht zwei – das Manifestierte ist lediglich Ausdruck des Absoluten, wie der Schatten von der Substanz.
Diese Liebe des Seins ist nicht die Liebe eines individuellen Wesens, es ist die Natur des gesamten universellen Bewusstseins.

11. JUNI 1981 (morgens)

MAHARAJ: Nur wenn die Identität mit dem Körper-Verstand nachdrücklich zurückgewiesen worden ist und sich die Identität mit dem Bewusstsein vollkommen etabliert hat, wird das, was ich sage, eine Bedeutung haben.
Was Sie sind, ist ohne Grenzen, das ist den Sinnen nicht zugänglich. Indem Sie sich selbst auf den Körper begrenzen, haben Sie sich gegenüber dem unbegrenzten Potential verschlossen, das Sie wirklich sind.

In der Meditation meditiert das Bewusstsein auf sich selbst und verbleibt in sich selbst.
Wenn Sie einsehen, was ich Ihnen gesagt habe, nehmen Sie das, was sich spontan auf der Welt ereignet, nicht an und beschäftigen sich weder mit der Ursache noch mit der Wirkung. Dann akzeptieren Sie Ihre wahre Natur. Alle Handlungen, die durch den Körper stattfinden, ereignen sich unabhängig davon, was Sie wirklich sind.
Vergessen Sie nicht, dass die Lebenskraft niemanden um Erlaubnis fragen wird, wenn sie den Körper verlässt. Sie kam spontan und wird spontan gehen; das ist alles, was in dem „Zustand", der Tod genannt wird, passiert. Da ist niemand, der geboren worden ist oder sterben wird.

BESUCHER: Wie ich es verstehe, besteht der Zweck des Lebens nur darin, das zu verstehen, was sich manifestiert hat. Das, was funktioniert, ist das universelle Bewusstsein. Es gibt nichts zu tun, außer zu verstehen. Ist das richtig?

MAHARAJ: Richtig. Alles ist spontan, automatisch, natürlich, die Fessel besteht nur aus dem Konzept von „mir" und „mein".
Wenn einfache Menschen, wie Sie einer sind, hier sind, bin ich in Frieden, nicht gestört, aber wenn Leute kommen, die sich selbst für *jnanis* halten, die den Hochmut des Wissens haben und ihr Wissen zeigen wollen, gibt es eine Störung.

BESUCHER: Das ist eine sehr hohe Form des Wissens, auf einem sehr hohen Niveau; was soll ein einfacher Mensch tun, bis es absorbiert ist?

MAHARAJ: Solange da Empfänglichkeit ist, ein tiefes Verlangen es zu verstehen, gibt es nichts zu tun. Das Wissen selbst wird zur Folge haben, was sich ergibt. Es wird kein geistiges oder intellektuelles Kaliber benötigt, sondern ein intuitives Gefühl der Unterscheidung. Also, Sie sind gerade nicht der Körper, nachdem Sie das eingesehen haben, können Sie sich da weiterhin mit dem Körper identifizieren?

BESUCHER: Haben Körper und Verstand eine Bedeutung?

MAHARAJ: Alles hat eine Bedeutung.

BESUCHER: Müssen wir uns nicht um den Körper kümmern?

MAHARAJ: Man kümmert sich um etwas, mit dem man sich identifiziert, aber Sie haben mit dem Körper-Verstand nichts mehr zu tun, warum beschäftigen Sie sich also damit, sich darum zu kümmern? Wenn Sie der Raum sind, sind Sie nicht mehr der Körper, aber Sie sind, was im Raum enthalten ist und der Raum selbst. Sie sind jetzt offensichtlich – egal, was bekannt ist – der Raum. Dieser Raum ist als *chidakasha* bekannt. Wenn Sie *chidakasha* sind, sind Sie subtiler als physischer Raum, Ihre Ausdehnung ist umfassender. Ein *jnani* transzendiert diese Feinheiten, Himmel, Räume in mehreren Etappen. In *chidakasha* ist er immer noch begrenzt, immer noch durch das Denken von „Ich bin" konditioniert, deshalb ist das nächste *paramakasha. Paramakasha* ist das Höchste, in dem andere *akashas* enthalten sind – sieben. In *chidakasha* ist das Wissen „Ich bin". In *paramakasha* gibt es kein „ist" oder „ist nicht". ES transzendiert alles.

11. JUNI 1981 (abends)

BESUCHER: Was ist Liebe? Erfüllt sie ein Bedürfnis oder eine Lust?

MAHARAJ: Ja. Wenn Sie etwas sehen und es mögen, ist diese Zuneigung Liebe für das Objekt. Wenn Ärger und Frustration aufkommen, ist das auch Teil der Liebe. Das ist sehr gut und gleichzeitig sehr schlecht. All die leidvollen Erfahrungen sind ein Resultat der Liebe. Finden Sie heraus, was die Voraussetzung für das ganze Spiel von Liebe und Hass ist. Es ist die Liebe für das Sein, für die Existenz, die allen Schmerz und alles Elend hervorruft. Sie müssen sich das anschauen, weil Sie es lieben, zu sein. Vor aller Liebe, ist die Liebe für das Sein da. Es schmeckt beide Qualitäten, Liebe und Qual, Freude und Schmerz. Nehmen Sie die Flamme (des Feuerzeugs), sie gibt Licht, Wärme und sie kann auch verbrennen.

BESUCHER: Kann ich fernab davon sein?

MAHARAJ: Was sind Sie, um fernab davon sein zu wollen? Wenn Sie getrennt von mir sind, kann ich Sic von mir fernhalten, aber egal, was ist, es ist mir nicht fern.
Was ist das „Du", das gewachsen ist, das Wurzeln geschlagen hat? Das allein ist der Grund für Freude und Schmerz.
Wenn Sie das verstehen, ist alles vorbei – zu Ende. Dann klatschen Sie, toben aus reinem Überschwang herum; die ganze Show ist vorbei. Das Wissen, dass ich Ihnen vermittele, wird allem sogenannten Wissen, das Sie besitzen, ein Ende bereiten.
Ein *jnani* ist subtil wie der Raum. Wie ist Raum? Sie vermuten, dass da Himmel ist – wie ist er? Dieses Wissen ist subtiler als Raum. Der Vater des Raumes ist das Wissen „Ich bin".

BESUCHER: Wie erkennen Sie Bewusstsein?

MAHARAJ: Der Weg, auf dem Sie angefangen haben sich selbst zu erkennen – auf genau dieselbe Weise. Wenn Sie wissen, dass Sie sind, ist es dasselbe, wie sich selbst zu erreichen – nichtsdestotrotz, Sie waren schon immer, oder nicht? Wozu logisch schlussfolgern? Sie müssen genau hier und jetzt sagen – hier ist er – tatsächlich.

BESUCHER: Warum hat Maharaj dann ein solches Interesse an mir?

MAHARAJ: Wer hat ein Interesse an wem? Wer ist im Besitz der Täterschaft? All das passiert spontan.

13. JUNI 1981

MAHARAJ: Im allgemeinen spirituellen Sprachgebrauch bedeutet Wissen, das zu wiederholen, was Sie gehört haben – Zurschaustellung von Intelligenz. Sie denken, dass das spirituell ist, aber niemand versucht herauszufinden, was er ist, niemand schaut nach sich selbst. Wenn ein Junge und ein Mädchen heiraten, sind sie sehr aneinander interessiert, genauso ist es, wenn jemand sich mit der Spiritualität verheiratet. Dann ist man ständig von Gedanken oder Überlegungen besetzt, die die Spiritualität betreffen.

Sind Sie das Blut, das im Innern fließt, sind Sie die Haut, die Knochen? Das sind Sie nicht. Wenn Sie auf diese Art untersuchen und zum Verstehen kommen, dass Sie nicht der Körper sind, werden Sie alles eliminieren – alles, was Sie nicht sind. Was werden Sie letzten Endes sein? Kommen Sie zu diesem Punkt.

Sie sind so abhängig von Dingen, die Sie auswendig gelernt haben, von Ritualen, *bhajans*, etc., dass Sie, solange Sie sie nicht jeden Tag rezitieren, keinerlei Befriedigung erfahren oder sich glücklich fühlen. Diese ritualisierten Praktiken werden den Unwissenden gegeben, um ihren Körper-Verstand beschäftigt zu halten, aber einen Körper-Verstand zu haben bedeutet zu wissen, dass Sie sind – und das hat weder Namen noch Form.

Für jemanden, der versteht, ist das weder eine Frage von Freude oder Schmerz, noch von Angst vor dem Tod. Wenn man sich mit dem Körper identifiziert, wird man von den Beziehungen eingeholt, die sich auf den Körper beziehen.

Meine Worte sind kurz und bündig, aber sie sind sehr effektiv. Es wurden viele Bände über Spiritualität geschrieben, die Ihre Konzepte nicht zerstören, sondern ihnen etwas hinzufügen. All die Bände sagen Ihnen nicht, was Sie sind.

BESUCHER: Was ist mit *chinmayananda* und *sat-chit-ananda* gemeint?

MAHARAJ: Manchmal tanzen die Leute, wenn sie *bhajans* singen, sie verlieren sich selbst, dieser Zustand wird *chinmayananda* genannt. Um im Zustand von *chinmayananda* zu sein, ist der erste Hauch von Bewusstsein notwendig. *Ananda* bedeutet Glückseligkeit, das ist eine Eigenschaft des Geistes – ein höheres Reich des Geistes – aber im Bewusstsein gegenwärtig. Die Voraussetzung dafür ist der Kuss des Bewusstseins, der für den höchsten Zustand des Jubels oder Hochgefühls notwendig ist, für *chinmayananda* und *sat-chit-ananda*.

Ich bin zur sicheren Überzeugung gelangt, dass ich nichts bin, ich habe keine Gestaltung, keine Farbe, kein Bild von mir selbst.

Am frühen Morgen, wenn sich der Wachzustand ereignet, erscheint der Kuss des Seienden, vibrierend im ganzen Universum und vibrierend in mir. Dasselbe beobachte ich auch, wenn ich am Nachmittag ausruhe. Aber wenn Sie mich auf einer physischen Ebene beurteilen wollen, bin ich nicht in der Lage, diesen Topf Wasser anzuheben. Das zeigt, wie wenig Kraft noch in diesem Körper ist, aber diese Berührung des ganzen dynamischen Universums – das ist die Berührung meiner „Ichheit".

Ich bin der Wissende *brahmans*, ich bin der *brahma jnani*, nichtsdestotrotz, diese Berührung des Seienden ist nichts als Elend.

15. JUNI 1981

MAHARAJ: Wenn Ihnen das Wissen einmal gedämmert ist, sind Sie ein *jnani*, dann sind Sie keine menschliche Person mehr. Sie sind der manifeste *brahman*, *chetana*, der dynamisch offenbare *brahman*.

Früher waren es Ihre Gedanken gewohnt, sich mit dem Körper und den Angehörigen des Körpers zu verbinden, aber wie wird die Qualität Ihrer Gedanken sein, nachdem sie vom Körper-Verstand getrennt wurden und sich im Zustand des dynamischen Bewusstseins gegründet haben? Ihre Gedanken werden feiner sein, wenn da überhaupt Gedanken sind. Trotzdem ist das dynamische Bewusstsein die Eigenschaft des Nahrungskörpers. Solange der Körper ist, ist Bewusstsein.

Egal, was Sie am Morgen sagen und aufnehmen, Sie werden es solange wiederholen, bis Sie in den Schlaf fallen; niemand untersucht auf dieser Ebene – das ganze Funktionieren – wie passiert das? Welcher Beschaffenheit ist dieses Funktionieren und wie erscheint es? Was sind Sie? Untersuchen Sie das.

Nur ein paar Leute sind in der Lage, das zu verstehen. Aus diesem Grund schicke ich Leute weg – weil es keinen Sinn macht, nur auf Worte zu hören – aber wenn unerschütterliches Vertrauen vorhanden ist, wird ihnen dämmern, was ich sage. Die Unzulänglichkeiten des Intellekts sollten durch das starke Vertrauen überwunden werden.

Das Seiende ist da, das Bewusstsein ist da und weil sie da sind, ist die Welt vorhanden. Wenn das Bewusstsein nur überwiegt, wenn Leute sprechen, dann verstehe ich nicht(s); nur die bewusste Gegenwart wird empfunden (bei Maharaj) und nicht die Details dessen, was passiert. Aufgrund der bewussten Anwesenheit halten Sie mich für anwesend; wenn das Bewusstsein nicht da ist, werden Sie sagen, dass ich nicht gegenwärtig bin.

17. JUNI 1981

[Der Besucher zitierte alle möglichen Schriften.]

MAHARAJ: In dem Augenblick, in dem der Wachzustand anfängt, beginnt die Verehrung des Kummers. Wann hatten Sie die erste Geburt?

BESUCHER: Davon weiß ich nichts.

MAHARAJ: Wie können Sie dann dem (Zitierten) über das Absolute zustimmen? Das ist nicht Ihre Erfahrung, es ist aus Büchern geliehenes Wissen. Wie können Sie etwas zustimmen, das nicht Ihrer direkten Erfahrung entspricht?
In Delhi gab es einen Überfall. Die Polizei könnte Sie hier gefangen nehmen und Sie des Überfalls bezichtigen. Sind Sie jemals in Delhi gewesen?

BESUCHER: Nein.

MAHARAJ: Warum haben Sie dann diese Geburt akzeptiert? Was sind „die Schriften"? Sie drehen sich nur um die „do's und don'ts", darum, wie wir uns in der Welt verhalten sollen. Bringen Sie das nicht hierher. Die ursprüngliche Frage war, ob Sie diese Geburt annehmen oder nicht. Wozu all die großartigen Reden führen? Für die Unwissenden ist es in Ordnung, die Schriften zu lesen. Der nächste Schritt besteht darin, das aufzugeben und zu versuchen, das, was Sie sind, zu verstehen. Schütteln Sie alles, was Sie gelesen haben ab und versuchen Sie, jetzt zu verstehen. Sie müssen Ihr Unterscheidungsvermögen einsetzen. Es hat keinen Sinn, einfach nur blind zu akzeptieren, was in den Schriften steht. Akzeptieren Sie sie bis zu einem gewissen Grad – danach müssen Sie stark oder reif genug sein, Ihr Unterscheidungsvermögen einzusetzen. Die Leute ziehen auf der Suche nach Wissen umher, aber sie verfangen sich im

Netz der Worte und in den Lieblingskonzepten sogenannter Weiser. Ein bestimmter Weiser wird Sie auffordern, sich auf die eine Art zu benehmen, dann gehen Sie zu einem anderen Weisen und er wird von Ihnen verlangen, sich auf eine andere Weise zu verhalten. So verfangen Sie sich in den Konzepten von anderen. In den Schriften steht die Geschichte eines *rishis*, der die Wasser der sieben Meere in einer Handvoll ausgetrunken hat – glauben Sie das? Nutzen Sie Ihr Unterscheidungsvermögen. Sie sprechen von *acharana,* dem Verhaltenskodex; *acharana* bedeutet: derjenige, der sich zu benehmen hat. C*harana* bedeutet nur den Zustand der „Ich Liebe“, den „Ich bin“ Zustand, den Zustand des Bewusstseins, das Empfinden, zu sein, ohne Worte. Aus diesem Zustand heraus beginnt die Bewegung im Bewusstsein.

Loki und *aloki: loki* nehmen wir gewöhnlich für weltlich; *lok* bedeutet verschiedene Persönlichkeiten. Was durch die Persönlichkeit vorgeschrieben wird, ist *loki* oder das, was von den Menschen befolgt wird. *Aloki* transzendiert das Weltliche. *Aloki* ist Ihnen nicht bekannt. Die Devotees hier lieben mich, aber Sie verstehen mich nicht in der *aloki* Sphäre.

Spirituelles Sprechen ist *loki* Sprechen, gewöhnliche Konversation, die versucht, anderen ein Bild zu vermitteln. Hier gibt es kein Bild, keinen Entwurf – jetzt, wie können Sie eins damit werden? Sie müssen ein Bild oder einen Entwurf haben. Jegliches Wissen, über das wir sprechen, muss durch Worte kommuniziert werden, aber das ist nicht das Endgültige.

Sie wollen Wissen besitzen, es sammeln. Solches Wissen gibt es reichlich und es ist in der Welt verfügbar, aber nur einer der seltenen Menschen wird verstehen, dass solches Wissen nichts als ein Bündel Unwissenheit ist.

Sie werden die Konzepte, die aus Ihnen hervorbrechen, studieren; die Konzepte, die Sie nicht mögen, werden sich Ihnen nicht zeigen. Wenn Sie am spirituellen Leben interessiert sind, werden sich Ihre Gedanken und Konzepte darauf beziehen.

Ich habe gesagt, was ich zu sagen habe. Die Frage, noch etwas zu sagen, stellt sich nicht. Weil Sie hierherkommen, behandele ich Sie mit Höflichkeit, aber ich bin vollkommen davon überzeugt, dass Sie

und ich keine Gestalt haben. Ich befürchte, dass das, was ich sage, nicht Ihren wahren Kern erreichen wird; deshalb singen Sie *bhajans*. Tatsächlich sollten Sie mich überhaupt nicht besuchen.
Bhishwa lag während seiner letzten Tage auf einem Bett aus Pfeilen; ich bin auch auf einem Bett aus Pfeilen des Leidens.

26. JUNI 1981

MAHARAJ: Für diejenigen, die hier sitzen, wird sich die Wohltat nicht von der Wohltat unterscheiden, die Sie erfahren, wenn Sie im Schatten dichtblättriger Bäume sitzen. Unter Bäumen zu sitzen beinhaltet ein bestimmtes Maß an Frieden und Wohlgefühl. Bleiben Sie in Frieden.
Meine Lehren steigen aus diesem Bewusstsein auf. Sie sind wie ein großer schattiger Baum, der zur Entspannung dient; Sie kommen hierher, sitzen und spüren die Entspannung, aber Sie sind nicht in der Lage zu sagen, wie es ist. In diesem Zustand sind Sie nicht fähig, es mit Worten zu erklären. Sie befinden sich in einem entspannten Zustand, aber die tiefere Bedeutung offenbart sich im Selbst, im Selbst zu verbleiben und zu versinken – das ist der Grund, warum Sie sich entspannt und glücklich fühlen.
Die Sätze, die Sie in diesen Zustand hören, werden nicht vergessen.
Swartha – swa bedeutet Selbst und *artha* – Bedeutung. *Swartha* hat große Bedeutung. *Swartha* bedeutet Selbstsucht und *swa* die Bedeutung des Selbst. Worte haben in der praktischen Welt eine Bedeutung, die Sie selbstsüchtig machen werden, aber die Welt, die von hier ausgeht, wird Ihnen die Bedeutung Ihres eigenen Selbst vermitteln.

[Eine Mutter und ihr Sohn kamen, hängten Maharaj eine Blumengirlande um und verteilten an alle Anwesenden prasad *(Opferspeisen).]*

Der tiefe Zustand der einfachen, unschuldigen Leute geht durch diesen Brauch in Erfüllung. Sie betete, dass ihr Sohn das Examen schafft. Ihr eigener Glaube hat funktionierte.
Wenn Sie diesen entspannten Zustand hier genießen und wenn Sie

eins mit ihm geworden sind, werden Sie auch diesen Zustand transzendieren. Sie werden sogar in einen Zustand transzendieren, der vor der Geburt Gottes liegt.
Mit diesem Verständnis tun Sie, was Sie wollen. Verrichten Sie Ihre weltlichen Aktivitäten. Wenn Sie die Bedeutung von *swa* – dem Selbst – verstehen, wird es keinen Raum für Selbstsucht geben.
Verstehen Sie das vollkommen, verbleiben Sie darin, dann werden Sie es auf angemessene Weise realisieren. Es wird nur passieren, wenn die Zeit reif dafür ist.
Was ist Ihr Wert? Sie sind das Bewusstsein, durch das die Welt ausgedrückt wird. Verbleiben Sie in dieser Würdigkeit. Gehen Sie nicht in den Verstand und Körper zurück. Wieder, Sie müssen die unerschütterliche Überzeugung haben, dass Sie von Geburt und Tod nicht betroffen sind. Sie sind wie Raum, nicht nur wie Raum, Sie sind, bevor Raum ist.
Das ultimative „Ich“ kann niemals verloren gehen. Egal, was Sie verloren haben, es sind nur die Worte, die Sie verloren haben.
Ich habe Ihnen genug erzählt. Bewahren Sie, was Sie gehört haben, denken Sie darüber nach, brüten Sie darüber und sein Sie eins damit.

1. JULI 1981

BESUCHER: Tiefschlaf ist Nichtwissen. Das Absolute ist jenseits von Wissen und Nichtwissen. Ich verstehe das nicht.

MAHARAJ: Zunächst einmal wird ein Kind geboren: Der Säugling weiß nichts von sich, Reaktionen auf Hunger, Durst, etc. ereignen sich. Das sind körperliche Dinge, wenn Leben vorhanden ist, aber in diesem Zustand ist das Wissen noch nicht voll entwickelt oder gereift. Nach ein oder zwei Jahren lernt es sich selbst kennen, die Mutter und so weiter. Wenn das Kind um sich selbst weiß, hat sein Wissen angefangen.
Davor ist Unwissenheit, obwohl es Nichtwissen ist, ist es Unwissenheit. Dann wird das Wissen „Ich bin“ erlangt: Es weiß nicht, was es ist, aber es weiß, dass es etwas ist. Später fängt das Kind an, Konzepte und Ideen zu sammeln, die es von anderen Menschen gefüt-

tert bekommen hat und so entwickelt es bestimmte Konzepte und Vorstellungen von sich selbst und von anderen. Der Verstand hat sich entwickelt. Dann kommt es zum täglichen Zyklus aus Tiefschlaf und Wachzustand. Im Wachzustand kennen Sie die Welt und Ihre Konzepte, egal in welcher geistigen Verfassung Sie sind, und dann schlafen Sie ein. Technisch gesehen könnten Sie den Tiefschlaf Nichtwissen nennen. Aber es ist nicht die Art Nichtwissen, jenseits der sich das Absolute befindet.

Lassen Sie uns wieder vom Kind ausgehen. Unwissenheit, Wissen, die Anhäufung von Konzepten, den Guru treffen. Der Guru sagt Ihnen: „Werden Sie Ihre Konzepte los, sein Sie einfach Sie selbst." Also, wenn Sie sind, dann sind *nur* Sie. Das ist der erste Schritt: Im Bewusstsein zu verbleiben, das Sie sind, ohne Worte – das ist Wissen. Als das Kind anfing, sich selbst zu kennen, war da auch Wissen – aber das ist generelles Wissen, das allen gemeinsam ist. Das (Wissen) wird jetzt spirituell. Der Sucher, der verstanden hat, was der Guru gesagt hat, wird die Konzepte los und jetzt, in einem ersten Schritt, verweilt der Suchende im Zustand „Ich bin", einfach Sein.

Zuallererst ist da das Wissen „Ich bin", ohne Worte; mit diesem Wissen ist die Welt. Wenn der Sucher jetzt meditiert, geht das Wissen in Nichtwissen über. Das ist der höchste Aspekt in der Hierarchie, wenn der Körper vorhanden ist, weil Wissen und Nichtwissen Aspekte des Körpers sind, und Körper Bewusstsein bedeutet. Im Reich des Bewusstseins existieren Wissen und Nichtwissen.

Das Absolute transzendiert Wissen und Nichtwissen. Also ist Nichtwissen das Höchste in der Hierarchie der Spiritualität, und das Endziel ist die Transzendenz von Wissen und Nichtwissen.

BESUCHER: Ich dachte, Nichtwissen bedeutet das Absolute.

MAHARAJ: Wissen und Nichtwissen sind die Ausdrucksformen des körperlichen Bewusstseins. Wenn dieses Nahrungsinstrument, der Körper, zusammen mit dem Bewusstsein vollkommen transzendiert ist – das ist das Absolute.

Licht ist da, Dunkelheit ist da, aber was ist der Hintergrund? Raum. Der Raum ist da, er ist weder Licht noch Dunkelheit, aber der Raum *ist.* Sie müssen Licht und Dunkelheit transzendieren, um im Raum zu verweilen. Ebenso müssen Wissen und Nichtwissen transzendiert werden – die Aspekte des körperlichen Bewusstseins. Wenn Sie diesen Zustand erreicht haben, beobachten Sie Bewusstsein und Nicht-Bewusstsein. Das wird natürliches *samadhi* oder *sahaja samadhi* genannt.

Natürlicherweise sind Sie in diesem Zustand, aber dieses psychosomatische Instrument aus Körper und Bewusstsein steht immer zur Verfügung. Augenblicklich, wenn jemand kommt, wird das Instrument bedient – anderenfalls kehren Sie ins Absolute zurück. Es ist in etwa so: In einer großen Halle ist eine Tür, und in der Tür befindet sich ein Guckloch. Das Guckloch ist das Bewusstsein, aber Sie befinden sich dahinter.

Nehmen wir an, dass Raumschiffe die Erde verlassen: Wenn Sie im Raum sind, glauben Sie, der Erde entkommen zu sein, aber das ist nicht so – Sie stehen immer noch unter dem Einfluss der irdischen Atmosphäre. Sie müssen tiefer in den Raum vordringen, dahin, wo es keine Atmosphäre gibt. Aber wo befindet sich der Gedanke, dass Sie dahin vordringen? So ist es nicht – Sie sind wirklich das Absolute und das sind alles Hüllen, die Sie bekommen haben.

Sie wissen, dass Sie sind, aber Sie vergessen, dass Sie sind und diese Vergessenheit ist der höchste Zustand – Nichtwissen. Sie können es niemals mit Worten beschreiben, dieser Zustand kann durch Worte niemals erfasst werden.

Verstehen ist notwendig, und Sie sollten sich nicht verwirren lassen. Angenommen, Sie leben in einem Zustand des Wissens, dann sollten Sie nicht denken, dass Sie ein *jnani* sind, denn so ist es nicht – das ist einfach nur der erste Schritt. In dieser Phase gibt es viele Verlockungen. Wenn Sie nur Sein sind, ohne Worte, sind Sie kraftvoll. Geben Sie die Kräfte auf, ergreifen Sie keinen Besitz davon.

Glossar

advaita: Nondualität, Einheitlichkeit; das, was ist, ohne ein Gegenüber zu haben.

akasha: Der Raum an sich, Äther.

anatman: Nichtvorhandensein eines festen Wesenskerns, einer „beständigen Seele“, nicht-Selbst.

atma jnana: Wissen um das Selbst, Selbsterkenntnis.

atma yoga: Weg der / zur Selbsterkenntnis.

atman: Das höchste Selbst (individueller Natur); die von allem entblösste individuelle „Seele“ jenseits der drei *gunas*.

balkrishna: Das kindliche Bewusstsein; das Gefühl der eigenen Anwesenheit, bevor sich der Verstand ausbildet.

bhajans: Lieder voller Hingebung; Übungen voller Andacht.

bhakta: Ein Verehrender.

bhakti yoga: Weg der Verehrung und Anbetung.

bija: Samen, zweite / wiederkehrende Schöpfung.

brahma: Gott, Schöpfer.

brahmajnani: Jemand der *Brahman* realisiert hat.

brahman: Das höchste Selbst; reines Bewusstsein; letztendliche Wirklichkeit; das Absolute.

brahmananda: Die Glückseligkeit *brahmans*.

chetana: Bewusstsein.

chetanaparabrahman: Höchstes Selbst.

citta: Verstand; „Geisteszustand“, Verstandesprozess als solcher.

gunas: Grundsätzliche Eigenschaften oder Qualitäten, die dem Ablauf der Welt zugrunde liegen.

ishwara: lit. Herr des Universums, höchster persönlicher Gott, der frei von jedweder Glaubensrichtung ist.

jiva: Das durch den Körper-Verstand konditionierte Selbst; die Person.

jnani: Ein Wissender, ein Weiser; jemand, der das Selbst realisiert hat.

mahayu(k): Jemand, der die Einheit mit dem Selbst „erreicht“ hat.

mana buddhi: Abschweifender Verstand.

maya: die uranfängliche „erste“ Illusion, die zur Identifikation mit dem Körper führt; das dynamische, offensichtliche Prinzip.

moksha: Befreiung, Erlösung.

neti-neti: Nicht dies nicht das; anhaltender Prozess der Verneinung aller Formen und Namen aus denen die Welt besteht, um zum Wirklichen vorzudringen – zum „Zustand", der nicht weiter verneint werden kann.

nirguna: Jenseits von Bewusstsein; das, was ohne Attribute ist.

nirvana: Ohne Beispiel, Wiedervereinigung mit *Brahman.*

para: Die Quelle der Sprache; das Absolute.

parabrahman: Das Höchste, das Absolute.

paramatman: Höchstes Selbst.

prana: belebender Atem, Lebenskraft.

purusha: Ursache für die Dinge in der Welt und Träger des Unwandelbaren (männl.). *prakriti* – Natur, Welt der Phänomene, (weibl.).

rajas: Energie, Aktivität, Leidenschaft, dynamische Qualität, eines der drei *gunas* (die sich wechselseitig bedingen).

sadhana: Spirituelle Praxis.

sadhaka: Spiritueller Aspirant, Praktizierender.

sakshivan: Zeuge; Zeugenbewusstsein.

samadhi: lit. „Vereinigung mit dem Herrn", überbewusster Zustand; fortgeschrittene Stufe der Meditation, verzückte Versunkenheit.

sankalpa: Zielvorgabe, Intention, Vorstellung.

sattva: (Uranfängliches) Bewusstsein, wahre Essenz; Reinheit, Klarheit, Harmonie; eines der drei *gunas* (die sich wechselseitig bedingen).

shakti: (Ur)Energie, Energiepotential, Kraft.

shiva: Gott und Zerstörer. Erlöser und auflösende Urkraft.

shradda: Vertrauen, Glaube.

svarupa: Der eigene wahre Zustand, die eigene essentielle Form.

tamas: Trägheit, Widerstand, Dunkelheit; der Anspruch, selbst der Autor zu sein; eines der drei *gunas* (die sich wechselseitig bedingen).

turiya: Liegt allen Bewusstseinszuständen zugrunde. Der vierte Zustand jenseits des Wachseins, des Träumens und des Schlafens.

upadhi: Substrat; befähigende Eigenschaft.

vedas: lit. „Wissen"; die vier *vedas* (Veden) gehören zu den heiligsten Schriften des Hinduismus.

vedanta: Vollendung des Wissens; das, was über die Veden hinausgeht.

SRI
NISARGADATTA
MAHARAJ

DIE ULTIMATIVE
MEDIZIN

€ 21,90
256 Seiten
Hardcover

ISBN
978-3-941973-00-8

MAHARAJ: Menschen, die nur Wissen wollen ... ich liebe solche Menschen in Wirklichkeit mehr als meine eigenen Verwandten. Menschen, die die Selbsterkenntnis wertschätzen, sind mir lieber als meine eigenen Kinder.

„Dieser" *Parabrahman* – sogar das Höchste ist für Nisargadatta nichts als ein Konzept. Und er selbst versteht sich auch nur als Phänomen. – Er sagt: „Das, was ich wirklich bin, liegt jenseits von allem. Es lässt sich weder begreifen noch verstehen ..."
Das, was der ständigen Veränderung unterliegt, kann nicht die Wirklichkeit *sein*. Der Kampf des Verstandes ist somit immer ein Kampf gegen *die* Unwirklichkeit, die ihm gerade wirklich zu sein scheint. Für denjenigen, der das erkennt, wird es einfach, Nisargadatta zu folgen.
Hinter seiner gradlinigen, unpersönlichen und oft schroffen Art, verbirgt sich die Sehnsucht, das Leiden derer, die an die Welt glauben, zu beenden. Die Tiefe seines Mitgefühls ist gerade deshalb unermesslich, weil er sich selbst auf den Grund geschaut und durchdrungen hat, dass da niemand ist, der an die leidvolle Einbildung des eigenen Geborenseins glauben kann.

NOUMENON

DANIEL HERBST

AUS DEM EINEN
BY ITSELF

€ 17,90
190 Seiten
Hardcover

ISBN
978-3-941973-04-6

Manche suchen Dualität,
andere Einheit.
Beide wissen nichts von der Wahrheit,
die zu allen Zeiten und überall gleich ist.
Die Wahrheit wird weder von der Dualität
noch von der Nichtdualität berührt.

[Avadhuta Gita]

Von selbst – by it self –
sich selbst autorisierend.
Das trifft es genau!
Keine fremde Autorität. Selbstermächtigung!
So arbeitet das Bewusstsein.
Ein Kind krabbelt, ein Hund bellt, du denkst – by it self,
von selbst.
Dafür braucht es niemanden.

NOUMENON

H.W.L. POONJA ~ PAPAJI

DER GESANG DES SEINS

Noch vor allen Anfängen
bist du Bewusstsein.
Du bist die Fülle der Liebe
und die Leere des puren, bewussten Seins.
Du bist die Existenz an sich,
ein Friede noch jenseits vom Friedlichsein.
Du bist der Hintergrund,
auf den alle Lichtspiele projiziert werden,
das Licht der Erkenntnis,
das *Eine* Untrennbare ...

ISBN 978-3-941973-02-2 / 288 Seiten / Hardcover / € 19,90

U.G. KRISHNAMURTI

MYTHOS MIND

MÄRCHENHAFTER VERSTAND

Beunruhigende Gespräche mit einem beunruhigenden Menschen.

Alles, wofür Sie stehen, woran Sie glauben, was Sie erfahren und anstreben, ist das Ergebnis des Denkens. Und das Denken ist deshalb destruktiv, weil es nichts weiter als ein Schutzmechanismus ist, der darauf programmiert ist, mit allen Mitteln seine eigenen Interessen zu schützen.

ISBN 978-3-941973-01-5 / 190 Seiten / Hardcover / € 18,90